舞台歴程
——凛として

伊藤巴子
Ito Tomoko

一葉社

＊本書は、日本の劇団上演の舞台にふれたものを第一幕に、中国・韓国のものを第二幕に、米国、欧州、ロシア、豪州、キューバのものを第三幕に発表順に収め、プロローグとエピローグに二つの講演を付して構成した。初出は各文章末に記した。

舞台歴程——凜として　目次

『少年王 マチウシ』

第二幕

第三幕

舞台歴程――凜として

『人形の家』

プロローグ

演劇で輝く子どもたち

俳優の伊藤巴子です。「すべての子どもにドラマの教育を！」という今回のお集まりのテーマのことばを、本当に胸を熱くして聞かせていただきました。

金沢先生の朗読

私は戦争中に生まれ、戦争中に少女時代から女学校を過ごした年代です。その戦争中の小学校のとき、私は金沢嘉市先生に教えていただきました。私の演劇の道を開いてくださったのも、もしかしたら金沢先生かもしれないと思っております。

金沢先生には港区の南桜小学校——最近廃校になりましたが——で教わりました。先生は必ず一週間に一度、校庭に座った全校生徒の前でいろいろなお話を朗読してくださいました。小川未明であったり、アンデルセンであったり、今でも、あの時の先生のお姿がくっきり浮かんでまいります。授業のほかにそういうことがあるというので、私たちは大変楽しい六年間を過ごしました。

その頃先生は、ＮＨＫの第二放送——教育放送のお仕事をなさっていました。毎週、子どもたちのために――戦争中でしたから戦争のことも含めて、ドラマ仕立ての台本を書いて、生徒を使っていろいろ放送をなさっていました。どういうわけか、私はそこに選ばれました。相手役の男の子は、今、吉永小百合さんのご主人の岡田太郎さんでした。二人一緒に、金沢先生に連れられて、愛宕山にあったNHKまで歩いて行き、そこで、金沢先生の指導の下、マイクの前でいろいろな放送をしました。それこそ、戦地の兵隊さんまで届くような放送もしました。

金沢先生は、戦争が終わってから、自分の教えた子どもたちが戦争で死んだり、あるいは疎開などで大変な苦労をしたりしたことをとても悔やみ、自分の生涯をかけて平和な国をつくらなくてはならないとお思いになりました。そして、ご自宅のあった井の頭線の浜田山の駅前の銀行の二階の集会室で憲法の勉強会を始められました。私も一回目から参加しました。俳優の中村美代子さん（俳優座）や、相生千恵子さん（東京芸術座）も、小学校のお友達ですが、皆さん参加しました。子どもたちを失ったあの悲しさを二度としてはいけない、という先生のお気持ちが、毎回伝わってくるお話でした。私は、先生が今も生きていらしたら、どんな想いでこの世の中を見てくださるのかと、いつも思っております。

『森は生きている』の初舞台

私はもともと演劇の道を歩こうと、俳優になろうと思って勉強したわけではありません。私の家はそういう人は誰も出ておりません。私の「巴子」という名前は、「巴御前」のような強い女性になってほしいという父の願いをこめた名前だそうです。そしてもう一つ父の教育は、「女でも仕事を持つ」ということでした。私のきょうだいは五人おり、女が四人ですが、みんなちゃんとした職業を持ちました。ですから、演劇の道には父は反対でした。

それを支えてくれたのが金沢先生と、劇団風の子の多田徹さんでした。多田徹さんとは、いろいろご縁があって、風の子が始まる前から、一緒に人形劇を持って、井の頭線の小学校を回ったことがございました。そして、私が俳優座の養成所を受験したいとお話をいたしましたところ、金沢先生と多田さんが私の家に来てくださって、「やりたいことをやらせたらいかがでしょう」と説得してくださり、父はどうしようもなくなり、私を演劇の道に進ませてくれました。

私は子どもの芝居の舞台に立つなどとは夢にも思っていませんでした。私は杉村春子先生や山本安英さんのような、すてきな女優さんになりたいと思っておりました。

私が通った俳優座養成所は三年制の学校でした。その三年生のときに、養成所の中から三人だけ抜擢されて『森は生きている』に出ることになりました。七月の精の役でした。伊藤熹朔先生の装置の前で、居並ぶ偉い俳優さんたちの中で、夏から稽古が始まりました。その時に作曲をなさったのが、天才作曲家――と私は申し上げますが――、林光さんでいらっしゃいまして、毎日毎日、林光さんのピアノで歌をお稽古いたしました。それが私の初舞台でした。俳優座劇場の柿落《こけら》としで、私は『森は生きている』で生まれて初めて舞台を踏んだのです。毎日毎日、押すな押すなのお客様でした。

「あなたって傲慢ね」

私、こんなにどっぷりと子どもたちへの芝居に漬かる人生を送るとは、本当に考えていなかったのです。

私は中国に一九六五年から行っておりますが、その一九六五年と八一年、新劇訪中団で、滝沢修先生、千田是也先生、杉村春子先生らとまいりました。八一年の時に、中国で記者会見があり「日本では子どもたちへの芝居は、どうやってやられているのですか？」という質問が出ました。杉村先生が「伊藤さん、あなたがお答えしなければいけないのじゃないの」とおっしゃって、私はまだそのころ、よく分かっていたわけではないのに、仕方なくお答えいたしました。

その夜、杉村先生のお部屋に呼ばれました。「伊藤さん、あなた、このあいだ、子どもの芝居をやめたいって、私におっしゃったわね」。

実はその前に、私は杉村先生に文学座に入れてくださいと、お願いしたことがあったのです。杉村先生に「私、大人の芝居だけをやっていたいのです。もう子どもへの芝居は嫌です。子どもはちゃんと観てくれないし、騒ぐし、そしてお母さんたちはいい加減だし、いい芝居はちっとも生まれないし……」と、ありとあらゆることを申し上げて、「だから文学座の試験を受けさせていただきたい」とお願いしたのです。その時は、杉村先生はお返事をなさいませんでした。そのことをおっしゃったのです。

「そうおっしゃったわね」「はい」。「あなたって傲慢ね」とおっしゃいました。「なぜですか？」と申し上げたら、「あなたは『森は生きている』というお芝居をおやりになったでしょ。自分の一生に『森は生きている』の伊藤巴子、『女の一生』の杉村春子、こういうふうに言われる俳優なんか、そうやたらといるものではないのよ」と、おっしゃいました。「あなた傲慢よ。そのことをあなた、どう思ってらっしゃるの？『森は生きている』の伊藤巴子って今も言われてるじゃない。皆さまが、あなたのことを覚えていらっしゃるじゃない。そのことの責任を、あなた、どうやってお取りになるの」と言われたのです。返す言葉がございませんでした。

そして、今年（二〇〇八年）のお正月に、劇団仲間の『森は生きている』を観に行きました。そのとき、もうお年を召したお母様が「伊藤巴子さん、しばらくでございました」と声をかけてくださいました。「三人の孫と一緒に来ているんですよ。親子四代観ております」とおっしゃいました。今日も、午前中、『森は生きている』は今も自分の胸の中にある」という学校の先生のお話がありました。何と恐ろしい仕事を私はやっているのだろうということを、また考えさせられました。……芝居の恐ろしさ、芝居が子どもたちに与えることの恐ろしさを、また私はかみしめなくてはならないと思いました。『森は生きている』で初舞台を踏んだ私は、今日まで『森は生きている』の伊藤巴子と言われて、この道をまっすぐに、ついに死ぬまで歩くことになりました。

デビッド・ホールマンさんとの出会い

私は、もっと早く自分の俳優としての人生をかっこよく閉じようと思っていました。でもなかなかそうはいかなくて、いつまでやっているのか自分でも見当がつきませんが、今のところ一年に二本の演劇を創って、神奈川県の子ども劇場おやこ劇場連絡会だけに出しています。「全国に出せば？」「学校公演に出せば？」と、おっしゃってくださる方もいらっしゃいますが、私の力ではとてもそんなことはできません。制作者がいるわけでもなく、私が一人でお金の勘定までしなくてはならないのですから。でも、とても幸せなことに、長い間この道を歩いてきましたので、私を助けてくれる音響さん、照明さん、そして俳優さんたちが集まってくださいまして、芝居を創っております。

このところ私は、長い間演出をしていただきたいと思っていたモダンダンスの西田堯先生に、四本演出していただいてお芝居を創りました。全部デビッド・ホールマンさんという、イギリスの作家の作品です。イギリスの児童青少年演劇の父と言われるような方です。

私は二〇年ほど前、オーストラリアで開かれたフェスティバルでお会いし、すばらしい作品を三本観せていただきました。当時から子どものいじめの問題を取り上げ、親と子どもの関係を取り上げ、そしていかに社会の中で大人が子どもを大事にしないかということを取り上げていらっしゃいました。その時にお願いして、台本をいただいた作品の一つが(劇団仲間で上演した)『だいじょうぶ』でした。

彼は水俣病を題材にした『水銀を飲め』という作品をお創りになっています。それから『消えた人』という、チリの軍事政権の話を書きました。この作品は、私はこの次、いつか上演したいと思っています。日本にも関心を持ちながら、子どもたちの平和を願いながら作品を創っていらっしゃいます。

デビッド・ホールマンさんはいつもこうおっしゃいます。「私は大変政治的な人間であります」。「政治的な人間」と訳されると、何か左なのか右なのかという印象をお持ちになるかもしれませんが、そういうことではございません。人間は生まれたと同時に社会と関わりがある。だから児童青少年演劇は、いつもお姫さまや王子様が出てきて楽しくやればいいというものではない。子どもは産まれたときから社会と対応しており、中南米の世界では何が起きているのか、イラクでは何が起きているのか、そういうことを親がわかり、それを子どもたちにきちんと話せるような関係を親が作っていかなくてはいけない。それを提供するのが私たち演劇の役目だと書かれています。

私はいろいろな劇作家の方たちと出会ってきましたが、私の児童青少年演劇の眼を全く変えさせてくださったのがデビッド・ホールマンさんでした。デビッド・ホールマンさんに出会わなかったら、きっと私はこんなに児童青少年演劇を続けていなかったと思います。

母親たちとの出会い

もう一つ私が今日までやり続けてこられた大きな理由は、子ども劇場のお母さまたちと出会ったことです。その発端になりましたのは三井三池炭鉱のストライキでございました。私は二五歳。『乞食と王子』という芝居をもって、三池炭鉱のストライキのときに上演いたしました。あの女の方たちのすさまじい働き、男の方たちを支えて働いていらっしゃる女性の姿を見たとき、やっぱり私はこういう方たちのためにも芝居をやめてはいけないのではないかと、初めて思いました。

その後、子ども劇場が全国にできまして、武道館で全国大会をやろうという広がりがありました。それがどういうことになったのでしょう。日本中の子どもたちのために立ち上げた子ども劇場は、無残にも全部ズタズタに切り裂かれてしまいました。私はその一番辛いとき児演協（日本児童・青少年演劇劇団協議会、現在は協同組合）の代表をしておりました。

その時に、神奈川県が一番最初に全国（連絡会）から抜けました。そして自分たちだけで神奈川県子ども劇場おやこ劇場連絡会を作りました。川崎のおやこ劇場がリーダーになって、神奈川県の子ども劇場を、自分たちの手で子どもたちにいい演劇をとスローガンを掲げながら、どこからも一銭も助成金をもらわないと自分たちで決心をし、会費だけで始めようということになって、今日まで続いております。

児演協の代表をやめた私は、神奈川県のためにだけならば、私の小さな力でも作品ができるのではないか……そういうことを考えました。そして、当時はまだ劇団仲間におりましたので、仲間の溝口信夫という制作者と一緒に多くの創造団体にお願いして、一緒に神奈川県に作品を出すことにしました。そんなふうに運動が始まりました。

子どもにはわかる!

創造団体と子どもたち、観客が一緒になって創るということはどういうことなのかということが、私たちの大きな課題でありました。

ただ、私たちがいい作品を舞台の上から投げかけるのではなく、それがどうやって子どもの胸の中に入り、そしてこれから生きていく人生の中でどういう影響を与えていくのかということまで、私たちは考えなければいけないのではないかということを、お母様方と一緒に勉強を始めました。神奈川県では、選んで、取り組んで、観て、まとめる、ということばを使っております。

一年間に、かわさきおやこ劇場では一二本選ばなくてはなりません。それを選ぶために、一年中かかって東京で上演される児童青少年演劇を観て歩いていらっしゃいます。そして、私たちが提出したいと思う創造団体が六月に集まりまして、自分の出したい作品についての説明会を行います。六〇団体ございました。それを冊子にいたしまして家庭に配るわけですね。

作品が決まると当日に向かって事前の学習会を、必ず上演する側の制作者や、演出家や、俳優をお呼びして、一緒に勉強をいたします。「こんなに勉強をしなくてもいいのではないの？」と私は何度申し上げたかわかりません。でも、お母様方、そしてそこにお父様がお入りになり、そして青年が入っておりますが、ものの見事に、私たちを追い越すような勢いで、素晴らしい観客に育っております。

この間、青年座の『評決』という芝居を神奈川県は「高学年例会」で採りました。これから始まる裁判員制度にも関係する芝居です。大正時代から昭和にかけて、日本にあったことがドラマになっております。大人の芝居ですから青年座は大変ご心配なさっていました。私はこれはどうしても子どもに観てもらわなければだめだと思って推薦し、実現しました。子どもはわかるのです。「平和がなければ、ほんとうに人間って幸せになれないんだね！」と、一〇歳の子どもが言うのですね。「平和って何だと思ってるの？」と聞くと「戦争がないこと。それから、家族が仲良く暮らすこと」と言うのです。どこかから教わってきたのではないかと、最初は思いました。いいえ、そうではありません。芝居を観続けている子どもたちは、大人以上に世の中を考え、そして世界を考えていく能力を持っているのだということが、はっきりとわかってきました。頭の中ではわかっているつもりでしたけれど、子どものの口から、一〇歳、九歳の子どもの口からこういうことばが出てくるとは夢にも思っていませんでした。

松田正隆さんの作品『紙屋悦子の青春』をいたしました時もそうです。神奈川県の方で、どうしても子どもたちに観せたいとおっしゃいましたが、演出された青年劇場の松波喬介さんは、絶対に子どもたちにはわからないとおっしゃいました。私は「絶対にわかるから。大丈夫だから」と申し上げまして、「じゃあ舞台稽古のとき、子どもたちに何人か観に来てもらってくれないか?」とおっしゃいました。来てもらいました。親より子どもの方がよくわかることが松波さんもおわかりになって、松波さんも安心すると同時に「子どもについてもう一度考え直さなければいけないね」とおっしゃいました。

この作品は戦争、特攻隊を扱っておりますが、戦争がいけないと声高に言ってはおりません。戦争の中の日常を描き、その日常の中から観客が何を受け取っていくかという、優れた作品です。一〇歳の石山萌子ちゃんという女の子が書いた感想があります。

「私は戦争というといろいろなことを思いますが、悦子さん——主役の女性です——が昔、夢をかなえられなかった時代というのはなぜだろう、と思います。日本が勝っているというウソの報告をしなければ、明石——明石少尉という、悦子の大好きな人が飛行機に乗って特攻隊で死んでしまうのですが——を好きな悦子の夢も、悦子が好きな明石の夢もかなえられたと思います。だって日本がウソの報告をしなければ、明石は特攻隊に志願しなくてもよかったかもしれない。何もかもお国のために、お国のためにということ。私だったらそんなことはできないと思う。それが決して非国民と言われても、勉強の教え方がたとえそうであっても。だって、おじいちゃん、おばあちゃん、お父さん、お母さんが死んじゃうのに、ぜったい私なら泣きます。そんな目に合う戦争は私はきらいです。」

一〇歳の萌子ちゃんはそう書いています。この作品は、また来年も神奈川県で上演することになりましたが、一四歳になった萌子ちゃんが今度はどう観てくださるのか楽しみにしております。

観客からこだまのように

もう一つ『ビリー、どうしたの?』というデビッド・ホールマンさんのお芝居。離婚したお母さんが仕事のために、その町を去っていかなくてはならないという話です。一人っ子のビリーに「お母さんと一緒に隣町に行かなくてはならない」と言い聞かせるのですが、「僕は行かない。お母さん一人で行って」。小学校二年生くらいのビリーが頑として言うことを聞かなかったわけです。それが向こうに行ったら、新しいお友達ができ、良い先生にも会えてということになっていくのです。

そのお芝居を横須賀でやりましたときに事後の交流会で、あるお母さんがおっしゃいました。「うちは転勤で北海道に行かなくてはならないのです。一年も前から、小学校三年の息子にずっと話していたけれど、『絶対に僕は行かない』と言っていました」。お母さんはどうしたらいいものか悩み悩んでいた。学校の先生やカウンセラーにもご相談なさったらしいです。それでも息子さんは「うん」と言わなかった。その子どもがお芝居を観てから「僕、行くことに決めたよ」と言ったそうです。「だってビリーだって新しいお友達を作ったじゃない。新しいお友達も親切にしてくれたじゃない。だから僕も北海道に行ったらそういうふうにできるよね」。

こんなに子どもに影響を与えてしまう芝居の恐ろしさ。……私たちはどのように考えたらいいのでしょうか。その時思いました。良く与えればいい。でも、良く与えるだけとは限りません。悪く与えることだってあると思います。

今日どんなお話をしたらよいものか、昨日は家でいろいろな資料を見て過ごしたのですが、その中に日本児童・青少年演劇劇団協議会の二〇周年の記念公演の記録がありました。私が代表をしていたときで、加盟している劇団が全部芝居を出して公演をいたしました。その記録に、公演を観ていただいた二人の演劇評論家、村井健さんと宮下展夫さんのお話の記録がありました。「このようなくだらない児童青少年演劇を平気で子どもたちに見せるということは犯罪だ」と、村井健さんが発言されました。その時の私の気持ち……本当につらかったです。それから十数年経った今日まで、何が変わったのかと、ゆうべは考えざるを得ませんでした。

演教連の刀禰佳夫先生がこうおっしゃいました。私は忘れることができないのです。ひどい芝居をご覧になって、その時に「食べるためにあなたたちは児童青少年演劇をやっているのですか?」と、質問をいただきました。

「犯罪」と言われ、「食べるためにやっているのか」と言われ、でも、本当にそれがいい方向に歩んでいるのかというと……私には自信がないのです。本当に良い道を歩んでいるのだという自信がないのです。

林光さんは、自分がやっているオペラは、観客に発信していくけど、発信していくだけでは僕のやっているオペラは完結しない。一人ひとりの胸の中にそれがどう宿って、そしてこだまのように――「こだまのように」とお書きになっているのです――僕たちのところにその思いが返ってきたときに、僕の芝居が成功か不成功かわかるのである、というふうに書いていらっしゃいます。

そのとおりだと私は思っております。そういう目にあいたいと願いながら、私は舞台に立っているのでしょう。そういう芝居を創りたいと。そして私たちの児童青少年の芝居を観て育った子どもたちが、この生きづらい世の中でどうやってこれから生きていくのかということを、ほんの小さな点でいいですから、見つけ出すことができたらと願わずにはおられません。

このあいだ『パパおはなしして』という芝居を東京演劇アンサンブルがいたしました。私の同期生（俳優座養成所）の入江洋佑さんが演出。カラスとカナリアの話です。カナリアがカラスに拾われて一緒に暮らし、食べさせてもらっていますが、とある日、カナリアが飛んでいってしまってどこに行ったかわからないという結末があるのです。お母さまたちは「あ、きっと餌をとりに行ったのよ」「どっか野原に住んでるのかもしれないわね」と、おっしゃったそうです。その次のお母さまが「いえ、死んじゃったのよきっと。そう。子どもにいじめられたりして、きっと死んだのよ」と言ったとたん、子どもがすくっと立ち上がって、すごい勢いで「お母さん。どうしてそんなに簡単にカナリアが死んだって言うの？　お母さんみたわけじゃないでしょ。死なないよ。絶対に死なないよ。そんなに簡単に死んだら大変だよ！」男の子がそう言ったそうです。

子どもの想像力というものは、私たちの頭を飛び越して、ずうっとずっと先の方に行っているのだということを、いつもいつも知らされます。そして、そういう子どもたちと接して、私たちは成長し、お母さまや青年たちも成長していくわけですね。

新しい作品を

ですから一年間に一二本観る神奈川県の子どもたちの幸せは、私はどうしても最後まで守りたいと思っております。……でも、守りきれないと、思っております。なぜかというと演劇がないのです、一二本。一二本全部演劇を届けたいという思いがかないません。ですから、京劇を中国からお呼びしたり、日本フィルの四五人編成のオーケストラ、東京シティバレエ団、それから日本舞踊……、これらの舞台が綺羅星のごとく並びますが、でも本当はもっともっと演劇が多い神奈川県の子ども劇場にしたいという願いがあるわけです。でも、演劇がないのです。

新しい作品が生まれません。ですから昔の作品が、少しずつ変わりながら上演されていく。本当にいい作品は「くりかえしくりかえしやって何が悪いのですか？」と開き直ってもいいと思うのですが、でも、新しい芝居ができ上がってこなければ、児童青少年演劇は続いていきません。

それと……児童青少年演劇は芸術になりうるのでしょうか？　私はなりうるという確信を持って創っていきたいと思っています。でも、芸術にはなりえないという答えが世界中で言われます。韓国で、中国で。私はスウェーデンとデンマークとノルウェーに、何回通ったかわからないほど通いました。そして児童青少年演劇の一番すばらしい仕事をしているのはこの北欧の国々だと、今でも思っております。国が支援してすばらしいお芝居を創っているのに、それでも、国内で大人のお芝居より低く見られていると、はっきりおっしゃいます。ロシアもそうです。なぜなのでしょうか？　私には答えが出せません。出したいと思います。そして芸術――芸術というと、とても傲慢にきこえるかもしれませんが、やっぱり私は演劇という世界の中の一つなのだというふうに見たいのです。

そんな中で韓国は芸術大学が国立でできてから、児童青少年演劇が変わってきました。日本をきっと追い越していくでしょう。そしてどんどん優れたものを創っていくのではないかと、私は大変期待しています。

子どもの表現活動の試み

戦争に負けてから六〇年が経ちました。もうちょっと良くなってもいいのではないかと思っておりましたが、事態はちっとも良くなりません。……演劇だけでなく、世の中全部が。どうぞ、その次の時代を背負って立つ若い先生方、若い学生さん、そして次の時代を背負って立つ子どもたち、いい日本をつくってください。いい演劇を創ってください。そう願わずにはおられません。

そんな願いをこめて始まったことがございます。熊本の阿蘇山のふもと、空港の近くに、見渡すかぎりのトウモロコシ畑と麦と、それから牛の糞の匂いのいたしますところに、合志町、最近合併して合志市になりましたが、市役所、図書館、体育施設、それから老人のための施設——風呂までついた建物があります。ヴィーブルというホールがあります。八〇〇人入ります。

熊本の子ども劇場は全部分割して、会員は一〇〇人から一二〇人ぐらいしかいないのですね。ですから小さな作品しかやれないわけです。ある日、町長の秋本さんが「何かやれないかねぇ……こんな立派なホールがあるのだから」と、子ども劇場の運営委員長にお話しになりました。じゃあ、子どもたちを集めて、何かしたらどうだという話になりまして、わざわざ東京にお見えになって、相談されました。希望を聞いたら「表現活動がやりたい」というお話でした。「私は俳優ですけれど、表現活動を教えることは私はとてもできませんのよ」と言いますと、「じゃあ伊藤さんのお力で、そういう人たちを集めていただけないだろうか」というお話になりました。

まず行っていただいたのが、前進座の演出家、鈴木龍男さん。それから西田堯舞踊団の川又真理子さんがダンス。それに、歌、ピアノ、照明、音響と、専門家を全部集めさせていただいて始まりました。

お金は何もかも町が出してくださいまして、稽古もタダ、合宿もタダ。稽古はすべて舞台でやっております。ちょうど八年目になりました。

異年齢集団での思いやり

子どもたちは五〇人おります。毎年募集して、小学校一年から中学校三年まで。異年齢集団をつくって始まりました。熊本から電車に乗って、小さな駅からまた車に乗ってこなくては、そのヴィーブルというホールにはたどりつきません。すぐにやめていくかな、とも考えましたが、やめないのです。学校より楽しいと言っております。そりゃあそうですよね。勉強しろとは言いませんし、大きな声を出せとは言いませんし……どうやったら大きな声が自然に出るのか、そのプロセスが大事だというのを教えてほしいと、私は鈴木龍男さんにお願いしました。意味を教えてほしい。セリフは大きな声を出して、こう言うんだよ、というのではなくて、どうしてこのセリフがあるのか、そういうプロセスを教えてほしいとお願いしました。

八年経ちましたら去年は八人、今年は一五人も中学生が卒業いたします。中学生は自分たちで台本を書いて——春は受験がありますから、八月に、中学生だけの発表をいたします。今年も八月八日にその発表会をしますので、今、稽古をしております。自分たちで台本を書き、演出も何もかも自分たちですると言います。私は心配でこのあいだ行ってきましたが、ちょうど、みんなで、舞台の上に這いつくばってセリフを書いておりました。自分たちのことばで書くのですから、いいですよね。自分たちのことばで自分たちの生活を書く。――どんなふうにでき上がるのか私も楽しみで、観に行くことにしています。

異年齢集団で何が素敵かというと、思いやりの心が育つということです。一年生は背も小さいし、蚊の鳴くような声しか出ません。中学三年生というと今は、私を追い越すような大きな子どももたくさんいます。その一年生から中学三年生までの五〇人の集団が、一人ではやれない、みんなが一緒にならなければやれないということを、知らない間に覚えている。からだ一杯にそのことを吸収して、思いやりの心を持ってくれただけでも、私はこのヴィーブル子ども劇団をやった甲斐があったと今思っております。

日本の外から日本を見て

ヴィーブルの子どもたちを連れて、天津で開かれた世界児童青少年フェスティバルに参加もいたしました。文化庁の助成金をいただいて行ってまいりました。大人も子どもも、初めての中国でした。中学三年で卒業していく子どもに、ヴィーブルでの八年の中で何が印象に残ったかと聞くと、必ず言うのが「中国に行ったこと」です。

これからの若い人たちはみんな、日本だけでなく、日本を離れてよその国へ行って、日本を見ることによって日本がわかり、そして日本の芸術が、日本の演劇が、どういう形に持っていかなければいけないかということがわかるはずです。

少なくとも私自身は、スウェーデン、イギリス、デンマーク、ノルウェーというところから、それを学びました。そして、それを実践したいと思っています。

例えば、二歳のお子さんから観せるときは、スウェーデンに習って「子ども席」というのをつくっております。三年前からです。子どもは子ども同士で観、その周りを大人が囲んで観るわけです。それに慣れますと、お友達同士でおしゃべりをすることが、どんなに楽しいか……そしてそれが、子ども劇場の拡大にもつながって行きます。「〇〇ちゃんが僕と一緒にお芝居観るようにしてよ、ママ」というふうになるわけですね。本当に日本を外側から見ることを、どうぞ若い方たちはこれから意識的にしてください。

毎月一本観劇を、年一回鑑賞教室を

そして先生方にお願いは……お忙しいことはわかっておりますが、一月に一本でいいです。児童青少年演劇でも、大人の演劇でも、四季のミュージカルでも何でも結構です。観てください。いつか江戸川区にうかがいましたときに、生まれてから今日まで一本も芝居を観たことがないという先生がいらっしゃいました。そういう方がどうやって、学校へ呼ぶ演劇をお選びになるのですかと申し上げましたら、「二月にいっぱい電話がかかってきたところを選びました」とおっしゃいました。それでよろしいのでしょうか。先生方、上演する私たち、お父様お母様たちが、芸術に、演劇に理解を示さなければ、子どもたちは育っていきません。

観なければ、良いのか悪いのかわからないのです。私が、この演劇だけは選ばないでください、という演劇を学校で選んでらっしゃる。悲しいです。観てほしくない。そして「とても感動した」と、選んだ先生はおっしゃいました。地元のおやこ劇場のお母様たちは、その劇団に行って、やめてくださいと申し入れたそうです。だけどもやってらっしゃいます。それは学校がお買いになるからです。優れた子ども劇場はもちろんそんなものは買いません。学校は安ければ買います。お金の世の中ですから。どうぞ一本でもいいです、観てください。そういう運動を起こしていただきたい。

もう一つ。演劇、芸術というものは誰かの支援がなければできないものなのです、世界中。日本ではどうして支援がないのですか？　どうして演劇と教育の運動に支援がないのですか？　先生方、怠慢だと思います。もっと世の中にアピールすることを考えてください。だって「すべての子どもにドラマの教育を！」と、思っていらっしゃるのでしょ。一年一遍、ここで言うだけでは何もなりません。アピールしなければ。……これは本音です。

いい演劇を子どもたちに与える機会をどうぞつくっていただきたい。一年に一回でいいから学校公演をやっていただきたい。そして、子ども劇場の歩みとともに、いい二一世紀を背負って立つ子どもたちを育てていただきたいと、心から願っております。

多くの方に生かされて

『森は生きている』は今日も、林光さんの音楽とともに歩み続けております。

私は劇団を離れましたし、劇団仲間の『森は生きている』がこれからどのように続けていかれるのか、見当もつきません。でも、演出家の高瀬久男さんと、林光さんの音楽と台本によって新しい、すばらしい、こんにゃく座の『森は生きている』ができ上がりました。オペラです。一言ひとこと、日本語としてはっきりわかります。光さんのすばらしい感覚の音楽が私たちの胸を揺すぶりました。三歳から大人までが一つの会場で観ていました。私は前のめりになるほど、引き入れられて観ておりました。音楽も台本も、高瀬さんの演出も、そしてそれを演じる歌役者――こんにゃく座ではそうおっしゃいます――も、照明も音響の方も一丸となって『森は生きている』に取り組んでいるという姿勢が、私たちの胸をほんとうに熱く熱くしてくださいました。

『森は生きている』が生き返った……自分がやっていた芝居を、こういう目で観ることができるのは大変幸せだと私は思いました。

そして私、今、その天才音楽家の林光さんと仕事をしております。『わたしがこどもだったころ　私のピアノ放浪記・川崎篇』というのから始まりまして、アーサー・ビナードさんの『ここが家だ――ベン・シャーンの第五福竜丸』という絵本を私が読み、林光さんは自分の音楽人生を、ピアノを弾きながらお話しになります。林光さんは、第五福竜丸の映画に音楽をお付けになっているのです。

本当に幸せを噛みしめています。実は私は林光さんとは一六歳のころからお付き合いさせていただいているのですが、まさか林光さんのピアノに乗せて、絵本を読むような機会があるなんて、夢にも思っておりませんでした。この次は一一月にやって、この先も時間が合えば林光さんと『ここが家だ』を読んでいきたいと思います。林光さんは「九条の会」にも原爆の会にも、何一つ政治的なものには入っていらっしゃいませんが、あの方ほど政治的な方はないと私は思っております。それは音楽の中に、自分の世の中に対する、日本に対する、世界に対する、政治に対する思いをこめていらっしゃる方だからです。

私もいつか、というかもうすぐ、やめる時期が来るのではないかと思いますが、最後に林光さんとのお仕事がこうしてやれたこと、それから原爆を見た天才舞踊家、西田堯先生の教えで演劇が創れたことを――来年もつくりますが――とても幸せに思います。この長い私の人生、私は集団を離れて一人になりましたが、私を助けてくださる方によって、私は今、生かされているな、という思いで一杯です。

長い時間、ありがとうございました。どうぞ、私が今日申し上げたことをお考えいただきたいと、心から願っております。


（第57回全国演劇教育研究集会記念講演／『演劇と教育』２００８年11月号・晩成書房）

第一幕

『婉という女』

「婉」に会う
——私の体に今も強く残る大切な舞台

四国の小京都といわれている城下町中村の小さな宿で、この部屋に大原富枝さんがお泊りになって宿毛《すくも》に行かれたのですよと言われ、なつかしくてたまらずその夜東京の大原さんにお電話しました。

やっと中村まで鉄道が敷かれたのは何年前だったでしょうか。中村からバスで五〇分、宿毛の市役所の方が雨の中を案内してくださいました。城山と呼ばれている山に囲まれたふもとの平地、野中婉が四〇年幽閉されていた住居跡でした。現在でも周りに人家一つなく、足を踏み入れる人さえないようです。古井戸が一つ、小さな地蔵尊が一体、山裾を一本の細い道が通っています。三〇〇年近くまえ本当にここに婉がいたのです。市役所の土地台帳に〝野中屋敷〟と記入されていました。婉が敬愛してやまなかった希四郎兄。〝兄上とわたしは肉体の事を別にすればまったく夫婦のようにお互いに半身となっていたわりあい、愛し合ってきた〟。菊地勇一さんの希四郎兄に抱かれたあの時の舞台が、この住居跡にぽっとうかんで来ました。

一九六二年、劇団仲間が創立一〇周年記念公演として、ブレヒト作『支配民族の私生活』(第三帝国の恐怖と貧困)、真船豊作『遁走譜』、セルゲイ・ミハルコフ作『乞食と王子』、そして大原富枝原作、早坂久子脚色『婉という女』の四本が上演されました。一九六〇年日本残酷物語の劇化の最初の作品、秋元松代作『村岡伊平治伝』に次ぐ第二作として『婉という女』が上演されたのです。今は亡き演出の中村俊一と早坂久子さんの稽古場での、すさまじいぶつかり合い、着物姿でいつもゆったりとおだやかに稽古を見に来てくださった大原富枝さん、私たちのほとんどが三〇歳くらいだったのでしょう。

「門外一歩を禁じられ、結婚を禁じられて、四〇年間わたくしたちはここに置かれた。他人との面会を許されず、他人と話すことを許されないで、わたくしたち家族はここに置かれていた。わたくしたち兄妹は誰も生きる事はしなかったのだ。ただ置かれてあったのだ」。大原富枝さんの「生きる」と「置かれて」に傍点が打ってあるこの一節は、忘れられません。

ブレヒトの『第三帝国の恐怖と貧困』(ユダヤの女)が初めてといってよいくらい大人の役を演じたことのない私が婉を。周りの皆さんもびっくりしたようでした。どうして私だけが子役ばかりと一人前になやみ、芝居をやめようかと思っていた時でした。稽古はいつも『乞食と王子』の舞台が終わってから始まりました。半ズボンの男の子から女に変身というわけで何とも不思議な感じでした。家に帰りラジオのスイッチをひねるとジャズが流れてきました。どうしたことなのでしょう。早いリズムと頭でわかっているのに、体にひびく音はゆっくりしたリズムが伝わってくるのです。頭と体がばらばらになってしまったという感じで、どうしていいかわからなくなりました。本当に不思議な体験です。

戦前、公園劇場で六区の人気を独り占めにしていた剣劇の一方の旗頭であった金井修さんが出てくださいました。新劇の舞台に立たれるのは初めてのこと、かなりのお齢でしたが、土佐藩家老・深尾若狭、舞台の真中に坐り、じっとしたまま目をつぶって話していらっしゃる金井さんは、ほれぼれするくらい素敵でした。伊藤さん、役者はぎらぎらしてやりたいことをすべてやっている間は本物ではない、そぎ落とし、そぎ落とし、さあ一番最後に残る一番大切な物はいったい何なのだろう、福島の宿で子供のような私に話をしてくださいました。いつか伊藤さんとラヴ・シーンをやりたいね。あんなに細い体でいらっしゃったのに、鍛え上げられた体はおどろくほど骨が立派で、焼場で生まれてはじめてお骨をひろった私もびっくりしました。長く御一緒したかった大切な役者さんのお一人でした。

二五年経った今、原作と台本を読み返してみると、若いということの恐しさと恥かしさをいやというほど知らされる思いです。不安と絶望の中で人を恋う女のつらさ、男と女の愛のかたちの違いのありさま、三〇の私に何がわかっていたのでしょうか。「女には生涯にただ一度呼んでほしい自分の名があるのではあるまいか。ただ一度、自分の名を呼んでほしい男の声があるのではあるまいか」。

女も男もわかっていなかった私が、と思うと、いても立ってもいられない恥かしさでいっぱいになります。でも婉に会うことがなかったら芝居はやめていたでしょう、きっと。そしてあの舞台は私の体に今も強く残っている大切な舞台でした。

「婉は私です」とおっしゃる大原富枝さんの女の内なるものが、婉の姿を借りて私に恐しいほどの迫力でせまってきます。もう一度、婉に会うことができたらとひそかに、ひそかに思っています。

（『悲劇喜劇』１９８８年5月号・早川書房）

『森は生きている』を知っていますか
――あらゆる宝石がちりばめられた戯曲

『森は生きている』というお話を知っていますか。本やさんで可愛いい挿絵の『森は生きている』という本を見た事がありますか。

東京、平河町にある都市センターホールでは、今年もマルシャーク作、湯浅芳子訳『森は生きている』が上演されていました。毎年暮れからお正月にかけて劇団仲間によって上演されます。

一九五四年、東京、六本木に俳優座劇場がオープンしました。戦争が終って九年目、劇団俳優座が自力で建てた五〇〇席の小さな劇場でした。外国では劇団は必ずと言って良いくらい劇場を持っています。もちろん、音楽の世界でも同じです。劇団は劇場の中にあるのが常識です。日本ではまったくと言って良いくらい劇団と劇場は別の物です。この問題一つ取ってみても日本の文化とは、と考えざるを得ません。

その俳優座劇場の柿落《こけら》としに上演されたのが『森は生きている』。一九五四年五月五日が初日でした。四〇年近くも昔の事が昨日のように想い出されます。ここで岩波書店発行の『森は生きている』のあとがきに書かれている訳者、湯浅芳子さんの文章を引用させて戴きましょう。「この作品はふるくから伝わるスラヴの伝説、新年をひかえた大晦日の晩に、一月から十二月までの月の精が森の中で出逢うという伝説をもとにして書かれたもので、境遇の不幸に負ける事なく、何時も明るさと他人への思いやりとを失わず、雄々しく勤勉に働く少女が思いもよらぬ幸福をえたという、いわばソヴィエトのシンデレラ物語です。作品の底に流れている高いヒューマニズム、人間なり人間の生活なり、又社会なりへ向けた作者の眼のするどさ、深さ、視野の広さなどによって、この作品はありきたりの童話劇でないものになっています。又その内容を表わしている形式の美しさによって高い芸術作品にもなっています。マルシャークがこれを書いたのは一九四六年ですが、その年、ソヴィエト・ロシアで一番名誉とされていたスターリン芸術賞をうけました。そして一九四八年の五月には、世界的に有名なモスクワ芸術座で上演されたのです。日本でも劇団俳優座や劇団仲間によって上演され、いまも上演されていて、美しい舞台に子どものみなさんは勿論、大人の観客まで夢中になった事は、又今も上演のたびに評判になっている事はご存じかと思います」

原題は、"Dvenadtsati Meshatsef"――『十二月』ですが、湯浅芳子さんが『森は生きている』となさったのです。何と素敵な題でしょう。テレビもない時代、俳優座劇場での公演は大変な話題でした。こんなに素晴しい、大人も子どもも楽しめるお芝居があるなんてと皆びっくりしたものです。そして、一九五九年、劇団仲間がそっくりそのまま受けついで、今日まで上演し続けているのです。音楽もそのまま、林光さんが二十代の初めに創られたものです。今年の公演を終えると一四三八回になります。上演すればする程、名作の重みと責任がずしりと肩にのしかかって来ている、今日この頃です。劇作家の方々がおっしゃるように、『森は生きている』を乗り越えた時、初めて日本の創作児童劇が生れるのでしょう。それほど、ありとあらゆる宝石がちりばめられている戯曲なのです。

一九九〇年一〇月二四日、九四歳で湯浅芳子さんは亡くなられました。良い舞台を創りなさいよと私たちにおっしゃられて。今年の一一月から、一四三九回目の舞台が始まります。思い切って、演出も、舞台装置も何もかも新しく、一段と優れた楽しい舞台をと願い、リフレッシュの作業を始めました。劇団仲間の大切な財産、いえ、児童演劇の財産と言っても過言ではない作品なのですから。より優れた舞台を保ち続けて行く上で、なくてはならないもの、それはお客様です。演劇は、舞台で演じている人達と、場所とそしてお客様の三つが集って初めて成立する芸術です。

お正月の都市センターのロビー、幕間の事です。私の顔をじっと見つめていた女の方が、首をかたげて小さな声で「いとうとも子さんではありませんか」とおっしゃたのです。小学校五年生のとき、お母さんに連れられて『森は生きている』を観た彼女は、私に会いに楽屋にきて握手をして帰ったとの事。お嫁にいったら子どもを連れて『森は生きている』を観に行くのが夢だったそうです。今日それを果して、そして私に会えたと喜んで帰られました。こうした全国の大勢のお客様に支えられて、今日の舞台があるのです。親子四代『森は生きている』を観てくださっている方もたくさんいらっしゃいます。

この文章を読んでくださる皆様の中にも、もしかしたら子どもの時観た『森は生きている』を思い出してくださる方があるかもしれません。「もえろ、もえろ」の歌と、暖かい、赤い炎、そして、からす、うさぎ、りす、おおかみたち、思い出してくださったでしょうか。

（『月刊 音楽広場』１９９２年４月号・クレヨンハウス）

中村俊一さんとの三〇年
——やりたいことをやった人

三月二一日、降りしきる雨のなかを加藤衛さんの告別式に伺う。おだやかなお顔のお写真を拝見していると中村俊ちゃんの顔がだぶって見えて来ます。会えば悪口を言いあって、はたで見ている私達にはじゃれあっているとしか思えないお二人でした。ヘボ麻雀の相手がやっと来てくれたと、俊ちゃん喜んでいるかなと思ったりもしました。

一九二六年一月四日横浜に生れ、神奈川一中（加藤衛さんは先輩です）、早稲田大学文学部中退、瑞穂劇団、劇団俳優座、俳優座演劇研究所附属俳優養成所が出来ると事務局に移って、演技実習の指導にあたっていました。青山杉作先生、千田是也先生のもとで演出助手と効果を。私の手元に亡くなられてから戴いた演出と効果の台本が三冊あります。真船豊の『水泥棒』『孤雁』『なた』。和紙と布で表紙を、毛筆で配役表が、東山千栄子、小沢栄、赤木蘭子、岸輝子、装置伊藤熹朔、照明篠木佐夫、戯曲は手書きです。装置、効果、動き、心理が細かく書き込まれています。

一九五三年養成所の二期生と一緒に劇団仲間を創立、岩手県松尾村にあったお父上の会社、松尾鉱山の御好意で県下の巡演から仕事を始めました。小山内薫作『三つの願い』、武者小路実篤作『ある日のスサノオノ尊』。最初の仕事が子供の芝居というのも不思議なことです。

一九五四年、劇団仲間第一回公演、新丸ビルホール、ギュンター・アイヒ作、中村俊一演出『夢』、ウィリアム・サローヤン作、加藤衛演出『夕空晴れて』。小さな若い劇団は、中村俊一を中心に出発しました。私は養成所三期を卒業、この公演から参加しました。一九五五年が四本、一九五六年が五本、一九五七年が六本、今考えると信じられない勢いです。これには中村家からの並々ならぬ援助があったからといっても過言ではないでしょう。

今は亡き奥様の三戸部スエさんにも本当にお世話になりました。毎年お墓参りのあと、九〇歳をすぎてお元気なお母上、妹さんの御家族と俊ちゃんの悪口大会を行っています。よくもこんなに話があるものです。最後は必ず、よくあんなに身勝手な人について行ったわねと言うお母上の言葉で終るのです。ワンマン演出家俊ちゃん、その名の通り二七年間九割以上が彼の演出でした。現在のように私達自身で他の演出家を考えるなど、とんでもありません。その名の通り彼のやりたいものをやる、反対は許しません。これは自分の作品ではないから名前を書かないでくれと、俊ちゃんの手で書きかえられた作品に泣いた方もいらっしゃるのでしょう。劇評が気に入らないと言って必ず反論を書く。傲慢な演出家とよく付き合っているねと、批評家から言われたことを思い出しています。

六〇本余りの彼の作品を見ていると、何と恐れずにやりたいことをやった人だと、つくづく羨ましいと思うのは私だけでしょうか。野村喬さんの文章によれば、レパートリイの選択にも徹底した系列がみられた、すなわち、ドイツを中心にしたヨーロッパ近代古典と現代問題劇の翻訳上演、日本の新作問題と過去の名作中間劇、そして各国の名作児童劇と新作児童劇、といった三系列に限定し、芝居の思想的な主題にも全然揺れがなかった。私達は彼について行くべく右往左往しながら走っていたのでしょう。秋元松代作『村岡伊平治伝』、大原富枝原作、早坂久子脚色『婉という女』に始まる日本残酷物語シリーズを上演していった頃（一九六〇年）が、俊ちゃんも劇団も意欲に満ちあふれていた時期だったのでしょう。次から次へと芝居を創って行くと同時に新しい問題を次から次へとつきつけて行きました。劇団の文化大革命だと、古い人間は必要ないと言われた時の驚きは今でも忘れません。明日は来るな、止めちまえ、これは日常茶飯事です。主催者で唯一人の演出家と俳優の関係について悩み、考えたのもこの頃でした。

第三次訪中新劇団『華岡青洲の妻』の稽古の最中に、他の人と芝居を創って中国に行くのか、観劇ツアーでも作って観に行くか、と嫌味を言うのです。俳優を自分の手から離すことをこんなにきらった人もいないでしょう。自分はそれは楽しそうにテレビに出て行くのにです。水族館を作りたい、写真を暗室でやいている時が一番楽しい、傍にいる女性は言葉がない人が良い、それなのに人間が好きで好きで、実に上手なジョークで人を笑わせていました。コーヒーをがぶがぶ飲み、煙草を何十本も、病院にも行かず、早く手術をすれば元気になれたのに全く自殺行為ですよと、お医者様はおっしゃいました。養成所から三〇年近く付き合った俊ちゃんです。それなのに心を打ち明けることのなかった淋しい人だったのかも知れません。俳優一人ひとりがソリストになれ、稽古にこだわり、よく練り上げた舞台、稽古を休んでデモに行くな、大人向きも子供向きも創るのは同じだ、純粋とか正直なんてなんだ、俊ちゃん語録は数え切れません。一九八〇年一一月二五日、心筋こうそくで亡くなりました。五四歳でした。今年は一三回忌です。

（『悲劇喜劇』１９９２年６月号）

西田堯舞踊団の公演
――言葉のない舞台が言葉を語りかける

'92西田堯舞踊団の公演に出かけました。東高円寺にあるセシオン杉並ホールでの公演です。西田堯さんは、二七歳で江口隆哉さんの門下生となり、一九六四年、西田堯舞踊団として独立、その舞踊はモダンダンスとも創作舞踊ともいわれています。踊りには言葉がありません。肉体だけで私たちへ熱いメッセージを送ってくれるのです。技術だけでなく、美しいだけでなく、心を動かされる踊り。いえ、西田堯さんの創る舞台は、観るものの想像力をはるかに越えて、痛いほどに私の心に突き刺さってきました。

第一部の幕開けは、「エキサイト・ジム」。スポーツ・ジムでのお話です。肉体が、ボールが、若さが、命への賛歌が、ロック・ミュージックのリズムにのって舞台一杯に、二〇人の群舞で繰り広げられました。サッカー場でのサッカーより、ラグビー場でのラグビーより、何と美しいボールでしょう。そして、人間の体でしょう。

二曲目の「風の盆」は西田堯さんと在家育江さんの二人の舞台です。佐渡おけさの笠をかぶった二人の男女が、祭りの夜の暗い闇のなか、なまめかしく愛を交していきます。和太鼓、風、鳴子が伴奏音楽です。そしてまったく音のない時間のなかでも、踊りは進行してゆきます。音のない時間・空間での踊り、どのようにしてリズムを刻んでいるのでしょうか。

西田堯さんの衰えを知らない柔軟な肉体からかもしだされる言葉のない言葉。第一部の最後は「誰も知らない私の悩み」。シンフォニック・タンゴとトランペット協奏曲にのって、三組の男女が織りなす愛とエロスの変奏曲です。愛すること、それは肉体と肉体が、魂と魂が激しくぶつかりあうこと。ピンクとオレンジの衣装が、沢田祐二さんの照明のなかで雰囲気をもりあげ、美しく映えていました。

第二部は、今日のメインタイトルの「祖国」。「一九八九年一〇月、旧東独ライプチヒの空港で、ある亡命家族と衝撃的な出遇いをした西田は、その体験を、以来相次いで起こった歴史的な政変に強く心を揺さぶられ、いまどうしてもこれを――との深い思いに駆られながら〝祖国〞に取り組んでおります。」これはパンフレットの言葉です。

「祖国」は九つのシーンで構成されています。

①プロローグ　俺を撃て　一人の男性が舞台の真ん中で腕を広げ、俺を撃てと。

②亡命家族　ドヴォルザークの「新世界」日本では「家路」とされている音楽のなか、五人の家族が闇の中に。祖国をあとに、国境を越える五人。

③美しき山河で、友よ、輪になれ　美しい祖国、懐かしい故郷を、二五人の群舞が明るくおおらかに踊ります。そのなかに時おり投げこまれる不安な影は何を語りかけているのでしょう。

④家路　五人の家族の踊りです。

⑤友よ、再び輪になれ　ここで再び群舞。

⑥愛しおえることもなく　若い二人のデュエットです。あんなにも愛しあっているのに引裂かれていく悲しみ――。

⑦友よ、悲願の舞を！
⑧平和のために、行動を「Do Something for PEACE」 それまで言葉のない舞台でしたが、ここで初めて白い花を持った全員が言葉を発しました。
⑨エピローグ 硝煙のなかに シーン②で闇に消えた家族五人が舞台に立ち、幕が降ります。

言葉が基本になっている演劇の舞台を創っている私にとって、言葉とは何か、と突きつけられるような思いのする舞台でした。言葉のない舞台が、こんなに言葉を語りかけてくれるのですから。

舞踊団員の皆さんが「自分自身のための踊り」とおっしゃっているように、一人ひとりがソリストとして高い技術を持ち、それが集まってすばらしいアンサンブルを生み出してゆく舞台のすばらしさ。技術とはテクニックのことだけではありません。創る人の内面がどのように観るものの想像力をかきたて、メッセージを送れるかということでもあるのです。

久し振りに、優れた芸術に会えた喜びは何とも言えません。一緒に行った三人で、ビールを飲み食事をしながら楽しい晩を過ごしました。そして「今日の舞台をぜひ子どもたちに観せたい」と語り合いました。日本の子どもたちがバレエの名作の舞台を観ることなど、ほとんどないと言っても過言ではありません。まして、モダンダンスの舞台を観ることなど、まったくないのではないでしょうか。

でもこの素晴らしい公演も、たった二回だけなのです。何ともったいないことでしょう。ほかのだれからも援助のない、自分たちだけの力での公演なので、何回も公演できるほどの予算はないのです。

この公演が行われた前の週に、オーチャード・ホールでミルバを聞きました。高い入場料を払って、あの広い会場を埋め尽くしたお客様を考えると、なにがどうなっているのか……。

「世界の舞台に出しても決してひけを取らない西田堯舞踊団に、もっと力を貸してください」と願わずにはいられません。

（『月刊 音楽広場』1992年9月号）

人に会う旅

——私の芝居の原点・岩手県西根（田頭《でんどう》村《むら》）

私の旅の原点、そして芝居の原点は岩手県にあります。

東京から東北新幹線盛岡下車、駅前からバスで一時間、八幡平の美しい山すその村、西根に着きます。

小学校の教室の間仕切りを取っていくつか合わせ、小さい机を並べて舞台を作り、西根（当時は田頭《でんどう》村《むら》）での劇団仲間公演が始まりました。俳優としての私の最初の旅は、この小さな手作りの舞台からでした。あれから何年たったのでしょう。毎年、私達の西根劇場は一回も休まずつづけられています。お客様も親子四代になりました。

小さな小学校の教室しかなかった西根も、八幡平観光ですっかりさま変りしました。温泉、別荘、スキーとレジャー基地になり、私達の西根劇場も晴れて、新築の中学校の体育館に移りました。

九月の初め、東北はもう涼風《すずかぜ》がたっています。昼の公演が終り、がらんとした体育館を横切り、中学校の家庭科の教室での小夜食は、村のお母さん方の手作りの数々です。夜の部は七時開演。四時半頃だったでしょうか、誰もいない筈の客席に、一人ぽつんとおじいさんがすわっています。黒っぽい野良着のおじいさんは、持って来た大きな座ぶとんにすわり、背負っていた風呂敷包みをほどいていました。右わきには黒いこうもりがさが置かれています。かんづめ一個、ワンカップ大関二個、竹の皮に包んだおにぎり、風呂敷をきれいに広げ、その上に並べました。ふところから缶切りを出し丁寧に、ゆっくりとかんづめを開けます。おいしそうにワンカップ大関を飲みます。幕のかげからはかんづめの中身が分かりません。海苔にしっかり包まれたおにぎりの大きなこと、都会ではもう決して見ることの出来ない大きさです。真黒に日焼けし、深いしわがきざまれた顔、遠い道のりを歩いて来て下さったのでしょう。

一幅の絵を見ているような、何と心豊かな、優雅ともいえる光景でした。芝居を観るということは、こういうことから始まるのでしょうか。私達がすっかり忘れてしまったことでした。あのおじいさんの顔を忘れることはないでしょう。

西根とはちょうど反対側、盛岡からバスで三時間、美しい久慈渓流を眺めながら、山を越えて太平洋岸の久慈に出ます。ここも西根と同じ、毎年一度も休まずに公演をしている所です。西根は農村、久慈は漁村です。現在のようにスケジュールが組まれて旅に出たことはありません。その日暮しの旅です。明日、芝居をさせて下さいとかけこんだところが、久慈小学校でした。今は亡き三船校長先生のお声がかりで、ここでも教室を合わせて舞台を作っての公演でした。全員が二十代前半、一〇人足らずの小さな私達の芝居の旅は、岩手県の小さな農村と漁村から始まったのです。
その時、私達と同年代の田中先生がいらっしゃらなかったら、私の久慈への旅も今日まで続かなかったでしょう。三船校長先生のあとをついで、私達の芝居を観つづけて下さった大切な、大切なお客様なのです。

ここでも久慈小学校から市民会館へと会場が変りました。酒屋の田村さん、駅前コーヒー店の清水さん、花屋の清水さんのお姉さん、レストラン、パンとケーキの高松さん、本屋の沢さん、たった一つしかないキャバレーの社長さん、皆さん、私の大切なお客様、そしてこわい批評家なのです。

盛岡市民会館での公演を、田中先生は修学旅行のスケジュールに入れ、ザックを背負って皆で楽屋に来てくれた時はおどろきました。西根の子どもが集団就職で東京に出て来た時、街角で私達のポスターを見て、友達に「この劇団を知っている、この俳優さんも知っている」と話したところ、西根の人間がそんなことがあろう筈がないと言われ、くやしかったと手紙をくれました。

旅が日常の生活、それが私の仕事です。旅から旅へ……距離にしたらどの位になるのでしょうか。日数にしたらどの位になるのでしょう。

芝居の旅では、集団のなかでの孤独を守ることのむずかしさにまずぶつかりました。美しい景色、名所旧跡めぐり、おいしいものを戴き、そして芝居を、なんと贅沢な、なんと幸せなと思ったこともありました。そして、集団はまっぴらと一人旅にあこがれました。でも今は少しちがいます。

人、人に会える旅、いえ、旅は人です。外国に出ると、そのことが一層はっきりしてくるのです。友人に会えるから旅に出るのです。友人に会いに旅に出るのです。私の旅は、人に会えたことによって今日まで続いているのでしょう。私の生きて来た道のりを旅に重ね合せると、旅は私そのもののような気がして来ました。

（『悲劇喜劇』１９９２年10月号）

芝居って何なのでしょう
――『森は生きている』一四三九回公演

昨年、一一月二一日、山形県・長井市での公演を初日に、今年度の劇団仲間公演『森は生きている』の幕があきました。一四三九回目の舞台です。東北、北海道、北陸、四国、九州、関東と、暮とお正月をはさんで二月末までの旅公演。

『森は生きている』は、一九五四年（昭和二九年）の初演以来、実に三九年間演じ続けられています。そして、今回で四〇年目、これを機に、新しい演出の『森は生きている』を上演いたしました。舞台装置も真新しくなり、時間もそれまでの三幕三時間から、二幕二時間三〇分に。演出も俳優座の増見利清さんが手掛け、「子どもに観せる」ということをたいへん大切にしたものになっています。

室蘭では、五〇〇人以上の動員はどんなことをしても無理だと言われていました。それが、「子どもの頃に観た『森は生きている』をぜひ子どもたちにも観せたい」という大人たちが組織した「『森は生きている』をみる会」の努力が実って、一三〇〇人、満員のお客様でした。チケットは四八〇〇円。地方では考えられない高さなのに、です。

当日は寒い日でした。強い風が吹き、雪が舞っています。どうしても『森は生きている』を子どもと一緒に観たいという意志。また、もう一度観たいという大人たちの意志。

芝居は私たちが舞台の上から与えるものではありません。観るという積極的な意志を持ったお客様と私たちが一緒になった時、劇場の空間には、素敵な、言葉では言い表わせない何かが生まれるのでしょう。寒い室蘭の夜はすっかり暖かい夜に変わりました。

また、保育園主催の公演も増えています。函館では、一〇の保育園の保母さんが力を合わせて客席を満員にしてくださいました。舞台を観た子どもたちは、保育園に帰っても『森は生きている』の挿入歌「もえろ、もえろ」をうたっていると言います。一九五四年俳優座での初演以来、全国でうたわれているこの歌を作曲なさった林光さんは、当時、劇場から「もえろ、もえろ」とうたいながら出てくる子どもたちを見て「作曲の仕事を生涯の仕事にと思った」と書いていらっしゃいます。そして、四〇年たったいま「この歌が、保育園の子どもたちにまでうたわれるようになるとは、夢にも思っていなかった」とおっしゃっています。

ところで、子どもたちは、舞台に興味がなくなると、不思議なことにまず左右に体が揺れ出します。その揺れを舞台評価のサインだと考えることがあります。

函館の保育園主催の公演では、前の席は、親と離れた小さな子どもたちだけで観てくれていました。二幕で、間に一五分のお休みが一回。一幕は七〇分。小さな子どもたちが七〇分も客席に座って観ていられるだろうかと、まず心配でした。ところが、ぜんぜん体が揺れないのです。「身じろぎせずに」というのはこういうことを言うのでしょう。こんなに小さな子どもたちが……。子どもたちは話したり動いたりするのが普通ですのに。小さな子どもたちを前に、いまさらながら舞台の恐ろしさを、いやというほど知らされています。

厳しい雪景色の中の北陸・加賀市での二回の公演も保育園の主催でした。保母さん、お母さん、そしてお父さんが集まって、初めて自分たちで事業を始めたのです。子ども、おやこ劇場の組織も市民劇場の組織もありません。主催者の皆さんはお客様が来てくださるかどうか心配で、夜も眠れなかったそうです。結果は満員のお客様でした。「口で言っても、文化、芸術はわかってもらえない。一度観てもらえばと思って、一生懸命券を売りました」とおっしゃっていました。

その公演で、びっくりすることがありました。私の役の「みなしご」が、四月の精から載いた大切な指輪を、眠っている間におばさんといとこにとられてしまう場面があります。指輪をとろうとした時、突然、客席から男の子の声が飛んできました。「うそつき！　とるな！」と……。舞台が終わったあとに開かれた主催の保育園との交流会で、リーダー役のお父様が話してくださいました。「声をかけた子は自閉症です。劇場に来るのさえたいへんだったのに、びっくりしました」と。

芝居って何なのでしょう。『森は生きている』って何なのでしょう。そして子どもって何なのでしょう。素敵な、なんといとおしい小さなお客様たちなのでしょう。毎日が、ますます恐ろしくなりました。でも、小さな子どもたちに恵まれて、良い舞台を創っていくことしか、私の仕事はないのだという思いも強くしています。

こんなに素晴らしい作品をくださったロシアのマルシャークさん、訳者の湯浅芳子さん、そして「もえろ、もえろ」の歌の林光さんに、心からのお礼を申し上げなければなりません。ありがとうございました。

（『月刊 音楽広場』1993年3月号）

「みんなあつまれしばいごや」
――東京演劇アンサンブル・ブレヒトの芝居小屋にて

西武新宿線に乗って約二〇分、武蔵関駅下車。ブレヒトの芝居小屋という劇場があります。その名の通り、劇場というより芝居小屋と言ったほうがぴったりの建物です。ここは、東京演劇アンサンブルという劇団の常打ち小屋(注1)です。

ここで、一二月二〇日から一月一七日まで、第一回ノース東京アート・フェスティバル「みんなあつまれしばいごや」が開かれました。芝居小屋は寒く、外の温度がそのまま影響します。暖房はものすごい音がするので、舞台が始まると切らなければなりません。しんしん底冷えのする毎日、お客様はたいへんだったでしょう……。

東京には六三の児童・青少年演劇の劇団があるのですが、その中の一三の劇団が自前で開いたフェースティバルです。準備は一年半。小さな小さなフェスティバルですが、マスクプレイ、(注2)生演奏のミュージカル、大道芸のパントマイム、影絵、舞台劇と演目は多彩なものになりました。

日本の児童・青少年を対象とした劇団のほとんどは戦後に始まりました。すべての子どもたちに、舞台と接する機会を作っていく、それが当初の目的でした。そして、その一番の場所は学校でした。いえ、学校しかなかったといっても過言ではないでしょう。子どもたちの人間形成にとって演劇は欠かせないものだという私たちの思いが、多くの先生方の情熱に支えられて今日に至り、大きく発展してきたのです。学校での演劇が、昨年一年間で、一万六四八ステージ、観客数四八〇万七〇〇〇名。この数字から見ると、日本の児童数の半分は舞台に出会っていることになります。

一九六一年、演劇教室は「推進すべき活動」として文部省に認められ、文化庁の助成による「地方巡回公演」が始まりました。文部省は演劇教室によって得られるものを、①美しいもの、素晴らしいものへの共鳴、共感。②人間について世の中について知ること。③感動すること、発見することの喜び。④自分で何かをやりたいという創造的な衝動。と意義づけています。

子どもにとっての舞台を、私たち創るものとお客様とが、どう考え、どう創っていくか、ということが、このフェスティバルを開くきっかけでした。日本中の子どもたちが日常的に舞台に接することのできる環境を作っていくこと、それは創造者と観客とをつないでいく人たちの努力が、大きな決め手となるでしょう。お父さん、お母さん、先生……そうです、私たち大人がしていくことなのです。だから、ひとりでも多くの大人に演劇をわかっていただきたい、互いが一度でも多く観合うことから始めよう、質の高い舞台とは何かということを考えてみようと、何もかも手作りのフェスティバルは、一三の劇団が何度も集まって知恵を出しあって作られました。

期間中、批評の会も三回開かれました。児童・青少年演劇には批評家がいないと言われて何年になるでしょう。お客様の、質の高い舞台を観たいという欲求に、私たちが応えているのか。優れた舞台とは何を言うのか。高い技術を持つ俳優はどうしたら生まれるのか。次から次へと、抱え切れないほどの問題が話し合われました。

私の劇団でもデビッド・ホールマン作『ちいさなけしの花』を上演しました。これは、イギリスの作家、ホールマンさんが、オーストラリアに三年間移り住んで、オーストラリアの子どもたちを書いた作品です。『ちいさなけしの花』という題は、ひょろひょろと伸びて色とりどりの花を咲かせているけしの花に、一年生の子どもたちをたとえたものです。

この芝居は、女優だけが子役をという、いままでの常識を破って、三人の男優と三人の女優が、子どもと大人の両方を、かつらもかぶらず、メーキャップもせずに演じ分けていきます。白髪のおじさんやちょっとおなかの出たおじさんが、そのまま五歳の子どもになります。そして同じ人が校長先生に、お父さんになります。

芝居は、多民族国家のオーストラリアで、友だちって何なのだろうと問いかけます。子どもと同じ目の高さで接してゆく先生の姿に感動したと、劇を観た先生方は批評しました。わかっていてもなかなかあのように子どもに接することができなくなっているのはなぜだろう、と言うお母さん。

先生たちでこの芝居を演じたらどうだろう、という意見も出ました。先生が、子どもたちの心も、先生たちの心も、お父さん・お母さんたちの心も演じられたら……。そして、それを子どもたちに観てもらったら、子どもたちは手を叩いて喜ぶでしょう。先生が五歳になってしまうのですから。

小さな小さなフェスティバルは大勢のお客様に観ていただいて、ことのほか大きな収穫を私たちに残してくれたようです。

（注1）常打ち小屋＝劇団がいつもそこで芝居を上演している劇場のこと。そこへ行けば必ず観れるところ。
（注2）マスクプレイ＝ぬいぐるみなどをかぶって演じる芝居。

（『月刊 音楽広場』1993年4月号）

オペラシアターこんにゃく座の公演
――「宮澤賢治歌劇場」の可能性

私はオペラが大好きです。生まれ変わることができたらオペラ歌手になって、会場を揺るがすような素敵な声で『トスカ』を演じたいと思っています。『椿姫』『フィガロの結婚』『アイーダ』『カルメン』『オテロー』『蝶々夫人』。どれもそらでうたえるのですから。

でも、長い間、観続けてきた数々のオペラの舞台に、どうしてでしょう、ちょっと物足りなさを感じてきました。椿姫がどうしてあんなに太っているのかしら。『トスカ』のカヴァラドッシが、なぜ背が低くてコロコロしているのかしら。舞台芸術として、もっと演劇的であってもよいのではないかしらと……。素人の大胆さであれこれ考えます。

池袋に新しくオープンした東京芸術劇場の地下の小劇場で、オペラシアターこんにゃく座の「宮澤賢治歌劇場」の公演がありました。

宮澤賢治の作品の舞台化は数えきれないくらいたくさんあります。佐渡島で開かれた子どものための演劇フェスティバルでは、宮澤賢治大会が開かれ、子どもたちのための作品がめじろ押し。なぜ、宮澤賢治の作品なのかと、研究者でなくても考えてしまいます。私にとってはたいへん難解な宮澤賢治の作品。それを舞台化することなど、とてもできないと思っていました。

こんにゃく座の上演は『猫の事務所』と『北守将軍と三人兄弟の医者』の二作品。

『猫の事務所』は黒猫、白猫、虎猫、三毛猫、かま猫、ぜいたく猫の六匹が働くお役所の一室が舞台です。かま猫とはかまどの上に乗って、いつでも暖かいところで眠る猫だと初めて知りました。歌手、いえ、俳優と呼ばせていただきましょう。俳優は全員女性です。作曲の萩京子さんが、舞台で皆と同じ猫の扮装でピアノを弾きます。

お役所って、学校の職員室って、こんな雰囲気が漂っていたかしら……と思ってしまうほど舞台は温かく、人間を見る目のなんとやさしいこと。

『北守将軍と三人兄弟の医者』は、舞台の真ん中に木でつくられた巨大な馬があって、それが唯一のセットです。じつに上手につくられていて、ときどき生きているように見えるから不思議です。二〇人あまりの登場人物のすべての人が楽器を演奏しながらうたいます。オーケストラの伴奏はありません。ほとんどが打楽器です。大太鼓、トライアングル、ボンゴ。アコーディオン、リコーダー、シロフォン、木魚もありました。

北守将軍は馬にのって、砂漠で三〇年ものお勤めをしたため、頭がおかしくなるほど疲れてしまいます。お医者様の三人は、リンパー、リンポー、リンプー。動物も植物も人間もいっしょに治してしまう、兄弟のお医者様です。なんておもしろい名前でしょう。北守将軍を演じる竹田恵子さんはほとんど扮装もなく演じます。かわいい女性が老将軍を演じるのです。

ところで、この舞台は俳優だけの舞台といっても過言ではないでしょう。舞台には馬以外なにもないのですから。そんななかで、うたい、楽器を演奏し、物語を語ってゆくのです。たいへんなエネルギーが必要でしょう。これをオペラと呼ぶのかどうか。あえてオペラと呼ぶこんにゃく座の意図には並々ならぬものがあるのでしょう。

言葉がわからなくても、うっとりと聞いているオペラとはまったく違う、オペラの出現です。今までのオペラの概念を打ち破って、新しいオペラをつくってゆくこんにゃく座の客席は大人ばかりでした。男の人のほうが多いのも特徴です。

作曲の萩京子さんは、「オペラとは人間が演じるものであり、歌で物語るということが条件である。宮澤賢治の作品については、義太夫、日本の芸能の語りものが基本だ」と書いています。そして「宮澤賢治の作品がオペラになりたがっているのだ」と。そうです。いろいろなスタイルの宮澤賢治を観てきましたが、こんにゃく座の宮澤賢治が一番ぴったりと私の胸に来たのは、このことだったのかもしれません。歌を語るという文体によって、宮澤賢治がいっそう宮澤賢治として、舞台に生きていたのでしょう。

『猫の事務所』も、『北守将軍と三人兄弟の医者』も、今までの宮澤賢治と違って、ユーモアのあふれる、心地よい笑いをさそう作品となって、私を楽しい世界に連れていってくれました。でも、「語るオペラ」のなかで、美しい歌声をもう少し聞きたいとも思いました。

新しい可能性を追求してゆくこんにゃく座の舞台に、大きな拍手を送ると共に、宮澤賢治の魅力あふれる不思議な世界を、子どもたちは今日の舞台からどう受けとめるのか、わくわくしてきました。この次はぜひ子どもたちといっしょに観ることにしましょう。

「広場に柱が一本たっていて、布が張られ、そこからオペラがはじまる」。こんにゃく座のテーマソングです。今回は、新しいすてきな、舞台芸術の原点に立ったオペラを紹介しました。


（『月刊 音楽広場』１９９３年８月号）

湯浅芳子さんの品格

――宮古での思い出

『伸子』『二つの庭』『道標』、宮本百合子の単行本が私の本棚に並んでいます。戦後間もなくのひどい紙は、すっかり変色し茶色になっています。少女時代、自分で買ったのか父が買って来てくれたのか思い出せません。新しい世界が開けてゆくような、子どもだった私にとって忘れることの出来ない宮本百合子です。その本の中に出てくる人物とお目にかかって、長い間おつき合いをすることになろうとは……。

百合子とは何か、百合子さんと言いなさい、とおっしゃっている湯浅芳子さんの声が聞こえてくるようです。百合子さんとおっしゃる時の何ともいえない、優しい表情の湯浅芳子さんが懐かしく思い出されます。筑摩書房の雑誌『ちくま』に、〝孤高の人〟と題して瀬戸内寂聴さんが湯浅芳子さんのことを二〇回近く連載されていました。独特の語り口は、湯浅芳子さんが生きてしゃべっていらっしゃるようで、おつき合いのあった人は誰でもうなずいて自分のことのように読んでしまいます。

「人間に対しては、独断と偏見に満ちて、一方的に斬捨御免、相手の心を傷つけることに情容赦もない湯浅さんだったが、犬猫に対しての限りない優しさはとうてい同一人物とは思えなかった」

もう、おつき合いは止めようと何度も思うのよねと、いろいろな方から伺うことも屢々でした。私は、お目にかかる度に楽しく、面白く、特に百合子さんのお話は魅力ある素敵な一ときでした。初めてお宅に伺ったのは、鎌倉の小町、大きなお邸の二階全部を借りていらした時でした。帰りには駅まで送って下さり、おみやげにケーキを二個買って下さいました。男の恰好をしていらっしゃった外観とは全く違い、実に女らしく、神経がこまやかでいらっしゃいました。京王線つつじヶ丘の団地、麻布ロシア大使館近くのマンション、軽井沢、浜松老人ホームゆうゆうの里、夏の軽井沢には度々伺いました。百合子さんの机と椅子がそのまま置かれてあります。夏、きちっと着物をお召しになった円地文子さんとお二人で、それ用にあつらえた桐の箪笥から、浮世絵を出して見ていらっしゃった時は、絵になるなあと眺めていたことを思い出します。

一九五九年から始まった『森は生きている』の旅公演には度々いらして下さいました。駅弁がお好きで、塩じゃけと玉子焼が入っていないと駄目とおっしゃって、汽車が止まる度に買いに走りました。おいしい物への執着は人一倍でいらっしゃいます。野田岩のうなぎ、たかばしのどじょうなべ、よく御一緒しました。宿では、朝一番に起きられて食堂で皆が入って来るのをじろじろ眺め、朝の御挨拶のお話から始まります。スリッパはぴちゃぴちゃ音をたてて歩かない、今でも宿でスリッパをはくと思い出します。

東北・宮古でのことです。玄関を入ってすぐの二階に上る階段の脇の三畳が私の部屋です。今でこそ一人部屋、いえビジネスホテルは全員一人部屋の時代ですが……三畳でも一人部屋になれるなんて。伊藤君と大きな声で湯浅芳子さんがふすまを開けられ、お前さんの部屋か、ひどいね。こりゃあひどい。次の間つきの一〇畳の部屋に長襦袢が二枚広げてあります。こういうことは苦手でねと、襟をかけてくれとおっしゃるのです。真白なしわ一つない足袋が何足もカバンの上にありました。お前さんはプリマドンナなのにあんな部屋に入れられて、可哀いそうやなあ。針を運んでいるのを、傍で眺めながらおっしゃいます。どんなことがあってもプリマドンナであることを忘れては駄目だよ。美しく、品があってほしい。品格が一番大切だよ。

湯浅芳子さんとの長いおつき合いの中で、どういうわけなのでしょう、宮古でのこの場面が忘れることの出来ない場面となって残っています。その時の御褒美に、旅館で心附けを入れる袋を下さいました。小さな小さな和紙の袋には、一枚、一枚、四季の花が描かれています。可愛く美しい袋は、一枚も使わずに茶色っぽく色が変って今も持っています。心細やかな湯浅芳子さん。若く幼なかった、そして何も知らなかった昔々の私の中に、湯浅芳子さんと接したすべてが、きざみこまれているようです。これからの時代には、生れることのないであろう傑物の女性、湯浅芳子さんにお目にかかれたことは本当に幸せでした。

つつじヶ丘の団地に伺った時です。白地に、ブルーで鳳凰の描かれた紅茶茶碗で、お茶を戴きました。こわれてしまいそうなうすいお茶碗、文京区の夜店で、古い物をお買いになったとのこと、四個しか残っていません。亡くなる前に、その時のことを想い出して下さったのでしょう、形身だとおっしゃって……『森は生きている』と一緒にたくさんのおくりものを戴きました。人間にとって、俳優にとって、品格とは何なのでしょう。すばらしいおくり物を、これからも大切にしてゆきたいと思っております。

（『悲劇喜劇』１９９３年９月号）

劇団コーロ『私が私と出会う時』

――日本国に棄てられた中国帰国者たち

中華人民共和国の北京駅から、満州里《マンシューリ》行きの列車に乗って三三時間。白城子《ハイチョンズ》駅に着きます。でこぼこの道を車で二時間。ロシアとの国境に近い、内蒙古自治区、興安街《サーアンガイ》。地図でも見つけにくい、見渡す限りの草原の中の場所です。

一九八八年一一月、『雁の帰るとき——ある残留孤児の記録』という芝居を、俳優座劇場で劇団仲間が上演しました。目の前でロシアの戦車に家族全員がひき殺され、一人だけ生き残った、中国名「秋芳《チュウファン》」という中国残留孤児の女性の物語です。この芝居の舞台となった場所が、内蒙古自治区の興安街なのです。

「秋芳」を演じる私は、興安街へ一〇日間の旅に出かけました。女性市長さんのお取り計らいで、帰る前日にやっとのことで三人の残留孤児と呼ばれるかたにお目にかかることができました。

三人とも日本語を話せません。日本まで三〇〇〇キロというこの土地で、日本国に棄てられたこの人たち。ここでの一〇日間は、国を、人間を、そして戦争を考える毎日でした。「海がなかったら、這ってでも日本に帰りたかった」と言うこの人たちの想いを、私たちはどうとらえたらいいのでしょうか。大部分の日本人が、意識の中から消し去ってしまった存在としてのこの人たちのことを……。

あれから五年たった今年の七月。大阪の劇団コーロが、東京での初めての公演を持ちました。太田知恵子著『雨ふりお月さん』をもとに、脚本・演出をふじたあさやさんが手がけた『私が私と出会う時——中国帰国者たちの教室』。江戸川区小松川第二中学二部（夜間中学）の日本語の先生である太田知恵子さんの本をもとに舞台はつくられました。

夜間中学の日本語学級に通う七人の中国帰国者たちの教室です。新卒の先生小田理恵子は「私に日本語をください」と必死になって勉強する生徒たちといっしょに生活をしてゆくなかで、言葉を、日本語を教えるということは、一人ひとりの人生とかかわることだと気づきます。そして、中国でこの人たちを棄てたように、またも切り捨て、棄て去る日本国の姿が浮かび上がってきます。「みにくい日本」それは私たち一人ひとりのなかにもあるのです。

劇団コーロの人たちの、この作品にかける想いと、客席の人たちの全員の共感が欲しいという想いが伝わってくる、「清潔」といった言葉がぴったりの舞台でした。舞台いっぱいに張られた布には、強制連行、中国人、文化大革命、南京大虐殺、満州開拓義勇団、小日本鬼子、と、この舞台にかかわる言葉が美しく、繰り返し書かれています。四角、三角といろいろな形の箱が舞台に置かれ、いろいろな小道具に変化してゆきます。この箱にも言葉が書かれていました。

教育を受けることのできなかった人たち。漢字を知らない、算数はできない、日本語がわからない、仕事をしたくても雇ってもらえない人たち。そして、変な日本語を、変な日本人を許すことのできない私たち日本人。戦後五〇年近くになって、この人たちの存在をどれほどの人たちがわかっているのでしょうか。

東京では、数えることができないくらいたくさんの舞台が、毎晩のように上演されています。でも私たちが考えなくてはならない大切な問題を、率直に投げかけてくれる舞台のなんと少ないことか。私たちが忘れてしまっている舞台を観せてくれてありがとう。内蒙古自治区の草原で、「這ってでも日本に帰りたかった」と言った人たちの顔が浮かんで離れませんでした。いろいろなものがあふれている日本のなかで、何が本当に大切なのかと教えてくれた舞台でした。

中学生、高校生にぜひ観てほしい舞台だと、劇団コーロの人たちは言います。子どもたちに観せる舞台とは……。劇団コーロの舞台はたくさんの言葉を投げかけてくれました。

ふじたあさやさんがパンフレットに書いていらっしゃいます。「『民族、国家、言語』という幻想にとらわれているわれわれは、『変な日本人』『変な日本語』を許すことが出来ない。国際人になれない日本人。激増する外国人労働者たちと、どう同居し、つき合っていくかという問題と、この事は深刻にからんでいるのである」。

語れ、風のように、語れ、水のように
私が私と、出会う時、私の中で何かが始まる
私が私と、出会う時、私の中で何かが始まる
私の国はどこ？　そここそが私の国と
高らかにいえる、私の国はどこ？
語れ風のように、語れ水のように
語りつげ今、火のように

フィナーレで全員がうたいます。
「コーロ」とはエスペラント語で「心」を意味するのです。「心」を大切にする舞台を子どもたちに届けてくれる、劇団コーロであってほしいと願っています。

（『月刊　音楽広場』１９９３年10月号）

「四万十川こども演劇祭・'93夏」
――テーマは文化・自然・交流

土佐の小京都と呼ばれる四国の中村で、「四万十川こども演劇祭・'93夏」が開かれました。台風が来るというひどい雨の中、羽田をたちました。高知から四両編成の土讃線・土佐くろしお鉄道特急で二時間。中村に着きます。

演劇祭のテーマは、文化・自然・交流の三つ。演劇のほかに、トンボ・ウォッチングもありました。八〇種ものトンボが四万十川流域に群生していて、とんぼ自然公園があるのです。カヌーの試乗もあり、四万十川に魅せられて都会から移住した平塚さんの指導です。道路からでは見られない四万十川からの自然の美しさを、カヌーをこぎながら眺めようというわけです。

第一日目は中村から車で一時間の西土佐村で、オペラシアター・こんにゃく座のオペラ『森は生きている』を観ました。画家の田島征三さんとご一緒に、悠々と美しい流れの四万十川にそって続く道を、西土佐村に向かいました。小高い丘の上の西土佐ふれあいホールは、人口五〇〇〇人の山の中にひときわ美しく輝いて見えました。

二日目は、中村の中央公民館の集会室での公演。ふたりで演じる人形劇の「おひさま劇場」を観ました。大阪の人形劇団クラルテは四五年の歴史をもつ人形劇団です。

幼児を対象とした、段ボールの切り絵による『ぞうくんのさんぽ』(原作は絵本の『ぞうくんのさんぽ』[福音館書店刊]) です。お話は、西村和子さん。器楽演奏と歌の一ノ瀬季生さん。大きな段ボールの箱の中から取り出した、いろいろな形の段ボールを重ねたり、色ケント紙で、耳・目・尻尾をつけたりします。大きな尻尾をつけると「違う」と子どもから声がかかります。

できあがったぞうくんはさんぽに出かけます。かばくんに出会い、歩くのはあまり得意でないかばくんを背中にのせて、一緒にさんぽに行きます。次はわにくんに、そして小さなかめくんに。ぞうくんの上にかばくん、かばくんの上にわにくん、わにくんの上にかめくんがのって、着いたところは池でした。みんな水遊びが大好きです。気持ちよさそうに、楽しそうに泳ぎ回ります。

――今日はいい天気　天気のいい日はお出かけだ　さんぽ　さんぽ　さんぽ　ぞうくんとかばくんと、かめくんとわにくんのさんぽ　さんぽ　さんぽ　みんなごきげん　今日は　いい天気――

いい気持ちになって、ちょっとくたびれて、眠たくなりました。お昼寝の時間にしましょう。みんなの最初のお家に帰っておやすみ。もとの段ボールの箱にみんなを入れてふたをします。グー、グー、いびきが聞こえます。ぞうくんかな。

段ボールの最初の形で、みごとに動物を当てる子どもたちの大きな声は、実に嬉しそうです。段ボールを切って作った動物たちが、生きた動物に見えてくるから不思議です。

西村和子さんと一ノ瀬季生さんのコンビは、子どもたちに話しかけながら、動物を作り、歌をうたいながら舞台を進行していきます。押しつけず、べたつかず、ちょっと子どもたちをつきはなして、お話を進めていく技術はさすがです。そして、温かく、優しさにあふれていました。

ござに子どもたちが座り、おとながその周りを囲むように座ります。小さな女の子が、劇の進行につれてお母さんの手を離れ、舞台に向かって歩いて行きました。ときどきうしろを振り向いてお母さんを確認します。小さなスカートの両端をもって、広げながら舞台に集中していきます。そのうち、スカートが上にもちあげられ、真っ白なパンツのおしりが見えてきました。足は少しずつ前へ、前へと進んでいきます。なんてかわいいのでしょう。

舞台の段ボールの動物たちと、客席の子どもたちを観ていると、なんとも心おだやかな、幸せな気分になりました。小さな子どもたちと一緒に客席に座って、素敵な舞台に出会ったとき、おとなたちは二重の幸せを感じるのです。

人形劇団クラルテのふたりで創る人形劇は、子どもたちのいるところならどこへでも出かけて、楽しい時間をプレゼントしてくれるでしょう。のんびりとした、そして豊かな演劇祭でした。

朝、ホテルの窓から四万十川を眺めていると、ひょっとしたら、主役は四万十川かもしれない、この美しい自然かもしれないと思ったりもしました。

フィナーレは、町の人が楽しみにしていた「薪能」です。能『土蜘蛛』、狂言『棒縛』。薪能が行われるのははじめてとのこと。それなのに、前日からの台風の影響で、どしゃぶりの雨になってしまいました。結局、中村市不破八幡神社境内での公演は取り止めになり、文化センターの舞台で行われることになりました。あんなに楽しみにしていましたのに。

どしゃぶりの高知空港は、雷が鳴り、東京行きだけがやっと飛び、あとは欠航になりました。行きも帰りもこわい思いをしながらの旅でした。そして、やはり演劇祭の主役は、自然だったな、と思ったのでした。

(『月刊　音楽広場』1993年11月号)

「岡本文弥九十九歳歌います」

——人形劇団プークとの共演

「新内」を聞いたことがありますか。

「新内」は一八世紀の中頃から始まった歌音楽と言われています。歌舞伎では、長唄・清元が舞踊音楽になっていますが、「新内」は太夫と三味線弾きとで町を流して歩く、純粋の歌音楽として生き続けてきました。男女の情をうたった、哀切極まりない切々と心情に訴える詞が、新内節の特徴です。

邦楽界最高齢の現役として活躍していらっしゃる岡本文弥さんが人形劇団プークと共演という、異色の舞台がプーク人形劇場で開かれました。題して「ぶんや新内とプークの公演」。四日間の切符は早くから売り切れ、追加公演の紀伊國屋ホールも客席は満員でした。

ポスターにもパンフレットにも、「岡本文弥九十九歳白寿を祝う」と書かれ、文弥師匠直筆のかわいい花や魚のカットと、「岡本文弥九十九歳歌います」ということばが書いてあります。

出しものの一本は『弥次喜多東海道飛び石道中噺』。十辺舎一九作『東海道中膝栗毛』と、富士松魯中作『新内膝栗毛』をもとにした、プロローグとエピローグのある一三景の舞台です。作・演出は川尻泰司さん。もう一本は岡本文弥作『ぶんやアリラン』による『アリラン』。構成・演出・美術はこれも川尻泰司さんの、朝鮮人慰安婦をテーマにした舞台です。

舞台の真ん中に座られた文弥師匠は、九九歳とは思えぬつやのある素晴らしい声量で、語り、うたいます。そして人形を使うのは七九歳の川尻泰司さん。侵略への怒りに満ちた気迫に圧倒されました。高音が何とも言えない、哀切をおびた声です。

舞台の幕開けは、朝鮮歌舞団の三人の女性によるアリランの踊りで始まりました。真っ白な美しい衣装、長い三つ編みの髪には深いローズ色のリボンが結ばれ、なんと美しく優雅な踊りでしょう。悲しみと憎しみが伝わってきます。

楽しくブランコに乗っていた少女を連れ去り、無理やり慰安婦に……。老女になって、どこへも戻れない多くの女性は、「千代に、八千代に、さざれ石の、いわおとなりて、こけのむすまで、このくやしさは忘られぬ。アリラン、アリラン、アラリヨー」とうたいます。

プークのかわいい人形と、新内の組み合わせの舞台。本当に美しい舞台でした。

でも、最初の踊りはちょっと優雅で美しすぎるのではないか、という思いも残りました。子どものころから聞いていたアリランのメロディが、私の頭の中に深いイメージを焼き付けているためでしょうか。アリランの歌も、立派にうたうよりもつぶやくようにうたうほうが合うような気もします。衣装も、私の大好きな白い朝鮮服でしたら、もっと素敵な踊りになったのではないかと……。

『ぶんやアリラン』は、政府が戦争責任をきちんととらないことに腹をたてた岡本文弥師匠が、一九九二年に創り、公演を始めた作品です。

一九三〇年（昭和五年）、岡本文弥師匠は『西部戦線異状なし』『太陽のない町』を発表、プロレタリア新内と話題になりました。文弥師匠の創る新内は「赤い」といわれ、危険思想の持ち主とレッテルを貼られました。でも「赤い」といわれたことは「戦争に対して反対していた」ということにほかなりません。

『西部戦線異状なし』とともに『にんげんをかえせ、ノーモアヒロシマ』『ぶんやアリラン』は、文弥師匠の戦争三部作として知られており、ご自分でも「大切な仕事だ」と書いていらっしゃいます。

新内はいま、滅びの一歩手前になっているそうです。現代の人に感動を与える新内を創り、古典と合わせて、新内を語り継いでいってほしいと、文弥師匠はおっしゃいます。九九歳まで現役で舞台に立つ。それはどういうことなのでしょう。戦争に反対し、権力に反抗し、八〇年間もの間、一筋の道を歩き続けてこられたその時間を考えると、気の遠くなるような気がします。

カーテンコールで文弥師匠は、客席からのたくさんのお花を手に「九九歳の私をご覧になって、みなさんは、いつまで舞台を、と思っていらっしゃるのでしょう？　そう、一〇〇歳をまた第一歩として歩き始めましょう」とあいさつをなさいました。哀切をおびたあの高音の「男と女」の新内を、また聞きに行きたいと思います。

かえりみて栄華の日々を持たざりし
　わが生涯を自画自賛する。
物資豊かに心貧しき世の動き
　長生きをしてみせつけられる。

爽やかにピカソの春の夏は来ぬ
老いたれどわが心新鮮。
——岡本文弥『歌集・味噌、人、文字』より。

（『月刊 音楽広場』1994年1月号）

大井弘子さんの「ビバボ人形劇」
——小さな人形劇にこだわって

私の劇団の小さな稽古場でバザーを開きました。「バザーを開いています」とポスターを玄関に貼ったところ、日曜日だったからでしょうか、ご夫婦連れ、親子連れなど、近所のかたも来てくださいました。売ることが楽しくて楽しくて、劇団員は、皆張りきって売り子さんを演じました。「こんなに楽しいひとときなら、次はご近所のかたと仲良くする半日にしてはどうかしら」と、一回では運びきれないほど買ってくださったお客様のひとり、人形劇のベテラン大井弘子さんにお話ししたところ、「近くの仲町保育園の子どもたちを招いて人形劇をしましょう」ということに。劇団の稽古場の空間は人形劇にぴったりだと、私もかねてから思っていたものですから、二回目の〝変わったバザー〟はすぐに決まりました。

公演は大井弘子さんの「ビバボ人形劇」によるものです。「ビバボ」は本当に小さな人形劇です。そして、大井さんはこの小さな人形劇にこだわりを持っていらっしゃいます。それは……。

大井さんは、いまは亡きお連れ合いの大井数雄さん――ロシアの芝居の翻訳や、日本の人形劇の基礎を築いたかたです――と、この小さな人形劇をはじめました。私をロシアに最初に連れて行ってくださったのが、大井ご夫妻でした。そのとき中央人形劇場で観た『めずらしいコンサート』(二部よりなるパロディ・風刺コンサート)は、忘れられません。こんなにおもしろい人形劇がほかにあるだろうかと思うほどの舞台でした。脚本はオブラツォフさんです。なんとするどい風刺でしょう。なんと人形が生き生きとしているんでしょう。そして、なんと小さな人形劇なのでしょう。

大井ご夫妻と小さな人形劇の原点は、このモスクワの中央人形劇場に、オブラツォフさんにあるのです。大井数雄さんが、こだわってこだわっていらっしゃった、小さな人形劇。それが、大井弘子さんの主宰する「ビバボ人形劇」なのです。

劇団の稽古場での人形劇が始まりました。演目は、V・シュテーイン/台本、大井数雄/訳『へんなじゅうたん』、モスクワ人形劇場付属スタジオ/案、大井数雄/訳『歯医者』、大井数雄/作『魔法のヨーグルト』。

仲町保育園の四三人の子どもたちが、五人の保母さんといっしょに来てくれました。ほとんどの子どもたちは、床に座って間近に観る人形劇は初めて。それはそれはうれしそう。

『へんなじゅうたん』は、手使い人形のエチュードの作品です。ねこがじゅうたんをひっぱって来て、床に広げます。やっと広げ終わったのに反対側からくるくると巻かれて……。広げても広げても、巻かれてしまいます。ねことじゅうたんの格闘です。せりふはひとつもありません。白いかわいいねこが、何度もくるくるとじゅうたんに巻かれてしまうたびに、子どもたちは飛びはね、手をたたいて、それは楽しそう。こんなに単純な劇なのに、大人も子どもも夢中になりました。

次の舞台は人間の手がそのまま人形になる『歯医者』。人間の手が棒を持って何かしています。これは歯医者さん。もうひとつの手は患者さんです。歯医者さんは、悪い歯を調べ、薬をつけ、注射をします。歯医者さんの棒は、ペンから注射器に、穿孔機に変わります。患者さんは穿孔機の音を聞いて、怖くなって何が何でも逃げようとしています。歯医者さんは歯医者さんで何が何でも連れ戻そうとします。せりふのない、人間の手だけの舞台に子どもたちはびっくりしていました。

最後は、手使い人形とお姉さんが出てくる『魔法のヨーグルト』。こねこのクシュックはお姉さんの作ったヨーグルトを全部食べてしまいました。お姉さんにみつかったクシュックが「くまのモコちゃんが食べたよ」とうそをつくと、「たいへん！　あれは魔法のヨーグルト。あれを食べると耳が聞こえなくなって、目が見えなくなって……」とお姉さん。クシュックはどうすれば助かるかと、大騒ぎです。子どもたちはたち上がって、口々に「クシュックが食べたよ」とお姉さんに言いつけます。それはそれは大騒ぎになりました。

公演が終わって、四三人の子どもたちは、また来るからねと、満足した顔で帰っていきました。小さな、小さな人形劇は大成功、大人も子どもになって、大満足です。

こんなに近くで子どもたちと交流ができたのは初めてのことだとおっしゃる大井さんと、この次はいつにしようかと、すぐに相談を始めました。「ビバボ」の大井弘子さん、千田康子さん、百瀬玲子さんの三人は、片付けが終わると、またバザーでのたくさんのお買い物に夢中でした。

（『月刊 音楽広場』1994年2月号）

私の歩く道を決めた『森は生きている』

——一五〇〇回公演を迎えて

劇団仲間の定例公演、サムイル・マルシャーク作、湯浅芳子訳『森は生きている』が一九九三年一二月九日新潟県民会館の公演で一五〇〇回を迎えました。会場いっぱいのお客様にご覧いただき、カーテンコールでは二階の客席から「おめでとうございます」と書かれたたれ幕がおり、舞台では「ありがとうございました」と書いた横断幕を、りすとうさぎがもって登場しました。紙ふぶきが舞台いっぱいに舞いおりてきます。客席と舞台が一緒になって挿入歌を「もえろ、もえろ、あざやかに」とうたいました。

一九五九年の夏、東京・渋谷の駅の上にあった東横ホールでの二一日間・四二ステージから劇団仲間の『森は生きている』は始まりました。三四年間の長い道のり、ほんとうによく働きました。初演から出演している俳優は、女性がふたり、男性が四人。六人の俳優は、一五〇〇回めの舞台の紙ふぶきの下で何を考えていたのでしょう。

一九五三年、俳優座演劇研究所附属俳優養成所二期生の二十代の若者一二名が、俳優座から独立し、俳優座演出部にいた故中村俊一を代表に、劇団仲間が生まれました。俳優座から独立し、俳優座での教えを基礎とした新劇の舞台をと、戦争の中で育ち戦後の民主主義にとまどいながら演劇への道を選んだ人たちによって作られた劇団仲間。その劇団仲間が『森は生きている』と出会ったのは、創立から二年目の俳優座劇場の柿落とし公演のときでした。そしてそれは、私の初舞台でもありました。

当時俳優養成所三年生だった私は、七月の精に配役されたのです。まだ何もわかっていない生徒の私は、毎日毎日天にも登る心地で、林光さんのピアノでのレッスンに励みました。松竹歌劇団やオペラの演出も手がけられ、日本人ばなれした風貌の、そしてやさしい青山杉作先生、そして俳優座のえらい俳優さんとご一緒に舞台に立てるなんてと、最年少の生徒の私たちは稽古場の掃除から衣装・小道具作りと、よく働きました。

その舞台で、主役の「みなしご」を演じたのは俳優座の岩崎加根子さんと現在はテレビや商業演劇でご活躍の山岡久乃さんのおふたり。ご一緒に舞台に立ちながら、あの役がやれたらと考えていました。

四〇年たった今も、俳優座劇場の初演の舞台は忘れることができないと、あの舞台に関わった皆さんがおっしゃいます。子どもたちにこそ最高の舞台が必要だということ、そして優れた大人の俳優によって創られる児童演劇は大人の鑑賞に耐えうるものだということを、俳優座劇場での『森は生きている』は教えてくれました。そしていつか、私たちの手でその『森は生きている』を全国の子どもたちに届けたいと願ったのです。

『森は生きている』に出会うことがなかったら、劇団仲間が、私たちが、児童演劇を手がけることはなかったでしょう。『森は生きている』との出会いが劇団仲間の生き方を、そして私の歩く道を決めたと言っても過言ではないでしょう。

私の初舞台が『森は生きている』だったのは運命というのでしょうか。不思議な出会いというのでしょうか……。いま私は「みなしご」という少女を演じています。

一五〇〇回めの公演の新潟県民会館の楽屋に、きれいな花かごとシャンペンを持って、お客様が訪ねてくださいました。三〇年前、小学校二年生のときに初めて『森は生きている』を観て、二回目は結婚してお連れあいと、そして今回はお子さんと「三回も舞台の伊藤さんにお目にかかりました」と。『森は生きている』は不思議な舞台です。誰かと一緒に観たい、観せたいと思うのです。親子四代にわたって観てくださる全国のお客様。一五〇〇回の公演はなんと大勢の子どもたちとお客様に支えられてきたのでしょう。

舞台の上で、真冬なのにオーヴァーを女王にはぎとられ、震えているみなしごの私に、客席から自分のオーヴァーを脱いで差し出してくれた女の子。「雪の降る岩手の山の中で、一二月三一日にたきぎを取りに行って、十二月の精と一月の精のおじいさんが木の間にみえた」と手紙をくれた男の子。みんなどうしているのでしょうか。数えることができないくらい大勢の子どもたちの、胸が熱くなる想いによって、私たちの『森は生きている』は一五〇〇回を迎えることができました。

今日の舞台でも、雪が激しく降る道を歩いてゆくみなしごの私に向かって——雪は照明の明かりで描き出しているのですが——客席から「寒いだろうなあ」と男の子の声が聞こえてきました。ホールを出て行く親子連れのお母さんが「クリスマスにはちょっとはやいけど、すてきなおくりものだったわね」と話をしながら帰っていったと聞かされました。

小さなかわいい、けなげなマツユキ草を雪深い森に探しに行くみなしごが、私にたくさんのおくりものをくれたことに、心からの感謝をこめて、一五〇〇回めの乾杯をいたしました。

（『月刊 音楽広場』1994年3月号）

人形劇団ひとみ座創立四五周年
――エネルギーに溢れた舞台

東横線の日吉駅に降り立つと、人形劇団ひとみ座のかたが「送迎バスにどうぞ」と案内をしてくださいました。ひとみ座の創立四五周年のお祝いと、新しいスタジオの完成披露のパーティに、私は富山での芝居を終えて、かけつけました。地下一階・地上三階の新しいスタジオが輝いて見えます。

四五周年を記念して作ったグラフには、ひとみ座の舞台に登場した、数えきれないくらいたくさんの人形の顔が載っています。四五年の歴史をそれぞれが語り、おめでとうと言っているように思えてなりません。その中には、テレビで有名な『ひょっこりひょうたん島』の人形もありました。

幼児から大人までの幅広い舞台を創り続けているひとみ座の舞台を、今回は紹介しましょう。東京・

池袋芸術劇場小ホールで上演された、原作/那須正幹、脚本・演出/伊東史郎『ズッコケ三人組』です。二〇巻以上のシリーズで一二〇〇万部も売れている大ベストセラーの原作が、会場のロビーに並んでいました。

ミドリ市の花山第二小学校のクラスメイト、ハチベエこと八谷良平、ハカセこと山中正太郎、モーちゃんこと奥田三吉。みんなからは〝ズッコケ三人組〟と呼ばれています。ハチベエはスポーツマン。元気が良くて行動派、おっちょこちょいが玉にきず。太っているモーちゃんはのんびりのろのろ、良く言えば落ちついていて貫禄がある。ハカセは本がなければこの世は闇よ、トイレで読むときがいちばん頭にはいる、と。なんとユニークな顔の三人組でしょう。原作者の那須正幹さんは「三人組のキャラクターを、よくもこれだけそっくりに描けたものだ。人形の顔は言うに及ばず、しぐさや話しかたまで三人組の特徴をとらえていて、まるで本の中からそのまま飛び出して来たような錯覚を覚えてしまう」とおっしゃっています。

舞台はスキー場からはじまります。白い布が張られ、その上をスキーをはいた三人が滑って行きます。人形劇って、ほんとうにふしぎです。白い布を張ったその稜線を人形が滑っていると、ほんとうに雪の上を滑っているように思えてしまうのですから。

このスキー場で会ったかわいい女の子に、太ったのんびりやのモーちゃんが恋をしてしまうのです。真っ暗になった舞台を、ピンクのハート型の小さな物体が、ピカピカとピンクの光を出しながら動いてゆきます。うわっと、子どもたちが声をあげていました。ずっと昔のことを思い出す大人の私は、笑いころげながら、ちょっと甘ずっぱい想いになりました。芝居の舞台ではとても表現することができません。人形劇の可能性は無限にあるのですね。

そのモーちゃんが恋をした女の子、北沢真理子ちゃんが新学期から三人のいる六年一組に転校して来たからたいへんです。うれしいやら、はずかしいやら、その女の子をめぐってズッコケ三人組のお話は展開していきます。

何よりの楽しさは、子どもたちの日常生活のようすを実にリアルに描いていること。原作の大きな魅力と、人形劇でなくては表すことのできない、きめ細かく作られた舞台に、子どもたちは大きな声をあげて笑い、大喜びでした。毎日の暮らしの小さな小さな、一つひとつの出来事を積み上げていくことのたいせつさを、『ズッコケ三人組』に作者は託しているのでしょうか。

若い俳優たちが生演奏をし、人形を動かし、せりふと歌をと大活躍です。男性の声でおばあさんやお母さんを演じているのに、少しも違和感がありません。先輩たちに教えられて、若い俳優たちも技術をみがいているのでしょう。人形劇の草分け的な存在の宇野小四郎さんや須田輪太郎さんをはじめ、ひとみ座には層の厚い俳優たちがそろっています。その中で育つ若い俳優は、ほんとうに幸せです。人形劇は人が演じる芝居よりも、もっともっと技術が問われる仕事なのですから。人形を高くかかげて、膝で歩き、走り回るエネルギーには脱帽です。

パーティの翌日は、スタジオのある神奈川県川崎市の地域の人たちとのお祝いの会とのことでした。地域に根ざした活動をしていることも、ひとみ座の特徴です。また、ひとみ座を紹介するのに、忘れてはならない仕事があります。それは、「デフ・パペットシアターひとみ」というプロジェクトで、聴覚障害者と協同で創り、上演している人形劇です。人形劇の中に新しい可能性をひらいてゆく大きな仕事に取り組んでいます（この「デフ・パペットシアターひとみ」については、いずれ、ご紹介しましょう）。ひとみ座の新しいスタジオから、新しい作品が、お人形が次から次へと登場してくることを楽しみにしています。

（『月刊 音楽広場』１９９４年７月号）

川尻泰司さんとの告別
――人形劇団プーク『ながいながいペンギンの話』公演

暑い、暑い八月。第二回夏休み児童演劇フェスティバルが、東京都児童会館で開かれました。演劇、人形劇、マスクプレイを一二作品集めたフェスティバルです。児童会館への道をスキップしながら行く子ども。「今日はペンギンに会えるのね」「私はペンギンを見たことがあるのよ」と……。こんなに楽しみにして子どもたちは劇場に来るのです。

人形劇団プーク公演『ながいながいペンギンの話』。原作・いぬいとみこ、脚色・村山亜土、演出・竹内とよ子、音楽・長沢勝俊の舞台です。

ペンギンは南半球だけにすむ鳥。南極では、アデリーペンギンと、からだの大きなエンペラーペンギンが生活しています。そのアデリーペンギンの双子、ルルとキキが卵を割って生まれてくるところから始まる冒険物語です。

この舞台は、人間の銛打ち・セイさんと語りのほかは、日本語を使いません。ペンギンたちはペンギン語で話をします。通訳は登場しません。でも、小さいお客様たちは、通訳なしでもわかったようでした。

舞台のペンギンは、黒いタイツに長めのブラウス、黒い帽子を目深にかぶった俳優が、膝で歩いて、中腰で人形を使います。あんなに長時間中腰で、腰が痛くならないのでしょうか。ペンギンを襲う盗賊カモメは、黒い衣装に黒いめがねの俳優が、頭の上に高く鳥をかかげて。子鯨のガイはブルーにオレンジ色を彩った、それはかわいい姿で登場します。セットも、海を、氷を、そしてオーロラと、いろいろに変化していきます。

広い舞台での人形劇でしたが、七〇〇の客席は大きすぎるのではないでしょうか。客席数については、まだまだ考えていかなければならないことがたくさんあるようです。とくに、小さい子どもたちにとっては、観客の数は大切なことだと思うのです。

人形劇団プークは新宿に一一五席の劇場を持っています。刑務所の中の木工所で作っていただいたという木のベンチは、ちょっと座りにくいのですが、自分たちの劇場を持っているのはなんとすばらしいことでしょう。五〇年あまりの歴史を持つ人形劇団プークの歴史は、日本の現代人形劇の歴史と言っても過言ではないでしょう。

七月三一日、暑い暑い日に、信濃町千日谷会堂で、プーク代表の川尻泰司さんの告別式がありました。人形劇界の代表者であり、日本の現代劇の基礎を創った川尻泰司さんは、六月二五日、八〇歳で亡くなられました。

一九四〇年、治安維持法違反で検挙投獄された獄中でめぐり会ったお友だちの画家・永井潔さんによるお別れの言葉は、苦しい時代を共にし、お互い芸術の道を歩んでこられた厚い友情が、淡々とした言葉の中からあふれていました。私たちには想像もできない芸術への長い道のり。その道のりを彷彿とさせ、私の胸を打ちました。四月にプークの応接室でお目にかかったときの川尻さんは、海外の人形劇や影絵のお話をなさり、八〇歳とは思えないくらい若くお元気でしたのに……。

人形劇団プークと川尻泰司さんのことを私が知ったのは、一九四九年に東京・日比谷公会堂で、初めて観た人形劇『ファウスト博士』でした。学校から日比谷までの遠い道のりを歩いて観に行ったのです。人形が生きて私の前に現れた感動は、忘れることができません。今でも、メフィストフェレスのとがった頭巾を覚えています。

川尻泰司さんの年表を拝見すると、「『ファウスト博士』の公演の演出・美術により、社会的評価を受ける」と書かれています。戦後間もない何もなかった時代、私が最初に出会った人形劇が『ファウスト博士』だったことに感謝しています。思えば、俳優になるなどとは考えてもいなかった頃に、私はその舞台を観ていたのです。

小さい子どもたちにとって、人形劇は何にも変えがたいもの。そして、大人にとっても、小さい子どもたちといっしょに観る人形劇の楽しさは格別です。でも、それだけでは残念です。もっともっと、大人だけで観る人形劇をと思っているのは私だけではないでしょう。

中国で、ロシアで、スウェーデンで、デンマークで観た人形劇は、子どもたちへの舞台と、大人たちへの舞台とがありました。文楽という財産を持つ日本でこそ、優れた大人への現代人形劇をと願っています。人形劇は子ども向けのものと思っている人たちが、まだ大勢いる日本なのですから。児童会館の客席でこう思いました。お母さんも、お父さんも『ファウスト博士』を観てくださるといいのにと……。

人形劇を創る方たちは、私には想像もできない高い技術を持つ技術者であり、私と同じ俳優です。そして、私たちの舞台では考えることもできない世界が、人形たちによって創られるのが人形劇。それを観るのは、なんと楽しいことなのでしょう。

（『月刊 音楽広場』1994年11月号）

劇団風の子の民話劇

——全国あらゆるスペースを舞台にして

東京・下北沢にある本多劇場のロビーのにぎやかなこと。劇団風の子の公演、岡安伸治作、熊谷章演出、『兵六どんのチャカポッポ』の会場です。正面のコーナーでは、北海道・女満別で「風の子実験村」を開いていらっしゃる本間整さんが実験村で織られた布で作った、素敵な作品の数々が売られています。風の子の公演の元気なようすは、いつもロビーから始まっているのです。

「今もあるある話って、カラスの目ん玉の物語。夢のおつげの物語。へびときつねの物語。飛んだ男の物語。おしりがまっかっかの物語。兵六どんがチャカポッポ」

これはチラシに書いてある文章です。どんな芝居だとお思いになりますか。楽しくて、久しぶりに声をあげて笑いました。客席で大きな声で笑えるって、なんと気持ちよく素敵なのでしょう。

新しい民話劇と言ってもいいのでしょうか。舞台は伝統的な民話劇の様相の中でくり広げられます。でも、民話劇との違いがあるのです。いままでの民話劇の主人公は貧しく善良な、そしておろかでもある民衆で、彼らが幸せになる願いを託した物語がほとんどでした。この兵六どんは自分の感情のおもむくままに、奔放に行動しながら生きてゆきます。うらやましい限りです。周りの人はたまりませんが……。でも、兵六どんが起こす波紋の中からたくさんの問題がみえてくるから不思議です。

八人の出演者はうたったり踊ったり、三味線、そして太鼓、鼓、笛、そのほかたくさんの楽器を演奏します。基本のお揃いの衣装のうえに陣羽織を羽織ると、兵六どんになるという手段で、兵六どんは四人の俳優がかわるがわる演じます。そして、黒い頭巾をかぶるとカラスに、太く長く編んだひもを腰からぶらさげるとへびに……。

高い清水《きよみず》のお堂から飛び降りたらお医者様にしてあげようと、夢の中でお告げを聞いた甚平さんは、これも何かの縁と、高い高いお堂から飛び降りました。さあたいへん。空中で目ん玉が飛び出してしまった。あわてひっつかまえて、ズボッ！　ともとのところにぶちこんだ。うわあっ！　裏返しに入れてしまったもんで、おなかの中や心臓が丸見えだ。そして甚平さんは名医になります。兵六どんも高いところから飛び降りて、お医者様になろうと……。

この高い高いところから空中を飛んで降りてくるようすが、私にはほんとうに高く感じられて、いっしょに空を飛んでいる気持ちになりました。芝居って不思議ですね。そして、空中で大きな目ん玉が飛び出していくところでは、子どもたちが大喜びでした。楽しくて、おかしくて、劇団風の子が得意とする技術を駆使しての舞台でした。

戦後すぐに、子ども文庫の活動を始められた青年のひとり、多田徹さんを中心に、下北沢で旗揚げをした劇団風の子は、まもなく四五周年を迎えます。児童・青少年演劇のリーダーとしての劇団風の子の活動は、いまや一五〇〇人にもなる人たちによって、全国をかけめぐっています。

一九五〇年創立以来今日まで、創作戯曲で歩んできた道のりには脱帽です。『カレドニア号出帆す』『ボタッ子行進曲』『宝のつるはし』『陽気なハンス』『トランク劇場』。優れたなつかしい舞台が浮かんできます。一九七一年には、劇団風の子附属児童演劇研究所を開設、俳優の養成が始まりました。児童・青少年演劇専門の俳優の養成機関を劇団が作ったのは、日本では初めてのことでしょう。

日本中、子どもたちがいるところならどんなところでも行って、公演を続けてきた劇団風の子。体育館で、公民館でどんなスペースでも舞台を創ります。体育館演劇という名前を作ったのも、劇団風の子の舞台でしょう。

児童・青少年演劇の劇団は、都会、特に東京に、ほとんどが集中していますが、劇団風の子は早くから地域に根ざした創造の場をと、一九七五年に地方班を作りました。それから七年後に劇団風の子北海道が生まれます。続いて劇団風の子東京、劇団風の子九州・四国班、劇団風の子関東班が生まれました。劇団風の子みちのく班もまもなく発足するのでしょう。

発足から十余年たったいま、経済的にも創造的にも自立してきたとうかがいました。それぞれの劇団風の子が自立した創造団体として連帯し、共同をめざすと多田徹さんはおっしゃいます。それは、何もかも新しいことへの挑戦ですが、どのように展開していくのでしょうか。

劇団風の子の活動をみていると、どの地方にも優れた演劇が存在するデンマークの、演劇の質の高さと小さい頃から生の舞台に接する子どもたちの輝いた目を想い出します。劇団風の子の行く道はこれからなのかもしれません。都会からも、地方からも、あらゆる角度からこの日本を眺めて舞台を創っていく。そこから、どんな舞台が生まれてくるのでしょう。楽しみです。

（『月刊 音楽広場』１９９４年12月号）

劇団仲間『ちいさなけしの花』
——デビッド・ホールマンさんからの贈り物

まだまだ深い林や畑の広がる、東京都のはじっこ、東久留米市。市内の全小学校一六校の体育館での公演、二三ステージを終えました。デビッド・ホールマン作、岡和洋演出『ちいさなけしの花』。劇団仲間の公演です。

この作品は、イギリス人のデビッド・ホールマンさんが長いことオーストラリアに滞在されて、アデレードの国立マグパイ劇団のために書かれたもの。一九七八年四月、オーストラリアのアデレード市で開かれた第九回アシテジ（国際児童青少年演劇協会）世界大会で上演された、三十余りの舞台の中でもっともすばらしいと言われた舞台です。ホテルのロビーで拝見した舞台もありました。

このアシテジで初めてお目にかかったデビッド・ホールマンさんは、台本をいただきたいという私に、『だいじょうぶ』『ちいさなけしの花』二本の台本を次の日の朝食のときにお持ちくださいました。その『ちいさなけしの花』が、今回劇団仲間で行った公演なのです。二幕・一時間四〇分・二八のシーンの舞台です。

主人公は、五歳の子どもたち。国の違う子どもたちが一つのクラスで生活しています。泣き虫で過保護の少年クリント。ギリシャから来た、いつも学校の中を「ぶらぶらしてた」と自分で言っているテオ少年。おしゃまなオランダ人の女の子マリア。カンボジア難民の少女レップ。クリントとレップをいじめてばかり、でも先生に甘えたくてしかたがない少年シェーン。皆初めて学校に来た一年生です。特徴的な家族が描かれ、女担任のワルシュ先生、男の校長先生が重要な役割を演じます。

劇団仲間では、六十代が二人、五十代が二人、三十代が二人の六人の俳優がメーキャップもかつらもなしで、五歳の子どもを、おかあさんを、おとうさんを、先生を演じます。

泣き虫クリントのおかあさん、アジアから来た五歳の女の子チュアン、オランダ人のおしゃまな五歳の女の子マリア、カンボジア人通訳、オーストラリア・アデレード空港のアナウンスの声、五歳の女の子ソラヤの声、この六つが私の役です。クリントのおかあさんから超ミニのプリーツスカートにはき替え、水色の大きなリボンを頭にのせて、スキップでクリントの親友マリアの登場です。

舞台の上に立てられた三枚のパネルの裏では、いつも六人の誰かが着替えているのですから、それはそれは忙しい舞台でした。

ひとつのクラスで二二カ国の子どもが生活する多民族国家、オーストラリアが抱えている問題は、私たちの国でも、もう、他人事ではありません。スーパーマーケットに行くと、英語と中国語が聞こえないことはないと言っても過言ではない毎日です。

違う民族が、共に生きる、同じ人間なのにどうしてあのようなことになるのか。毎日、ニュースで報じられている民族同士の憎しみの戦い。私たちの周りでもチマチョゴリを傷つけるという悲しい事件が起こりました。

舞台『ちいさなけしの花』でも、カンボジアから来たレップが持ってくるお弁当がくさいと鼻をつまんでいる子どもたち、言葉がわからないレップをいじめる子どもたちがいます。けれど、やがてお互いに人間として、友だちとして、五歳の子どもたちは自立していきます。人間にとってなにが大切なのかを、自分たちの力で見つけだしてゆくのです。

舞台を観た子どもたちがたくさんの手紙を送ってくれました。

「学校から帰って、おかあさんにけしの花ってどんな花と聞くと『とても弱い花だけど、とてもきれいな花が咲くの、本当にきれいよ』」

このお母さんは、子どもたちをけしの花にたとえているのではないでしょうか。弱く、ちょっとした風でも吹き飛ばされてしまいそうなけしの花も、美しく花開くときがいつか必ずあります。きっとこの劇を観ている人に、こんないろいろな子どもたちを見つめなおしてほしいということを訴えているのだと思います。

「一番大切なこと、それはお友だちです。そして、世界中どこの国の人とも仲良くしてゆきたい」なんて素敵なお手紙なのでしょう（『ちいさなけしの花』という題名はどういう意味なのでしょうか、と芝居が終わったあと質問に来られた先生がいらっしゃいましたが……）。

芝居って不思議な魔力があるのでしょうか。いえ、子どもたちがやわらかく、自由で、そして創造力豊かなのでしょう。その子どもたちの優れた能力を壊してしまうのも私たち大人なのでしょう。

稽古に通う毎日、私の目には、小さな子どもしか目に入りませんでした。何しろ五歳の子どもを演じるのですから。どう見ても、おじさん、おばさんが演じる五歳の子どもを、子どもたちがどう受けとめてくれるのか心配でした。でも、子どもたちは少しも不思議ではなかったようです。子どもを「子どもらしく」演じることをやめたいと願っている私です。

デビッド・ホールマンさんの戯曲から、そして、客席の子どもたちから触発され、大きな贈り物をいただいた一カ月、二三ステージの舞台でした。

（『月刊 音楽広場』１９９５年１月号）

青山杉作先生の助言で
――教育も子どももなしに舞台を創ること

西武池袋線、東久留米、すぐとなりは埼玉県、東京のはしっこです。東久留米市の小学校一六校、二三ステージ、会場は一六校の体育館、アサ・ヒルの舞台、ばらし、移動、仕込みの毎日です。俳優六人、演出部二人、照明一人、音響一人、一〇人の編成です。小規模校が多く最多六〇〇人、最少二四〇人、一回の生徒数は二五〇人から三〇〇人、久し振りの小編成での体育館の舞台、デビッド・ホールマン作、倉原房子訳『ちいさなけしの花』。はじめて学校に行く三人の子どもたち、そしてそれぞれの家庭背景を描いたもの。ごく日常的な風景の中で、現代のオーストラリア社会、子どもたちの心理をみごとに表現しています。メーキャップもかつらもなしに、おじさん、おばさんが五歳の子どもを演じてゆきます。年をとった俳優さんが子どもを演じるなんてという大人の声をよそに、子ども達は何の異和感もなしに見事に舞台に集中するから不思議です。

舞台のいたずらっ子に身をよじって喜ぶ子ども達……子どもは変りましたかと判で押したような質問に、全く変っていませんと答える私ですが、お行儀よく、少し元気がなくなっているのではないのでしょうか、心配です。さわがずに良い子でいる子ども達を作っているのは私達大人なのでしょう。二三ステージの体育館の毎日はいろいろなことを教えてくれました。

一九五三年、劇団仲間の最初の仕事は岩手県松尾村を中心に農村への巡回公演で始まりました。武者小路実篤作『一日の素盞鳴尊』、アンデルセン作『三つの願い』、ほとんどが体育館もない学校の教室での公演です。昼は子ども達、夜は農作業を終えた大人のお客様です。最初の旅も一〇人編成でした。

劇団仲間の創立者で、専任演出家であった今は亡き中村俊一が尊敬して止まなかった青山杉作先生、私達俳優座附属俳優養成所の生徒にとっても大きな影響を受けた青山杉作先生、文化果つる所といわれていた岩手県での最初の仕事は、青山杉作先生の、助言を受けての芝居創りで始まりました。

翌一九五四年、ウィリアム・サローヤン作『夕空晴れて』、ギュンター・アイヒ作『夢』の二本立てで、東京新丸ビルホールで新劇の旗上げ公演を行いました。同じ年に俳優座劇場柿落し、青山杉作演出『森は生きている』が日本で初めて上演されたのです。俳優座が三越劇場で子ども達への舞台を数多く上演して来たことと合せて、大きな影響を受けた私達は知らず知らずのうちに子ども達への舞台を創るようになったのかも知れません。何も理論を持たず若さの特権で走りました。お子様ランチは作らないということがどんなに大変なことであり、大切なことであるかと一年も休まず今日まで子ども達と出会って来たのです。『三匹の魔法の犬』『かぐや姫』『乞食と王子』『石の花』『せむしの小馬』『ピノッキオ』と、岩手県を一〇人で巡演した最初の旅を思うと夢のような大きな舞台創りです。その行く先には児童・青少年演劇の最高峰といわれた『森は生きている』をという思いと、『森は生きている』に劣らぬ舞台を、いえ乗り越える舞台をと強く願っての作品創りであったことに間違いありません。

でも、全国巡演の仕事の過酷さに何度、子供への仕事を止めようと思ったことでしょう。何の援助もなしに自力では子どもへの仕事は成り立つ筈がありません。そして大人の舞台より低い位置にしか見られない子ども達への舞台という悲しい現実への戦いの道でもあったのです。長い道のりでした。今では小学校、中学校、高校と、それは大きな市場として多くの劇団が全国巡演に力を入れています。もう一つ私達の仕事を大きく発展させていったのは、全国に子ども・おやこ劇場が生まれたことです。お母さんと青年達によって作られた組織は、子育てを柱に舞台芸術を子ども達と一緒に鑑賞しようと今や五〇万人の組織になりました。

私達の仕事も名作路線から少しずつ現代への舞台創りが生まれて来ました。ファミリーのためにとアラン・エイクボーン作『見えない友達』、デビッド・ホールマン作『ちいさなけしの花』、日本の舞台が登場しないのがとても残念ですが……。

児童・青少年演劇にかならずついてまわる教育という言葉。誤解を恐れずにいうならば、教育も子どももなしに舞台を創ること。でも子どもであり、教育なのでしょう、むずかしいことなのでしょうか……。

一〇人で一座を組んでの『ちいさなけしの花』の舞台は忘れかけていた本来の演劇のありようを考えさせられた一カ月でした。

ステッキをお持ちになってさっそうと歩かれる長身の青山杉作先生にお目にかかれるならば、沢山伺いたいことがありますのに。今、私達の、いえ、私の子ども達への仕事をごらんになられたら何とおっしゃって下さるかと思うことしきりです。これも私が年を重ねたからなのでしょうか。

(『悲劇喜劇』1995年1月号)

東京演劇アンサンブル『奇跡の人』
――ヘレン・ケラーが語りかけるもの

西武新宿線武蔵関駅から歩いて七分のところに、東京演劇アンサンブルの劇場「ブレヒトの芝居小屋」はあります。どう見ても劇場とは言えない、まさに芝居小屋。冬は厚いソックスを用意し、夏はうちわを持って……だいたいどんな小屋かおわかりになるでしょう。土砂降りの雨の中、W・ギブソン作、広渡常敏台本・演出『奇跡の人――ものには名前がある』の舞台に出かけました。

一歳にして、見えない・聞こえない・話せない（ことばというものを知らない）、三重苦となったヘレン・ケラーのお話は、世界中の人々に知られています。その戯曲『奇跡の人』を東京演劇アンサンブルでは一九七一年に初演して以来一九二六回上演、今回は七年ぶりの公演です。演出家・広渡常敏さんによる台本は、ギブソンの戯曲の中から「ものには名前がある」というテーマを強く描き出しています。

七歳の三重苦のヘレン・ケラーが、二〇歳の家庭教師アニー・サリヴァンによって三重苦を克服し、ことばを獲得するまでの感動的な物語は、私たちにたくさんの贈り物を持ってきてくれました。

アニー・サリヴァンがヘレン・ケラーの手のひらに書く指文字が、舞台奥のスクリーンに「WATER」と映し出されます。

「わたし、あなたに教えたいのよ。ああ、どんなことでも。この地上にあるすべてのことをね。ヘレン、この地上のことはすべて過ぎ去って消えてしまうわ。でもことばとして残っているの。ことばで五千年前のことを見ることができる。わたしが感じること、考えることを、お互いにことばでわかちあって、誰も闇の中にいる人はいないの。死んでも消えないの。ことばさえあれば、あなたに世界をあげられるのよ」。アニー・サリヴァンはヘレンに語りかけるのです。

毎日、何のためらいもなくことばを使っている私たち。ことばって、何なのでしょう。数十万年もの長い間かかって、人類が作り出したことば。赤ちゃんが耳で聞き、目で見て、そしてことばを覚えていく姿を思い出します。俳優の私にとって、台本に書かれたことばをしゃべるということは何なのかと深く考えさせられました。

ヘレンは、飲んだり、おふろに入ったりと、「水」にふれているのにもかかわらず、それが「水」といわれるものであることを知りません。それが、手のひらに書かれる記号の「WATER」と、手をぬらす冷たい水とが心の中で固く結びついたとき、「WATER・水」ということばになるのです。「WATER」ということばが発見できると、それにつながって「飲む」「流れる」というように動作の名前も次々と発見されていくのでしょう。心の中にあるもの、目に見えないものにも、「ことば」を作り出すことができるのです。日常何の不自由もなく使っていることばが、こんなに不思議なものだったなんて。

ヘレン・ケラーが書いています。「あらゆるものには名前がついており、そしてどの名前も新しい思想を生み出すものであった」と。その後ヘレンは、ドイツ語・フランス語・ラテン語・ギリシア語までわかるようになると書かれていますが、ヘレンは舞台での井戸水を汲み上げる感動的なシーンで「WATER」ということばをみつけたことから、すべてのことばがわかるようになるのです。何というエネルギーでしょう。人間の心の奥深くをみつめることができるアニー・サリヴァンに出会ったことが、ヘレンの生涯をまったく違ったものにしたのです。

現代の若者たちは、三重苦のヘレン・ケラーの愛の物語からもう一歩入り込んだ「ものには名前がある」の副題を、どうとらえてゆくのでしょう。ことばはそこにあるのではなく、私自身が心の深いところから創り出していくものだということ。それが私の感情や思想を創り、人間的に美しくなることなのだと、『奇跡の人』の舞台は私に語りかけてくれました。

（『月刊 音楽広場』1995年7月号）

沖縄の洞窟で上演された『洞窟《ガマ》』

——これは演劇なのでしょうか

六月二三日、沖縄戦終了五〇年慰霊の日、朝早く羽田を飛び発ちました。南部戦線の東側に位置する激戦地具志頭村にいまも残る自然壕——珊瑚礁の地下の洞窟ガラビ壕で上演される演劇『洞窟《ガマ》』を観に行きました。

いつ来ても沖縄のタクシーの運転手さんは必ず戦争体験を話しながら私を運んでくれます。今日のかたも「おとうさんとおにいさんを亡くし、いまだに骨もわからない。でも糸満市摩文仁の平和記念公園に建てられた〝平和の礎《いしじ》（「いしずえ」の沖縄方言）〟に二人の名前が刻まれ、やっと安心した」と話してくれました。

あの有名な玉泉洞のすぐ近く、具志頭村役場と書かれたテントが建てられているところが今日の会場です。「雨靴か、すべらない靴、汚れてもいいものを着てきてください」と案内状に書かれていました。長い行列ができています。お年寄りも、若者も、子どもも。木々の緑と草が高く茂る間に、洞窟への小さな入り口があります。そばを歩いていても私たちにはとても見つけることはできないでしょう。

入り口を入ると、中はジャングルです。上を見上げると高いところにぽっかりと小さな空が見えます。今日のために板と鉄板で細い道路が造られ、手すりにつかまって奥へ進みます。ろうそくが点々ともり、傍らには白百合が置かれ、行くにしたがって真っ暗になります。右側に食事を作った跡が残され、かまどが三つ、土で作られていました。野戦病院になった壕なのです。頭がつかえてしまう低い、狭い道を奥まで進むと、すり鉢状の広い空間に――。ここが行き止まりです。空間といっても、谷あり、丘あり、足元はすべりやすいデコボコの土と岩石です。仮設の道路がなかったら、懐中電灯がなかったら、歩くことはできないでしょう。切り立った斜面を利用して板を敷いた客席に、肩を寄せあって一八〇人が座ります。客席に座るまでが大変でした。

作・嶋津与志、演出・幸喜良秀、音楽・海勢津豊、このかたたちは沖縄のかたです。東京から、振付・西田堯、効果・泰和夫、美術・内山勉が参加、俳優も沖縄と東京の合同です。重要な役割のコロス（合唱・群舞・群読）の八人は沖縄の声楽家です。

陸軍、海軍、民間の人たちが、深い深い暗闇の中で光を恐れ、極限状態に追いつめられ、互いにせめぎ合い、平常では考えられないような惨劇を繰り広げて行くのです。それでも未来に光を求めて――。それは精一杯生きのびようとする赤ちゃんの泣き声です。

おばあさんを演じるかたの沖縄語はまったくわかりません。となりの男の子は、「何て言っているの」とおかあさんに質問を繰り返していました。天井の珊瑚礁から大きなしずくが、わたしの頭に、肩に落ちてきます。持っていたプログラムは、したたる水で破れてしまいました。真っ暗な一條の光もない、息のつまりそうなこの場所に、五〇年前の今日、大勢の人たちがいたのです。これは演劇なのでしょうか。目の前で泥をかぶって演じられる舞台。家族の中に犠牲者のいない家は一軒もない沖縄。いま客席に座っていらっしゃる大勢のお年寄り。私には想像することもできない想いで、ご覧になったのでしょう。

具志頭村に散在する洞窟が、住民の避難壕となり、守備軍の陣地壕に、そして野戦病院壕になりました。鉄の暴風といわれた砲爆撃の下で、予想以上に多くの人々が生き残ったというのも、洞窟のおかげというべきでしょうか。そして「戦争の悲劇をいまに伝える貴重な戦争遺跡です」と具志頭村長はおっしゃっています。

作者の嶋津与志さんは、「洞窟はまさにこの世の行き止まりであり、極限の生き地獄でもあったが、また一面では島の再生へのエネルギーをたくわえた生命のシェルターでもあったのだ」と。

「出会えばみな兄弟《イチャリバーチョーデー》」と沖縄の人は優しく、親切です。戦争を、そして基地とともに戦後五〇年を生きてきた人たち。二三万四〇〇〇人の名前が刻まれた平和の礎には、アメリカ人も、朝鮮人も、同じ犠牲者として刻まれていました。

あの暗黒の洞窟、そして泣き叫ぶ赤ちゃんの声を耳に、ジャングルの外に出たときの、空と太陽の美しかったこと。私は決して忘れないでしょう。


（『月刊 音楽広場』1995年9月号）

デビッド・ホールマン『すすむの話』
――人類の普遍的な問題〝ヒロシマ〟

戦後、そして被爆五十年の今年。舞台で、映画で、テレビで、たくさんの作品ができました。演劇人が集まって毎年創っている反核フェスティバルの第一〇回の集まりが「わたしと、あなたとこどもたちのために」と題して、八月八日東京・中野駅近くの、なかのZERO小ホールで会場一杯のお客様を迎えて開かれました。

『園井恵子の広島――あるタカラジェンヌの死まで』俳優座。『八月の友人――朝鮮の少年金太くんとの出会いと別れ』人形劇団プーク。『戦艦武蔵の最後――下級兵士の見た沈没』青年劇場。『野火燃ゆる――沖縄戦を語る』民藝。そして前進座と劇団仲間の合同作品、デビッド・ホールマン作、倉原房子訳、鈴木龍男演出『すすむの話』です。

すすむ君と仲良しのきよこさんの淡く幼い恋が優しく美しく基調になった、一四歳のきよこさんの誕生日――八月六日ヒロシマに原爆が落とされる日――までの物語です。すすむ君の語る寓話として四〇分の舞台は創られています。二人のおとうさんは出征し、戦争中の苦しく淋しい生活。でも子どもたちの日常は、何もかもどこかにいってしまったように、元気よく楽しく過ぎていくのです。

毎年、きよこさんの誕生日の八月六日には、すすむ君はよその家の花を折って、「ハッピー・バースデイ」をうたいながらお祝いに来ます。食糧が少なくなって校庭を畑にすることになりました。二人はトマト、大豆、玉ねぎと、大きく夢をふくらませながら、広島で一番の農園にしようと働きます。きよこさんが言います。「うちの猫を連れてこよう。種をまいたら鳥が食べに来るでしょ。猫に追い払ってもらうの」。無邪気で愛らしく、優しく胸を打つ場面でした。

すすむ君は劇団仲間の上野美知さん、きよこさんは前進座の江口ひとみさん、若い二人の素直な舞台は、ほほえましく、温かいものが伝わって素敵でした。舞台には何もなく、四人の俳優さんだけ。音響効果は四人が交代で打楽器を使い、照明もほとんどありません。久しぶりにシンプルな舞台でした。

原爆がいけないとも、止めましょうとも、戦争がいやだとも、いけないとも、一言も言いません。で、何かが確実に伝わってきます。

戦争という状況のなかで、子どもにとっていちばんの気がかりはおとうさんのことです。おとうさんが家にいない、おとうさんが死んでしまうかもしれない……。二人ともおとうさんからの手紙がこないと、〝死んでしまったのかもしれない〟と、それはそれは心配します。

すすむ君ときよこさんはちょうど私と同じ時代を生きたのでしょう。東京での空襲の毎日を想い出しました。六本木の学校では毎日防空壕掘りに明け暮れ、自分たちの掘った壕のなかで、わずかに差し込む月明かりを頼りに皆で通信簿を見せ合い、わあわあ言ったこと。やっと空襲警報解除になって、六本木から渋谷、渋谷から井の頭線の線路を歩いて永福町まで帰ったこと。下北沢の高い鉄橋をはって渡ったこと。まるで昨日のことのようです。

戦争が日常であった私の子ども時代、そのなかで子どもたちは精一杯楽しさを自分たちで見つけだして、生きていたのでしょう。でも一四歳の誕生日にきよこさんは一発の原子爆弾で死んでしまったのです。頭上を飛ぶ飛行機をおかあさんときよこさんは手をかざして見上げています。そのあと二人はそのままの形でぴたっと静止してしまいます。すすむ君が二人をもとの姿勢に戻してあげて舞台は終わるのです。

きのこ雲も、赤い光も、何も表現されていませんでした。それなのに、強烈に私に訴えかけてくるのはなぜなのでしょう。英国のデビッド・ホールマンさんによって書かれた〝ヒロシマ〟は、実に見事に人類の普遍的な問題を私たちに訴えるのです。人間の命がいちばん大切と大人たちは子どもたちに言います。そして平気で原爆を作り続けているのです。美しい地球を守れと言って、何もかも破壊してしまうのです。日本の、いえ世界中のすすむ君もきよこさんも、もっともっと生きていたかったのに。

海の向こうの友人からの贈り物『すすむの話』の舞台は、シンプルで優しく美しい作品になって私の胸を強く打ちました。ひとりでも多くの子どもたちに観てほしいと願っています。

（『月刊 音楽広場』１９９５年11月号）

美しい日本語の舞台『ふたりのイーダ』

──演出・関弘子さんの創造する力

今日こそ、道を間違えないようにと思いながら高田馬場駅を降り、東京・高田馬場のプロトシアターに向かいました。東京はどこに行っても芝居を上演するスペースがあふれているといった昨今です。それもビルの一角の小さな場所で。

プロトシアターも住宅街の車の通れない細い道に面したところに、七〇人から八〇人のお客様がベンチにすわって観るといった、「劇場」とは言いがたい「空間」というのでしょうか。ロビーも何もありません。前の道路がロビーなのでしょう。

やはり、道に迷い、やっとたどり着きました。

作・松谷みよこ、脚本・森尻純夫、演出・関弘子、グループ「すずしろ」の第二回公演『ふたりのイーダ』は満員のお客様です。と言っても、九一人の入場者とのことでした。出演者の五人は、全員女性です。

私たち日本人が避けて通ることのできない主題を優しく、美しく謳い上げている、松谷みよ子さんの『ふたりのイーダ』をお読みになった方は大勢いらっしゃるでしょう。今日の舞台はまず、演出の関弘子さんについて、お話ししなければなりません。

関弘子さんは、私にとっては俳優座附属俳優養成所の大先輩でいらっしゃる方であり、俳優座公演『森は生きている』の初代の女王様、そのとき私は、女王様の裾を持ってお供をするお小姓でした。

言葉にこだわり続けてお一人で語り、最近では関弘子が読む『源氏物語』全五四帖（CD一〇〇枚）というお仕事に取り組まれていらっしゃいます。五年もかかってのお仕事、私などには気の遠くなるようなお話です。現代訳を目で読み通すことさえ、大変なことですのに、原文のままの読みを肉声化されるのです。深く読み、語る、このことが私たちの仕事の原点なのです。きちんとセリフをしゃべるということが、どういうことなのか、そして、なんとそれがおろそかにされていることかと……。美しい日本語はどこにいってしまったのでしょう。

舞台には、小さな、小さな、木の椅子が一つ。そこにスポットがあたって始まります。おじいちゃん、おばあちゃん、おかあさん、直樹くん、ゆう子ちゃん、りつ子さん、そして椅子。一人の俳優が一つの役を演じるのではなく、五人がすべての役を演じていきます。語ることと対話とで、舞台は進行していきます。何もない舞台、衣裳も色違いのおそろいのトレーニングウエアー、舞台は俳優だけといっても過言ではないでしょう。高低、大きさ、アクセント、語尾、言葉の一つひとつにこだわり、そして俳優を動かし、大きな流れを作り、私たち観客といっしょに作品を創っていく、関弘子さんの力に圧倒されました。

椅子がしゃべり、対話する不思議な世界。五人が創り出す舞台を観ている私には、うす暗い雑木林が、木造の古い洋館が見えてくるのです。あたかもそれが目の前にあるように。椅子がコトリ、コトりと歩いているのも見えました。この椅子にいつもすわっていた三歳のイーダちゃん。八月六日の広島におじいちゃんと行ったきり帰ってきません。椅子は誰もいない広い洋館でずっと、ずっと、ずっと長い間待っているのです。

パンフレットに関弘子さんが書いています。「これから生まれてくる人々も含め、日本人は全部、日本が起こした戦争の様相と、日本が受けた核の被害の両方を知らねばならない。そしてその責任を受け持たねばならないと思います」と。

関弘子主宰、声と言葉の教室に集まっている俳優さんたちが作っている「すずしろ」。このグループ名は、大根の古名だそうです。こんなに小さな空間で、こんなに言葉にこだわってつくられた、美しく、優しい、不思議な松谷みよ子の世界。大勢の方たちに観ていただきたい舞台が、また一つ増えました。日本語にこだわり、美しい日本語を作り出してくださる関弘子さんの次のお仕事を待っています。

幕開きのせりふです。

……書かなくてはいけませんね。そうです。二一世紀の人たちに何らかの形で伝えることが、二〇世紀に生まれた私たちの責任です……。

（『月刊 音楽広場』１９９５年12月号）

大阪の劇団コーロの『ときめく時にさそわれて』

――高瀬久男さんの演出力

朝七時、東京発大阪行きの新幹線は黒っぽい背広の男性でいっぱいでした。一〇時四五分から始まる、大阪府・吹田駅の近くの小学校での、演劇教室を観にはるばると行って参りました。吹田駅には、大阪の人形劇団クラルテの松本則子さんが迎えにきてくださっています。大阪の劇団コーロの舞台です。体育館には一年生から六年生まで四五〇人の生徒が床に座って幕が開くのを待っています。めずらしいことに、会場の椅子席には、おじいさん、おばあさん、おかあさん方が大勢いらっしゃいます。どうぞ「コーロ」の芝居を観に来てくださいと、一年生、二年生の子どもたちが、お年寄りのいらっしゃるところに手紙を書いて持っていったと、校長先生がお話ししてくださいました。わたしも、その中のひとりになって、校長先生のお話をうかがいながら席につきました。

ＰＨＰ研究所刊、名木田恵子作『時計屋のルルウ』より。脚本・演出／高瀬久男『ときめく時にさそわれて』、出演／劇団コーロ、男性五人、女性四人の舞台です。良い題ですね。ときめくと聞いただけでどんな舞台なのかと胸がふくらみます。

円形の廻る舞台を作っての大がかりな装置、時計屋さんの女の子ルルウは小学校四年生。一日中じっと座って時計を直しているのはルルウのおじいさんです。ルルウが生まれるずっと前からお店に古い柱時計がかかっています。ボーンという音を聞いて育ったルルウにとって、時計は生きているのも同じことです。

ある日、五〇年も止まったまま動かない、亡くなった息子さんの腕時計を直してくださいと、おじいちゃんのところに女の人が来ました。この時計は、だれが、どこで腕につけていたのだろう。どうして止まってしまったのだろう。この時計が動き出したら死んだ人が生き返るかもしれない。ルルウは次から次へ、いろいろなことを考えます。時計の針が逆回りを始めました。ルルウはあっという間に五〇年前の世界へ。その場所は日本が戦争をしていたフィリピン、南の島です。戦争のことは何も話してくれなかったおじいちゃんが、若い兵隊の姿でそこにいるのです。そしてあのこわれた時計の持ち主の兵隊さんも……。

戦争のことは何も知らないルルウにとって、何もかも言葉では言い表せない驚きでした。時を旅するルルウのお話です。

こわれた時計の止まった針がさす時刻にはドラマがあると、演出の高瀬久男さんは書いていらっしゃいます。そうです、原子爆弾が広島に落ちた時刻、神戸大震災の時刻、止まった時計は何を語っているのでしょう。時間とは人間の心がいっしょになって動いてゆくもの、といわれたのは『モモ』の作者ミヒャエル・エンデさんでした。若い俳優九人は、実に素直な演技で舞台を創り、さわやかな、すっきりした舞台です。子どもらしく、年寄りらしく、の舞台がたくさん横行している昨今、人間の中身を大切にしていく舞台でした。

高瀬久男さんは文学座の演出家です。大人の舞台でよい仕事をなさっている人たちが、児童・青少年のための仕事も同じ質のものとして仕事をする、このことがもっともっと広がってほしいと願っているわたしにとって、高瀬久男さんの登場には大きな拍手をおくります。「大人向き、子供向きなんて、僕はほとんど変えていません、変えられないんです」と高瀬久男さんはおっしゃいます。うれしくなります。長い間の私たちの議論はどこへやら、やっと道が開けたのかもしれません。

子どもに何かを教えるのではなく、子どもといっしょに、うその世界の中の現実を共有する。そんな楽しい舞台がたくさん登場するのでしょう。

教育も、運動も、子どものためでもなく、人間をまるごととらえてゆく楽しい舞台。

劇団コーロの舞台を子どもたちといっしょに観ながら、高瀬久男さんの次の舞台は、何をどう見せてくださるのかとても楽しみになりました。

（『月刊 音楽広場』１９９６年1月号）

組オペラ『隅田川／くさびら』
——能・狂言に取材した能楽堂での不思議な空間

日本芸能実演家団体協議会——俳優・音楽家・舞踏家・演芸家など、あらゆる実演家の団体が集まってつくっている協議会です。会長は歌舞伎の中村歌右衛門さんでいらっしゃいます。今年は設立三〇周年、記念事業として、組オペラ『隅田川／くさびら』の二本を上演しました。

原作／観世元雅『隅田川』、狂言『茸《くさびら》』、作曲／三木稔、企画・台本・演出／ふじたあさや、振付／

西田堯、会場は、東京・渋谷の先、青山表参道にある観世流の能楽堂、銕仙会能楽研修所です。

悲劇であり、喜劇である能と、喜劇であり、台詞劇である狂言を組み合わせて上演するというのが長い伝統になっているのです。これを三木稔さんが「組オペラ」と名付けたそうです。能・狂言に取材したオペラを能楽堂で演ずるのは、オペラ歌手の方々、踊りはモダンダンスの西田堯舞踊団、演奏は結アンサンブル、ヴァイオリン、チェロ、クラリネット、琴、パーカッション、五人の女性のアンサンブル、まさに〝伝統と現代〟です。

小さな入り口で靴を脱ぎ（スリッパははきません）、階段を上ります。客席は段差が少しあるだけの平土間に座ります。二〇〇人くらいのお客様でしょうか。橋のような渡り廊下をともなった、屋根つきの客席に突き出た真四角の舞台。能舞台は実に不思議な空間です。まず、アンサンブルの五人の若い女性が渡り廊下を歩いて登場します。黒の着物風な、しゃきっとしたすてきなお揃いの衣装です。次は七人のコロス、男三人、女四人の合唱隊が登場して『隅田川』が始まります。

都（京都）から、狂気となった女性が前の年さらわれた愛し子を尋ねて、遥か東の隅田川まで旅をしてきます。一年前のちょうど今日、この地に散ったわが子の運命でした。墓所で念仏をとなえると、そのあたりから子どもの声が……子を思う母の愛があり得ない奇跡を生んだのです。

狂女を演じるのは、字佐美瑠璃さん、二期会会員のソプラノ歌手です。『トスカ』『オテロ』と数々の主役を演じていらっしゃる美しい方です。能役者のように渡り廊下から登場します。真白な足袋が目にしみるように美しく……隅田川の渡しの渡し守は篠崎義昭さん。この方も二期会の会員のカウンターテナー、このお二人の舞台です。子を思う情念を、切々と美しい日本語でうたい、それをしっかりと受けとめてうたう渡し守。オペラというと、大きな会場で響きわたる声で、というのが定まりのようになっていますのに、何もないあの小さな空間で、なんと内容深くうたい、なんと確かな演技力でしょう。

狂言『茸』。「くさびら」とひらがなになりました。山伏と、所の者の二人の舞台、大仰《おおぎょう》な詐欺師に近い山伏と成金に違いない所の者が、茸のお化けたちにやっつけられるというお話です。三木稔さんは、茸たちとは、過去に山伏や所の者に痛めつけられた上に捨てられた者たちの輪廻《りんね》の姿だと書いていらっしゃいます。なんと痛快な復讐なのでしょう。キノコは、西田舞踊団の女性が総タイツに、頭には大きなキノコの帽子をかぶり、モダンダンスで表現します。篠崎義昭さんの山伏は、『隅田川』と打って変わってすばらしい演技で笑わせてくれました。二本の舞台をより美しくしたのは、名古屋の舞台衣装デザイナーの中矢恵子さんの衣装です。美しい色のハーモニーと重厚さ、そしてモダンなこと、皆さんにお見せできないのが残念です。一度で魅了され、ファンになってしまいました。

能楽堂という不思議な空間で、悲劇の能、喜劇の狂言に取材したオペラ、近代劇としても充分に楽しめる時代を超えた舞台、いつもの観劇と一味も二味も違う一夜を過ごしました。そして、中村歌右衛門さんが得意とする名舞台、清元『隅田川』をもう一度拝見したいと思いながら家路につきました。

（『月刊 音楽広場』１９９６年２月号）

青年劇場『遺産らぷそでぃ』
――農村を舞台にした現代日本の縮図

朝食はパン、昼食はおそば、夕食はスパゲッティ、若い方たちの一日の食事なら少しも不思議ではないのでしょう。私の一日の食事はお米。もちろんパンも、おそばもスパゲッティもいただかないわけではありませんが、お米がないと生きていけない、とお米にラブコールをおくっている一人です。

東京の真ん中に住んでおりますのに、畠に囲まれているという立地条件の中で暮らしています。毎日ベランダから眺める景色は、四季それぞれを十分味わえるのが魅力でここに住んでいると言っても過言ではないでしょう。朝早く、おじいちゃん、ご主人、お嫁さんとご一家で畠を見回り、日の落ちるまで働く毎日。トマト、キュウリが終わって、キャベツ、お正月用の葉ぼたん、色とりどりのすみれが冬の畠をにぎわしています。

もちろんとれたてを売ってくださるのです。なんと創造的なお仕事だろうと、芸術のような美しさを毎日眺めている私には、農作業の大変さなどわかるはずもありませんし、ましてや、農村、米問題にいたっては、都会にしか生活したことのない私には実感としてとらえることができません。

一九九〇年に初演された青年劇場の舞台『遺産らぷそでぃ』が再演されると聞き、新宿の朝日生命ホールに出かけました。山下惣一『ひこばえの歌』より――遺産らぷそでぃ――高橋正圀脚本、松波喬介演出。

遺産相続と嫁姑の争いを切り口に、佐賀県唐津市の専業農家を舞台にくり広げられるドラマはおもしろく、おかしく、ちょっと悲しく、そしてなんと温かいことでしょう。印象に残っている大好きな舞台の一つです。

父の葬儀を終えた坂本家、叔父の昌三が遺産は均分相続だ、長男の農夫也《のぶや》が田畑を引き継ぐなら、弟妹、親戚たちにそれぞれ二〇〇万円払え、さらに国際化の時代のいま、効率の悪い専業農家は時代遅れだ、農業はやめてしまえと……。

農家の舞台にはおよそ不似合いな、しゃれた叔父昌三は、白っぽい三つ揃いにソフトをかぶり、ステッキにカバンというでたちで登場。私の大好きな俳優、後藤陽吉さんが演じています。

原作者、山下惣一さんが書かれています。『ひこばえの歌』を書いたのは一九八〇年――いま書き溜めておかないとまもなく農の思想が消滅する――という危機感からだった。主人公の農夫也は私の分身で、彼の口から私たちが引き継いだ日本の農民の心を語らせた」と。

新聞で読んでもなかなか理解できないたくさんの問題が舞台で語られていきます。お米の自由化、日米貿易摩擦、農業への助成金と防衛予算の比較、食糧自給率、食品の安全性、農家の時間給が五〇〇円。個性豊かな登場人物の一人ひとりが語るこれらの話は実に説得力を持って私たちを舞台に引き込んでいきます。笑ったり泣いたりしながら観ているうちに、私が生きていくということはどういうことなのか。農の思想とはなんなのか。おかあさんが安心して子育てをできる世の中とは……いろいろな想いがわきあがってくるのです。黄金色に波打つ美しいたんぼが舞台のずっと奥に広がって見えるような気がしてきました。

青年劇場のベテラン俳優、小竹伊津子さんのおばあちゃんの、にくらしくかわいいこと。長男のお嫁さんはなんと働き者なのでしょう。二年前に農業をやめ、トラックの運転手になった、善吉さん、お嫁さんの見つからない青年団長道夫さん。なんと多彩な俳優さんたちでしょう。数々の賞に輝き、三〇〇回近くの公演回数を重ねている自信にあふれる舞台を観ることは、羨ましくもあり、演劇の持つ大きな魅力を改めて知ることにもなりました。

現代日本の縮図を見ると同時に、人間が何を考え行動していくのかを語っているのでしょう。都会に住み、おいしいお米にラブコールをおくる私にとって、田んぼも畠も自分だけのものではないと語る、農民農夫也の言葉は忘れることができません。

（『月刊 音楽広場』1996年3月号）

杉村春子の『華岡青洲の妻』
――二度と現れることのない女優

一月に入って一日だけのお休み、今日しか観ることができないと、池袋のサンシャイン劇場に電話をかけると、二時間前から当日券を売り出すとのこと。急いで出かけました。

松竹・文学座提携公演、有吉佐和子作、戌井市郎演出、『華岡青洲の妻』四幕。総上演回数五三〇回に及ぶ杉村春子さんの舞台です。故有吉佐和子さんのベストセラーが原作で、一九六七年に有吉佐和子演出により東宝芸術座で初演。文学座の公演は一九七〇年から始まり、評判の高いレパートリーとなり、杉村春子さんの代表作の一つになりました。

約二〇〇年前の天明のころ、紀州――現在の和歌山県那賀町が生んだ偉大な医師華岡青洲は、麻酔薬の研究に没頭し、犬や猫での実験を繰り返し、やがては嫁の加恵、母の於継が実験台になります。青洲の母の於継を演じられるのが、杉村春子さんです。

平井澄子さんの美しい音楽で幕が開くと、古賀宏一さんの装置、黒光りしているがっしりとした古い華岡家の居間に、上手から於継、下の妹の小陸、加恵、上の妹の於勝と並んで糸を紡ぎ、機織りに精を出しています。京都で勉強をしている青洲にお金を送るため、一家をあげて働いているのです。三年前嫁いできた加恵は、於継に請われて嫁入りをしましたが、いまだに青洲に会ったことがないのです。

この芝居が大勢の観客を惹きつけるのは嫁と姑の壮絶な闘いと、杉村春子さんの魅力でしょう。青洲の実験台のため、競って麻酔薬を飲み、そのため母の於継は寿命を縮め、妻の加恵は失明。妹の於勝は兄のために働きづめに働いて乳がんで亡くなり、下の妹の小陸は一家を切り盛りし、嫁姑の闘いを毎日見ながらの生活の中で恋するひとと一緒になることを恐れ、首筋にできたがんに倒れるのです。一人の偉大な医学者を生むため、麻酔薬によって大勢のひとを助ける研究のため、一家の女性は犠牲になる、それも喜んで……。人間て、いえ日本人て、いえ女性って、なんとすごいというのか、恐ろしいというのか。観客席はほとんど中年以上の女性です。わたしも何回拝見したでしょうか。

四幕の幕切れは、華岡青洲が麻酔薬を用いて、初めての乳がんの手術に踏み切るところで終わるのです。

今度の舞台で、わたしにはがんという言葉が今までとは全く違った響きで聞こえてきたのです。人間が作り出していくありとあらゆるもの、ないものはないという世の中のような気がわたしたちはしているのかもしれません。それなのに、わたしのまわりにはがんに侵され亡くなる方が……。

杉村春子さんの於継以外の役は、幾人もの俳優によって演じ競われてきました。雨の中、外から帰ってきた於継が娘の於勝に手伝わせて着物を着替えるシーンでは客席からため息がもれます。歌舞伎や新派の女形の芸を研究されたとおっしゃる杉村春子さんの立ち居振る舞い、着物の衿に、帯に手をあてるちょっとしたしぐさ……、何度拝見しても美しく、二度と現れることのない俳優さんのように思えます。出演年譜に一九二七年が初舞台と書かれていますから、七〇年の舞台生活になられるのです。日本にはもちろん、世界にも、このお年まで第一線で主役を演じられ、客席を満員にできる俳優さんはいらっしゃらないのではないでしょうか。杉村さんは「今のわたしには昨日も明日もない、今日があるだけ」と、昨年度毎日映画コンクール主演女優賞受賞でのインタビューで話されています。

実はわたしも『華岡青洲の妻』の五三〇回のうち、四〇ステージに出演いたしました。一九八一年第三次訪中新劇団に加わり、下の妹小陸役で、北京、南京、上海、そしてサンシャイン劇場で舞台を踏みました。加恵の太地喜和子さん、於勝姉さんの矢吹寿子さん、良庵の小沢栄太郎さん、そして舞台監督の楠本章介さん、今は故人となられました。四幕に出ていらっしゃらない杉村春子さんは楽屋着の浴衣に着替えられ、袖幕の陰に座られて、わたしの芝居を毎日観てくださいました。次の日、お部屋にうかがうと必ず前の日の舞台のご注意をいただいたことが昨日のことのように思い出されます。

一九六五年第二次訪中新劇団でご一緒に三カ月の旅をしたときが、杉村春子さんとの最初の出会いでした。朝、食堂に行くエレベーターでお目にかかると、いつも絵はがきを一枚お持ちになっていらっしゃるのです。「主人によ」とおっしゃったお顔を忘れることができません。

サンシャイン劇場が終わると、地方公演が三カ月、その後文学座アトリエ公演のお稽古があるとおっしゃっていました。どんな肉体を、そして精神をお持ちなのでしょう。

杉村春子さんの舞台『華岡青洲の妻』が、今年最初に私が観た舞台でした。


（『月刊クーヨン』1996年4月号・クレヨンハウス）

『クニさんとひろ子さんのふしぎだな』
――素朴で豊かな二人の舞台

ビバボ人形劇の大井弘子さんから小さな公演のご案内が届きました。

『クニさんとひろ子さんのふしぎだな』。出演・クニ河内、大井弘子。

〝ちょっと心細い思いなのですが、お出かけください〟と書かれていました。場所は上野の近くJR日暮里駅南口から二分、ホテル ラングウッド　サニーホールサロン、定員一〇〇人。

ホテルのサロンでの公演、何とおしゃれなのでしょう。ちょっと早くホテルについて、レストランでお食事をして、優雅な気持ちでホールに。

グランドピアノと人形劇の小さな舞台がお客様を待っています。クニ河内さんのごあいさつで幕が開きました。

ビゼーの音楽にのって「カルメン」の登場です。といっても大井弘子さんの手首から先の手、指のカルメンです。きらきら光る大きな指輪が赤いばらを口にくわえて登場するカルメンの雰囲気を出しています。いまは亡き大井数雄さんとの人形劇団カラバスから、ロシアの人形劇俳優オブラツォフさんの、大切なお人形〝ビバボ〟の名前をいただいて、ビバボ人形劇のお仕事をはじめられた大井弘子さん。私が、はじめて、オブラツォフさんの人形劇に出合ったのはいつだったのでしょうか。すっかり魅せられてしまった私は、日本での舞台は、必ず、拝見しました。大きな卵形の顔の真ん中に、大きな目が一つのカルメン。大好きなお人形です。モスクワの中央人形劇場でも拝見しました。

「歯医者」。患者さんは大きな口を開けて、歯医者さんは長い器具を患者さんの口に入れて治療をします。大井弘子さんの両手を使っての舞台です。客席は笑いでいっぱいでした。

人なつっこい、何とも不思議な魅力のあるクニ河内さん。だぶついたズボン、もじゃもじゃのおひげ、ルックスはいまいちなのに……。自然派とお呼びしましょう。優しく、温かくお客様を包み込んでくださる力は、音楽の力、いえ、クニ河内さんの人間性そのものなのでしょうか……。私たちに語りかけてくるクニ河内さんの歌、笑いながら何でもないように語りかけてくる歌、こころの奥から私をゆさぶります。そして、ちょっと淋しく、ちょっとかなしく……。

「山芋さん」「平凡な関係」「仲良し夫婦」「ふしぎだな」どれを聞いても、私たちの身の回りにある何でもないことを、どうしてこんなふうに語れるのでしょうか。人間がお好きですね。人間を愛していらっしゃいますね。

〝「ぼろっきれ」曲・クニ河内　人形・大井弘子〟と小さなパンフレットに書いてあります。布を二枚ぴったり合わせて人形の形になった雑巾さんのお話です。人間のように動きまわるぼろっきれは、舞台をきれいにお掃除して真っ黒になってしまいます。一枚の布がいろいろに見えて、マジックのような楽しい舞台です。クニ川内さんは、私たちと同じに、「ぼろっきれ」の舞台をピアノの影から見ていらっしゃいました。曲は何もありません。「あっ、見とれてしまってピアノを弾くのを忘れてしまった」と、あの何とも言えない笑顔でおっしゃるのです。大井弘子さんに伺うと、「音楽がないのもわからなかった」……。何てすてきな関係なのでしょう。

長い人生を歩いていらっしゃったお二人、一筋の道を踏みはずすことなく、真実の道を探していらっしゃったお二人、おおらかで豊かなお二人の舞台は楽しく、久しぶりに笑っている自分を発見してうれしくなりました。でも、胸がぎゅっとなります。

「ふしぎだな」。生きるって、出逢うって、別れって、死ぬって、そう、ふしぎですよね。

「恋って何？」と、クニさんが照れくさそうにおっしゃって始まりました。お聞かせできないのが何とも残念です。何も書いていない、真っ白な顔のお人形さん。真っ白なドレスをまとって舞います。欲張っていってしまいます。もっとセクシーだと良いのに……。

〝恋って何？　恋って夢さ／夢って何？　夢ってあこがれさ　あこがれって何？　それはこだわりさ／こだわりって何？　む？　むー悩むことさ／悩みを無くすには／愛することさ／見返り無しに／愛

することさ／愛って何？　与えることさ／与えるって何を？　全て……たとえば命だとか／死んでしまうよ　心は残るさ／心って何？　信じることさ／信じたいなら／恋することさ／目には見えないものだけど／恋することさ〟

あったかい、独特の声で弾き語りを聞かせてくださるのです。

クニ河内さんは、北海道でピアノを弾く手に鍬を持って、農業をはじめられたとうかがいました。また、また、すてきな豊かな音楽がたくさん生まれるのでしょう。

また、私の大好きな、オブラツォフさんの世界を、大井弘子さん独特の世界で見ることを願っています。次は〝子どものための、クニさんとひろ子さんのふしぎだな〟を楽しみにしています。こんな素朴な、豊かな舞台、心地よく、ゆったりとした時間をくださったお二人に、御礼を申し上げます。

（『月刊クーヨン』１９９６年５月号）

人形劇団プーク『ジェニー』

——ポール・ギャリコの人間に対する限りない愛情

春休みの日曜日、新宿駅は恐ろしいほどの人並みです。駅の近くの紀伊國屋書店の歩けないくらいの混雑の中をぬけ、四階の紀伊國屋ホールへ。

人形劇団プークの公演です。

『ジェニー――少年の聴いたラブソング』原作ポール・ギャリコ、脚色さねとうあきら、演出安尾芳明。この日一日限りの公演なので、見逃したら大変です。何故って、私はポール・ギャリコのファンなのですから。

映画好きの方なら、『ポセイドン・アドベンチャー』『リリー』の原作者と言えば、おわかりになる方がいらっしゃるでしょう。映画『リリー』（原作は『七つの人形の恋物語』）はメル・ファラーとレスリー・キャロンの名コンビで一世を風靡しました。「ハイリリ・ハイロウ」という主題歌をどこかで小耳にはさんだ方もあるでしょう。

舞台『ジェニー』は、交通事政にあった八歳の少年ピーターが、人間の意識を残したまま身体は猫の姿になったところから始まります。

猫の光る片方の目が大きく舞台に映し出されて、俳優はふさふさとした毛の猫の人形を両手で操作しながら演技します。顔は隠しません。人形の猫の目はきらきらと光り、開いたり、閉じたりします。

猫社会の一員となったピーターは、めす猫のジェニーに助けられ、ネズミの捕り方、ゴミ箱のあさり方、猫としての生き方を教わります。自由に生きることを誇りとする野良猫ジェニーは、ひとり淋しく暮らすグリムズ老人の「いっしょに暮らしてくれ」との頼みを振り切って、ピーターに言います。「人間は信じられない」。そして、猫を平気で捨てる人間、ジェニーを捨てた人間の話をします。もとは人間だったピーターは人間の言葉も、猫の言葉もわかるのが面白いのです。

やがてピーターとジェニーは貨物船に乗って、ロンドンからジェニーのふるさとグラスゴーを目指します。途中、ジェニーは突然海中に投げ出され、おぼれてしまいます。自分の危険をかえりみず海に飛び込むピーター。彼を水死させせまいと「手を離して」と叫ぶジェニー。二人の、いえ二匹の冒険旅行が始まります。

五人の俳優が一人でいくつもの役をこなしながらの舞台です。たとえば、小さな貨物船を頭に乗せて、大きな光る布の旗を振りかざして歩く。これが海の表現です。人形劇ならではの何と楽しい表現でしょう。俳優たちはおどり、うたい、もちろんセリフもしゃべります。

なかでも人間の役の表現が変わっています。お面のように大きな鼻をつけているのです。あまり美しく見えないのが気になります。猫から見ると人間ってあんな顔に見えるのでしょうか。

ポール・ギャリコの作品の大きな魅力は、人間の持つありとあらゆる顔、無意識の中に潜んでいる顔を、人形と猫を介在させて一層ファンタジックに、一層真実に表現しているところなのでしょう。

脚本のさねとうあきらさんが書いていらっしゃいます。「本当の所、猫なんてあんまり好きじゃない。しかし、ポール・ギャリコの『いとしのジェニー』を読んでいたら、実に精緻に『猫化過程』が描かれていて、猫という種族に親近感を抱いた」。私も猫は好きではありません。でもピーターのように猫になって猫社会を、人間を見たくなりました。

ピーターは、美しく社交的だが外出しがちな母親を持ち、ばあやに育てられました。満たされぬ母の愛を求めていつも孤独な少年だったピーター。白猫に変身したあと彼は、めす猫のジェニーからありとあらゆる猫としての知恵、行動を学びとり、二匹は何ものにも代えがたい信頼と強い愛情で結ばれてゆくのです。二匹の猫の冒険旅行は、私たちをファンタジーの世界に誘ってくれるとともに生きることの喜びと意味を、そして「人間って何なのか」と問いかけてきます。

猫の世界をかりて少年の成長していくさまが、「人間っていいなあ」「愛するって何と切なく、哀しく、でも何てすてきなこと」と思わせます。ポール・ギャリコの人間に対する限りない愛情が、登場人物一人ひとりから伝わってくるのです。

人形劇って何なのでしょう。人形そのものがファンタジーを創り出しているのでしょうか。この舞台に猫の人形が登場しなかったら、人間だけで演じられたら……どうでしょう。猫や人形を登場させることで、舞台上に展開されるポール・ギャリコの世界は何倍もの表現力を増し、一層人間の魅力を明確に打ち出していくようです。プークのこの舞台は、猫の人形が登場するからこそ、なのでしょう。

ポール・ギャリコの世界に挑んだプークの舞台に、大きな拍手を送りましょう。そして、さねとうあきらさんにも。

私の網膜には、輪郭正しく、ピーターとジェニーの残像が刻みつきましたと、さねとうあきらさんにお伝えしたいのです。「そういうお客様がいたら、ひそかに乾杯しよう。そういう至福の刻をわたしは待ち望んでいる」と、お書きになっていらっしゃるのですから。

もっと、もっと、とぎすまされた素敵な舞台になるでしょう。そのときを楽しみに、また、拝見にうかがいます。

（『月刊クーヨン』１９９６年６月号）

木山事務所プロデュース『はだしのゲン』

――原爆を舞台でどう表現するか

テレビの街頭インタビューが、渋谷で若いひとたちに聞いています。八月六日って、どういう日だか知っていますか。チェルノブイリという言葉を知っていますか……。さあ知らない、戦争が起きた場所かな……。

一九四五年八月六日の広島、一九八六年四月二六日のチェルノブイリを若いひとたちは本当に知らないのでしょうか。今日も世界のどこかでひととひととが殺し合い、核実験が行われ、何の罪もないひとたちが、子どもたちが苦しんでいるのです。人間の英知がつくり出したものによって人間が苦しみ、地球が破壊されてゆくのです。

広島に原爆が投下されてから五一年目の夏。七月下旬に、東京・新宿の全労済ホール（スペース・ゼロ）で、木山事務所プロデュース公演として、中沢啓治原作の『はだしのゲン』がミュージカルで上演されました。

『はだしのゲン』は一九七三年から『少年ジャンプ』に連載されたベストセラーのマンガです。主人公ゲンは、元気のゲン、人間の元素のゲン。ゲンは人間の最大の敵・戦争と核兵器を倒すため人間の尊厳をかけて立ち向かっていきます。

作者の中沢啓治さんは広島で生まれ、六歳で被爆。おとうさん、おねえさん、弟さんを目の前で亡くし、産み月のおかあさんはショックで路上で女の子を出産、その赤ちゃんも四カ月で亡くなります。

おかあさんは二一年間生きて亡くなり、骨は放射能に浸蝕されて火葬場で何一つ残らなかったと書いていらっしゃいます。

中沢啓治さんのこの半自伝的な作品は、今までにも劇映画やアニメーションなどに映像化されてきました。

木島恭／脚色・演出、杜哲也／作曲のこの舞台は、ゲンをはじめ子どもの役は、子役といわれる子どもたちによって歌い演じられてゆきます。客席は出演者の友だちの子どもたち、家族たちが大勢いて、いつもの劇場の雰囲気とはちょっとちがっていました。

「日本は戦争に負ける。この戦争は侵略戦争でまちがっている」と言い続けるおとうさん。

このおとうさんは着物の着ながしに下駄を履いて、隣組が集まっての竹槍訓練に出て来ます。もし、この情景が本当のことだとしても、演劇にした場合、どうなのでしょうか。

本当のことは言えない、密告はされるといった、あの時代の日常の中で、ゲンのおとうさんをこのように描くことで、子どもたちに何をどう伝えていこうとするのか……。がんがんと鳴り響くテープの伴奏音楽の中で考えてしまいました。

原爆地獄……、「原爆」という二文字を見聞きすると、惨状が蘇り、戦慄して、「原爆」という文字から逃げ回った、とおっしゃる中沢啓治さん。わたしたちがどんなことをしても判ることはできない、いえ、中沢啓治さんご自身、こころのどこかで判ってたまるかと思っていらっしゃるかもしれない思いを、マンガの『はだしのゲン』はすさまじい気迫でわたしたちに語りかけるのです。

戦争はこわい、原爆はこわいというだけでは、演劇はつくれません。演劇でなければ語れないものって何でしょうか。

どんな事柄を描いても、舞台は美しくなければならない、というのが私の持論です。どう美しくなければならないのか。これはむずかしい問題ですが、今日観たこの舞台は美しくないのです。

『はだしのゲン』は今までに二回劇化され、ミュージカルでした。今回を含め、三回ともミュージカルというのは、どういうことなのでしょうか。

ちょうど同じ時期にイギリス中部の都市シェフィールドで、『はだしのゲン』が上演されました。現地の劇団ユース・シアターの若い演出家ブライアン・ジョーンズさんが東京を訪れたのは今年の一月でした。日本人に脚本を書いてほしいとのお話です。

ジョーンズさんは、学生のころ、お誕生日のお祝いにおかあさまから英訳された『はだしのゲン』を贈られたそうです。

「これはただ戦争のことを描いているのではなく、苦難と戦う人間への力強い激励が込められている。平凡なひとびとがまったく異常な状況に直面したとき、どうなるのかという、人間に共通した問題を扱っている」。ジョーンズさんは、『はだしのゲン』を読み、こう考えて、どうしても上演したいと日本に来られました。

シェフィールドには原発があり、マンチェスターについで二番目に非核都市宣言をした都市です。

そのシェフィールドにあるユース・シアターは児童・青少年のための専門劇団です。中に、若者たちに演劇活動を体験させる教育部門があり、ワークショップを中心に創作活動を活発に行っています。会員は二五〇〇人もいるとのことです。

このユース・シアターの若者たちにより、『はだしのゲン』が日本人の脚本で、日本人の英訳で、初めて海外で上演されたのです。それも小学生から大学生の若者たちによってです。なお脚本を手がけられたのは前進座の鈴木龍男さん、英訳は、私のためにたくさんの戯曲を訳してくださる倉原房子さんです。

初日にシェフィールドにいらっしゃった中沢啓治さんは、「日本で上演された、どの舞台よりもすばらしい」と感激されて、帰国なさったとのこと。

広島での『はだしのゲン』を、遠く離れたイギリスの若者たちはどうとらえたのでしょう。日本の広島を自分たち人間の問題として、演出のブライアン・ジョーンズさんと若者たちは表現していったのでしょう。

（『月刊クーヨン』１９９６年10月号）

『My Love Letter』
――スウェーデンの俳優・クラウスさんとともに

羽田を午前七時三〇分に飛び立ち、高知空港まで一時間、その後車で二時間、吾北村へ。深い緑の山々に囲まれ、底まで見える澄んだ川の流れの山あいの小さな村です。

吾北村は、お二人とも絵本作家でいらっしゃる田島征三さん、田島征彦さんの双子の兄弟が、六歳から五年間高知県で過ごした生活を描いた映画『絵の中のぼくの村』のロケ地にもなりました。村の山の中のひとつだけ立派な建物、中央公民館での芝居の稽古を観に、はるばる東京から足を運んだのです。

私たちの友人、スウェーデンの俳優クラウス・ハーテリウスさんからお話をうかがったのはいつだったのでしょうか。

クラウスさんは、一九九五年一一月、本国スウェーデンで『郊外からのハガキ』という作品に出演なさいました。この『郊外からのハガキ』は、ストックホルムの郊外三地域の一四歳の子どもたちからの約一〇〇通の手紙の中の詩や話で構成され、子どもたちからの手紙を説明したり、比較したり、解決したりしようとはせず、そのままを提示した、という舞台だそうです。

旧ユーゴなどから戦禍を逃れてくる難民の子どもたちを大勢受け入れているスウェーデン。そこで生活しているクラウスさんは、「サラエボの子どもたちといっしょにこの舞台を創りたいと願っています」とおっしゃいます。

サラエボの子どもたちはどんな手紙を書くのでしょう。

戦禍の中、ローソクの光で、ベケットの『ゴドーを待ちながら』を上演したサラエボの演劇人たちのことが頭をよぎりました。

このクラウスさんのことを、以前からお付き合いのあった高知県の方々にお話ししますと、高知のおかあさんたち、学校の先生、そして高知県・高知市の行政の方たちが、クラウスさんを演出に迎えて、ぜひ『郊外からのハガキ』のような作品を創ろう、ということになったのです。

そして平成八年度高知県芸術祭特別共催行事として、スタートがきられました。

俳優は男女二人ずつ四人。私が選ぶことになりました。選ばれたのは、一九五九年生まれのクラウスさんと同年代の方々。この四人の俳優にとって、何もかも初めての舞台です。なにしろ台本がないのですから。何もかもクラウスさんといっしょに、一から創っていくのです。

まず高知での二カ月間の合宿生活がはじまりました。

一二歳から一六歳の子どもたちと話をしに、高知県の中学、高校合わせて一一校をたずねることが最初の仕事です。私も二日間お供をしました。

クラウスさんと四人の俳優が三〇人の子どもたちと一緒に床に車座になり、話をします。俳優たちは、最近自分たちが体験した印象的な出来事を話し、それを即興劇にして見せます。

この活動を通して、「台本はあなたがたに書いてもらうのです。ぜひお手紙をください。私たちにラヴレターをください……」と、子どもたちに伝えたのです。

先生方は参加しないというのが条件です。何が起きるのだろうと不思議そうに座っている子どもたちが、一時間がすぎ、席を立つときには、表情がすっかり打ち解けてくるから不思議です。先生方が心配そうに、うちの子どもたちはちゃんとしていたでしょうかとおっしゃるのも、また何とも言えません。

私は定時制高校にもうかがいました。活動が終わった後も子どもたちは追いかけてきて、人なつっこく、いろいろと話をしてくれました。

一一校、四〇〇人近い子どもたちに会いました。子どもたちが本当に手紙を書いてくれるか、との私たちの心配をよそに、一〇〇〇通を越す手紙が配達されてきました。

次は、みんなで子どもたちの手紙を読み、その中から選んでいく作業、台本を構成してゆく作業、そして、それを舞台化してゆくのです。何もかも自分たちで創り出していきます。

手紙はどれもすてきで感動しました。子どもたちに、なんてお礼を言ったらよいのでしょう。

クラウスさん演出の舞台は何の装置もありません。四人の俳優だけです。

俳優にとって、なんとおそろしい舞台なのでしょう。二七のシーン、一時間の舞台です。

照明はオーストラリアのカレン・ジェンキンスさん、音楽は高知在住の三浦光さんと石川太郎さん、二十代前半のお二人が担当です。

クラウスさんは、日本の子どもたちの手紙がスウェーデンの子どもたちと同じ内容なのには驚いた、とおっしゃいます。

愛、友だち、いじめ、自分と他人とのこと、進学、家庭、社会、若者の希望と喜び、不安と恐れ。こうした感情が私たち大人の胸にぐさっと突き刺さります。

「私がなりたいと思うようなひとになれて、愛したいと思うひとを誰にも邪魔されずに愛することが出来て、愛されたいと思うひとにこころから愛されること。そんな日がきたら、いーなあと思います。裏切り、悲しみ、憎しみ、苦痛のない場所、この世の中が生きるに値するところだと教えてくれるひとのいる場所、そういう所へ行けたらいいと思います。私が求めているのは愛です」――スウェーデンの一四歳の手紙です。

舞台は一〇月一九日、高知市の高知県立人権啓発センターのホールで初日をあけ、高知県下一八ステージの公演です。

子どもたちといっしょに創った演劇が生まれます。東京から遠く離れた高知から新しい演劇が生まれるのです。

観客席の子どもたちは、自分たちの手紙で出来た舞台を観て、何を想うのでしょう。

「私をひとりの人間として見てほしい。自分らしく成長する自由がほしい！」と子どもたちの声が聞こえます。

作品名は『My Love Letter――死の手紙ではなく愛の手紙を』。


（『月刊クーヨン』１９９６年12月号）

兵庫現代芸術劇場主催・企画『シャドー・ランズ』

――真の世界はまだはじまっていない

「愛人」――中国語で読むと、「アイレン」と言います。「奥さん」の意味です。何と素敵なひびきでしょう。中国の方にお目にかかると、「愛人《アイレン》はお元気ですか」とお聞きします。この言葉のひびきを味わいたくて……。

甘く、切なく、美しく……、私は恋愛映画を観るのが大好きです。最近は、私が観たい恋の物語が少ないのが、残念でなりません。性の要素を前面に出した小説や映画はたくさんありますが……。今回はひとを愛するときの「愛」について、それも痛みと苦しみに直面したときの愛についてのお話です。

ウイリアム・ニコルソン作、小田島雄志・小田島恒志訳、栗山民也演出の舞台『シャドー・ランズ』。主催・企画制作は兵庫現代芸術劇場（ひょうご舞台芸術）、東京公演は渋谷のパルコ劇場で上演しました。「ひょうご舞台芸術」は、兵庫県が建設を進めている芸術文化センターの中核事業です。県自ら演劇、ミュージカル、オペラなどの質の高い芸術作品を企画制作し、多くの方々に低料金で観賞していただくための財団法人で、理事長は兵庫県知事の貝原俊民さん、芸術監督は劇作・研究・評論と活躍していらっしゃる山崎正和さんです。この「ひょうご舞台芸術」の第九回公演『GHETTO／ゲットー』（栗山民也演出）は九つもの賞をとり、演劇界の話題をさらいました。

『GHETTO／ゲットー』の舞台からは、忘れてしまうことが平気な私たちに向けて、「忘れてはいけないことがある」との思いが強く伝わりました。阪神・淡路大震災後の大変な状況のなかで、このメッセージは大勢の観客をゆり動かしました。日本ではまだまだ数少ない団体のひとつです。

今回の舞台『シャドー・ランズ』は、ファンタジー童話『ナルニア国ものがたり』で知られる英国の作家で、学者C・S・ルイスの実話がもとになっています。

オックスフォード大学で学究生活を送る五十代半ばのC・S・ルイスの演説で幕が開きます。ルイス役は青年座の津嘉山正種さん。すてきな俳優さんです。

「神が善なる存在であれば、人間の世界にこれほど多くの苦しみをなぜ許すのか」
人間が痛みを体験するこの現実世界こそが「影の国」なのだ、とルイスは言っています。
ルイスはいつも、天井までぎっしりと本の並ぶ高い書棚に囲まれた大きな書斎で過ごしていて、お兄さんとふたり暮らしです。とてもすてきに年を重ねた俳優さんで、劇団民藝に長いこといらっしゃった内藤武敏さんがお兄さん役です。初老の兄弟の何とも言えない愛情はとても温かく、不思議な雰囲気があります。

そのルイスの家へ、彼の熱烈なファンであるユダヤ系米国人女性ジョイがひとり息子を連れて訪ねてきます。彼女が不幸な結婚生活を逃れて英国へ渡ってきたという事情を知り、ルイスは、ジョイ親子を援助するため、戸籍上の結婚に同意します。しかし、その後、ジョイは悪性のガンに侵されます。そのときルイスは、余命いくばくもない彼女をこころから愛していることに気づき、病室で本当の結婚式を挙げるのです。

ジョイを演じるのは文学座の倉野章子さん。からっと、普通に――この普通というのが俳優にとって大変なことなのですが――、小柄なからだから発散するエネルギーの魅力は何とも言えません。

奇跡的に小康を得たジョイは、ルイスとふたりだけで憧れのギリシアに旅をします。でも、束の間の幸せが過ぎて、ジョイはルイスと息子のダグラスを残して逝ってしまうのです。

「もう一度ママに会いたい」と言うダグラスを抱きしめて、「ぼくも会いたいよ」とルイスは子どものように泣き叫びます。かけがえのない愛に目覚めた初老のルイスに、耐えられない痛みと苦しみが容赦なく与えられるのです。

ジョイが死んでから、舞台はまた、ルイスの演説の場面になります。

「実体があるように見えるこの世は、影の世界に過ぎない。真の世界はまだはじまっていないのです。だがジョイが亡くなったいま、ここには影はありません。あるのはただ、暗闇と沈黙と子どものように泣き叫ぶ痛みだけです」とルイスは叫ぶのです。

久しぶりに三時間の長い舞台でした。しかし歌ったり、踊ったりの騒がしい舞台と違って、この芝居は、実にていねいに会話が重ねられ、大人の心理の微妙な揺れを描き出すせりふ劇で、芝居の醍醐味を味わった三時間でした。

作者のウイリアム・ニコルソンが書いています。「芝居の主題が私たちみんなに共通しているということもあるでしょう。喜びには、必ず最後に、失う痛みが伴うものだと分かっていても、愛することはそれだけの危険を冒す価値があるだろうか？　死に直面しても、それでも愛せるものなのか？　これは英国的でも、日本的でもありません。人間的なのです」と。

『シャドー・ランズ』――影の国、副題が「ジョイ、みんな影にすぎないのだから」。芝居が終わってからも、影の国のイメージが私からずっと離れません。どんな国なのでしょうか……。

愛とは？　人間とは？　この普遍的な問いかけを、客席で涙を流しながら観ていた私にくださった『シャドー・ランズ』の舞台を忘れることはないでしょう。

（『月刊クーヨン』１９９７年2月号）

岩手県湯田町のぶどう座
――つくり手と観客で創る地域演劇

昨年一一月から今年一月末まで、劇団仲間公演『森は生きている』の舞台に出演していました。北海道稚内からはじまった旅公演は東北、近畿、九州、能登そして関東と続き、東京では池袋芸術劇場と、なかのZEROホール。計一六七八回の舞台が去年最後の仕事でした。

全国にたくさんの文化会館が建ち、ホールができましたが、多目的ホールが多く、演劇専門ホールはまだまだ少ないのが実状です。一〇〇〇人以上の客席では顔の表情は何もわかりませんもの。客席は最大限八〇〇席から五〇〇席でしょうか。舞台は袖も奥行きもあってと……、毎日毎日、条件の変わる舞台での仕事は言いつくせない苦労があります。特に子どもたちにとってよいホールは……、と考えるとき、遅れている日本の状況をいやというほど認識せざるを得ないのです。

地域発信の文化を、地域にこそよい文化を、と言われている時代です。

東京を根拠に仕事をしている意味を深く考えなければと、『森は生きている』の旅公演を通して思いました。

東北新幹線で岩手県の北上へ行き、北上と、秋田県の横手をむすぶ北上線に乗り換えて一時間、「ほっと湯田」に着きました。駅舎の中に温泉があり、〝ゆ〟と書いた大きなのれんが掛かっています。北上川にそって走る車窓からの眺めは美しく、その日は冬になって二度目の雪が降る日でした。山また山、積雪二メートルになるところです。駅前には、うどんやさん、雑貨やさんが見えるくらいで何もない駅前風景です。

岩手県湯田町は、かつて「平泉三代の黄金文化のもとは、この地域から産出された」といわれたほどの鉱山地帯があった時代もありましたが、一九六四年にダムができたことで人口の六分の一が移転しました。やがて鉱山が閉山、かつては一万二〇〇〇人だった人口も現在四四〇〇人と過疎化が進みました。

この湯田町に生まれ、育った川村光夫さんの主宰する業余劇団岩手ぶどう座が生まれたのが一九五〇年——昭和二五年。今日まで〝地域演劇〟という名をかかげて演劇を創り続けていらっしゃる方々です。外国でも上演された『うたよみざる』、今年のお正月に前進座が宮澤賢治名作劇場として上演した『鹿踊りのはじまり』は、私の大好きな川村光夫さんの作品です。

五〇年近くの歴史を持つ岩手ぶどう座、そして川村光夫さんの活動があったからこそ、一九九三年一〇月、湯田町に、ゆだ文化創造館——銀河ホールがオープンしたのです。銀河ホールは客席数三三八席、パリのオペラ座、東京の歌舞伎座をお手本にして、イギリスのスワン座に似た建物です。

ロビーからの眺めは絵のようです。川を挟んで山々が連なり、しんしんと降る雪景色はいつまでも見あきることはありません。客席の床は木、冷たい雪道から来たひとを暖める床暖房、両はじには畳の桟敷席があり、必ずそこに座ると決めている方があるとのこと、上を見ると格子柄の回廊になっています。暖かく人間を包み込むような客席です。

湯田町役場観光課に三〇年いらっしゃった新田満さんが、このホールの責任者です。「演劇も、音楽も全くの素人です」とおっしゃる、エネルギーあふれる東北弁の男性でした。その新田さんが演劇にすっかり魅せられ、演出を手がけたとのお話にはびっくりしました。

ここで『森は生きている』を上演したのです。満員のお客さまで、ひとり一三〇〇円、親子ペア券一五〇〇円でした。

銀河ホールは、年間四〇億円の町の財政から一三億円をかけてつくられました。ホールには円形の建物が併設されています。稽古場です。町の行事のすべてが、学校の子どもたちの行事のすべてが銀河ホールで行われるのです。

年間入場料収入四〇〇万円、町からの助成金一八〇〇万円で、すべてがまかなわれているとの新田さんのお話でした。「本当に優れた良いものを上演してゆきたい。それはこの地域のひとたちが本当に欲しているものでなければならない。専門家のひとたちがここに住みついて、地域にこだわり、一緒に芝居を創ることができたら」と、目を輝かせて新田さんは話してくださいました。「東京で演劇を創っているひとたちは本当に演劇を愛しているのですか。商業主義に侵されているのではないのですか」と……。

川村光夫さんはおっしゃいます。

「私たちの演劇が成長するということは、そのまま観客が成長するということとまっすぐにつながっているものである。そして上演した一つひとつの演劇の意図したものと、私たちの生活態度とがつながっていないならば、私たちはそくざに批判されることとなるのである。それは素朴ではあるがきびしい批判である。私たちは周囲の私たちの観客と無縁の存在となってはならない。私たちが創り上げたいと望むものと、観客がみたいと思うものと――観客自身気づいていないこと、観客の中にねむっているものも含めて――この二つがぴったりと重なったところで私たちの演劇を創造してゆかなければならない」
地域という言葉がなんと新鮮に聞こえるのでしょう。私が創っている演劇は、東京で仕事をしているということの意味は何なのでしょう。

（『月刊クーヨン』1997年3月号）

劇団昴《すばる》『嘘つき女・英子《ヨンジャ》』
――従軍慰安婦にされた韓国女性の告発

桜が満開です。昼の光の中でも、夜の暗闇の中でも何と美しいのでしょう。中央線中野駅と東中野駅の間、一段低いところを走っている各駅停車に乗って、線路にそっての桜並木と、その根本に咲く真黄色な菜の花の、ピンクと黄色と緑を眺めるのを毎年楽しみにしております。

桜の中を巣鴨駅から千石の三百人劇場へ。現代演劇協会、劇団昴《すばる》の根拠地でもある劇場です。閑静な住宅街にある、この三百人劇場は中国映画、韓国映画を上映するホールとしても特色のある場所です（老朽化に伴い二〇〇六年末に閉館）。

この劇場で、ふじたあさや作・演出『嘘つき女・英子《ヨンジャ》』が上演されました。韓国の俳優三人の出演です。

舞台には韓国語の新聞紙を貼ったパネルが三枚。主人公、英子を演じるチマ・チョゴリの金恩英《キムウンヨン》さんを真ん中に、一人で何役も演じる男性、金勝徳《キムスンドク》さんはカーキ色の韓国服。いろいろな楽器を扱い、歌声を響かせる梁容銀《ヤンヨンウン》さんは黒の韓国服です。

物語の場所はソウルの裏町。年老いた英子を、日本から新聞記者の男性が訪ねてきます。英子はその記者に、一四歳の時、食堂で働き口があるから、白いご飯が食べられてお金もたくさんもらえるから、と言われて日本に連れて行かれたという、過去を話し始めるのです。

だまされて日本軍従軍慰安婦に売られた英子は、カロリン群島にあるパラオという所へ送られ、日本軍の慰みものとなるのです。純潔を命と同じと思っている英子は自殺をはかるのですが、憲兵に見つかり、ひどい暴行を受けるのです。想像することもできない生活の毎日を、彼女は韓国独得の片足を立てて座るポーズで、客席に語りかけてきます。すごい迫力です。

赤いリボンを長い髪の毛の先に結び、一四歳のかわいい少女に、髪の毛を長い棒でまとめて老女に、と金さんが次々と演じ分けながら、話は進みます。英子は四年の慰安婦の生活の果て、故郷に帰ってきます。そして結婚せず、いまわしい過去を隠して一人で生きてきたのです。

若い新聞記者は、英子に向かって、あなたは嘘をついているのではないか、と言います。中国大陸の南京大虐殺はなかったと言う日本人、従軍慰安婦はその商売が好きでやっていたのだと言う日本人。嘘をついているのは誰なのか、あなた達日本人なのではないのですか、と客席に問いかけているのでしょう。

韓国に行くのが、どうしてなのか、こわいと長いこと思っていました。

ソウル芸術大学演劇科教授金雨玉《キムウオク》さん、ドキュメントの監督金時雨《キムシウ》さん、演劇評論家金美都《キムミド》さん、劇作家李康白《イガンペク》さん。大切なお友だちに会いに、ソウルへ一人で飛んでいく今日この頃なのですが。

デンマーク演劇祭でご一緒になった金雨玉さんは「侵略したことのない国はどことどこなのでしょう」とおっしゃいました。私、日本を除いて、外の方たちは侵略したことのない国の演劇人ばかりでした。美しい女性、金美都さんとのビヤホールでの会話。「中国の男性と韓国の女性は素敵、嫌な男性は日本人、でも巴子さんは別格だから」と。若い金時雨さんは「過去ばかりにこだわるのは止めましょう。二一世紀に向けて、どうしたら仲良くできるのか」と。

舞台で奏でられる太鼓、チャンゴ、ケンガリの美しい響き、そして魂を揺さぶるパンソリの歌声。体が物を言う、体が中身を表現する……。

三百人劇場の客席に座っている私たちを告発するように、体全体で英子は、いえ、俳優でなく、本当に従軍慰安婦だった英子がそこにいるのではないかと思えるほどの迫力で訴えてきます。

お互いに忘れてはいけない事実をはっきりと認識し、真実を見つめる努力なしに韓国と私たちの新しい関係は生まれてこないでしょう。

今日の舞台は何と重苦しく、心にずしんと痛みが走ります。でも、私には美しい舞台でした。

この舞台は韓国独得のマダン劇のスタイルを取り入れているとのこと。三人の優れた演技力、歌唱力、演奏力は韓国の俳優の質の高さを見せてくれました。主演の英子を演じた金恩英さんはこの演技で、'95俳優ベスト5の一人に選ばれたとのことです。

昨年の秋、ソウルで幕を開けた舞台は四七ステージを経て、ようやく日本での上演にこぎつけました。

「事実を認めようとしない恥知らずの政府を、ぼくらが選んでいる以上、責任はぼくらすべてにある。なんとかしなければ、恥ずかしくていられない——そういう思いが『嘘つき女・英子』を書かせた」と、ふじたあさやさんは書いてらっしゃいます。

客席に座っている人たちのなかに、従軍慰安婦の問題にかかわった男性はいないのかな、と思ったのは私だけだったのでしょうか。

昔は駕籠町といった三百人劇場の裏の道を、また桜を眺めながら帰途につきました。

（『月刊クーヨン』１９９７年６月号）

青年劇場『こんにちはかぐや姫』

——中国残留孤児と家族の歴史の一頁

今の時代をどうとらえて私たちは演劇を創るのか。そして舞台を通して観客と一緒に何を創ってゆくのか。秋田雨雀・土方与志記念 青年劇場の創作劇の一つひとつが、私の胸に必ず何かを確実に残してゆくのです。

瓜生正美／脚本・演出『こんにちはかぐや姫』（北野茨／作『こんにちはかぐや姫』『家族』より）、新宿の朝日生命ホールで上演です。

中華人民共和国の国立北京芸術大学で六年間、中国古典劇の勉強をして帰ってきたお嬢さん、韓国・ソウルから東京の大学に来て六年間、文芸評論の勉強をしているお嬢さん、二人の若い友人と出かけました。

原作者の北野茨さんは青森県立三沢高校の教師で、高校演劇のために多くの作品を書かれているお一人です。

青森県立八戸高校の小寺隆韶先生の『かげの砦』。一九七二年第一八回高校演劇全国大会最優秀賞を受賞しました。『かげの砦』も一九七六年に青年劇場が取り上げ、堀口始さん演出でロングランを記録しました。高校演劇の劇作家の作品を多く取り上げ、現代の学校教育に、高校生に大きな力を及ぼしているのです。

物語の舞台は九州、東シナ海を臨む港町。香姫——可愛い中国からの帰国者が牛塚学園高校二年生に入学するところからはじまります。中国残留孤児のお母さん、中国人の養祖母、兄、弟との五人で、お母さんの故郷に永住帰国するのです。

香姫は日本語を早く覚えるために演劇部に入りたい。けれど演劇部は女子禁制。二〇年前、学校が荒れに荒れた頃、持て余し者を集めて兵頭先生が作ったといういわれのある演劇部なのです。

ウーミン、カマン、ゴルゴ、ギーゴ、ヤンマー。おかしなあだ名の個性あふれる男性部員たちとのすったもんだの末、香姫は入部します。

身を寄せたおじいさん一家での習慣の違い、そしてお兄さんの就職の困難と大変な生活の毎日。また香姫のお母さん一人を満州においてきたおじいさんの心の痛み。

文化祭で『かぐや姫』を演じることになった香姫の毎日の稽古が進むなかで、香姫一家は、ついに町を出て、都会へと行くことになるのです。

男の子たちは「香姫は僕たちが守るから、ここに残れ」というのですが、香姫は「家族はいつも一緒にいなければ」と泣きながら……。

そして文化祭の日を迎え、公演の幕が開くのです。この最後の場面で、高校生を演じる若い俳優さんたちは、芝居なのか、本当の自分なのか、分からないくらいの熱演でした。

中国語をしゃべり、太極拳を舞う香姫役の重野恵さんの何とも言えないニュアンスの日本語、笑いの中に涙を誘うドラマでした。忘れることを得意とする私たち日本人に、決して忘れてはいけないこととして、たくさんの問いかけをした舞台です。

なぜ中国残留なのか。あの一五年戦争は何なのか。満蒙開拓団とは何なのか。教育の中では決して教えてこない、これらのことを、高校教師として教育の現場から、生徒と一緒に演劇を創り、私たち大人に突きつけているのでしょうか。

なにが私を引きつけるのかというと、原作の北野茨さんの子どもたち、高校生を心から信頼し、親身になって共に生きてゆく姿が見えてくることでした。脚本・演出の瓜生正美さんが、そこに重なってゆきます。

一九八八年の秋、北京から列車で三三時間、ソ満国境に近い白城子《パイチョンズ》から車で二時間、内蒙古自治区ウランホトに行ったときのこと。それまでに旅をした中国とはまったく違う中国の姿に接し、驚きでいっぱいだったのを思い出しました。

一九六五年訪中新劇団の一員として、滝沢修さん、杉村春子さんを団長に、三カ月にわたる中国訪問が、私の最初の中国への旅でした。

それから何回中国を旅したでしょうか。戦後ほとんど日本人が入っていない内モンゴルのウランホトで、残留孤児の三人の方にお目にかかりました。男性が一人、女性が二人、私と同年代です。男性はフフホト大学を出て中学の校長先生に、女性の一人もフフホト大学出身で小学校の校長先生、もう一人の女性は馬車引きの養父母に養われ、転々と場所を変え、学校には一度も行ったことがないと。大学を出たお二人は、中国の養父母にどんなに感謝してもしきれることはないとおっしゃっていました。目の前にいらっしゃる三人に何と申し上げてよいのか、胸のふさがる想いでした。私たちのことを歴史の一頁にぜひ書き残してほしいと、目に一杯の涙を浮かべておっしゃった三人のお顔が今でも目に焼きついてはなれません。『こんにちはかぐや姫』を観た日本の方達が、なぜ、なぜ、と深く問いかけてほしい……。

韓国のお嬢さんは「日本人は甘いなあ。もっともっときびしく本当のことを知らなくては」と。ほとんど中国人かと思われるほどの、もう一人のお嬢さんは「日中友好のためにと、カーテンコールで歌う歌は、中国の美しい民謡を歌ってほしい」と。

三人で遅い食事をとりながら、話は尽きませんでした。

（『月刊クーヨン』1997年8月号）

高瀬久男作・演出『この空のあるかぎり』

――いじめの構造を問いかける

「いじめ」という言葉が、新聞に、雑誌に、テレビにと毎日出るようになったのはいつごろからなのでしょうか。

暑い、暑い七月、東京・渋谷の児童会館ホール、珍しく夜の公演です。

『この空のあるかぎり――いじめに気づいていますか』。作・演出／高瀬久男、企画・制作／オフィスピラマイア、出演はオーディションによる若い俳優一一人。

会場はほとんどが大人の観客です。ほんの少しの中学生がやたらに大きな声で笑ったり、声を出していました。「いじめ」を真正面から取り上げた舞台は初めてでしょう。

文学座の演出家高瀬久男さんは、ここ何年間子どもたちへの舞台を意欲的に創っていらっしゃる、私にとっても注目している演出家のお一人です。

若い俳優さんとワークショップを、丁寧なディスカッションを経て、一緒に舞台を創っていくという、大変興味のある演出家です。

舞台の主人公は高校三年生、中谷勉くん。平穏無事に高校生活を送り、大学進学を目指しています。

中学二年の時、いじめを苦に自殺した同級生の山田貴大くん。中谷くんは彼を忘れていたわけではないけど、ことさら思い出すこともなかったある日、中学・高校と同じ学校でありながら何の付き合いもなかった松本優子さんとの出会いで、いじめの記憶がよみがえります。直接いじめに加担しないが傍観者的な存在だった中谷勉くん。ちょうどそんな時、妹の綾がいじめにあっていることがわかり、他人事であったいじめが現実の問題としてのしかかってきました。

舞台は現在と四年前の中学時代が交錯して演じられます。自殺した山田貴大くんは自分をいじめられる立場に置くことで、何となく居場所を見つけている。おどけて皆を笑わせ、これはいじめではなくて友だちどうしの戯れなんだと自分に言い聞かせ、皆にアッピールしていく。そして自殺していく。

何と痛々しい、胸がしめつけられるシーンでした。いじめる加害者、いじめられる被害者、そして観客がいて、傍観者がいるという現在のいじめの構造。直接何もしていない、でもいじめに加担している傍観者の立場の中谷勉くん。中谷くんのなかで何が起こっていくのか、このことが、私にとって一番興味のある問題として舞台を見つめていました。

子どものいじめの構造そのものと同じように私たち大人の日常のなかに同じことが、いえ、もっとひどいことがありはしないのか。見て見ないふりをする、自分さえよければいい、ということがたくさんあるのを大人は忘れているのかもしれない。

若い俳優さんたちばかりの舞台は、私にとって羨ましいくらい躍動的です。でも現在の日常を演じることがどんなに難しいかということもわかりました。もう一歩深くと思いました。

山田貴大くんのお命日。お墓参りに、久しぶりに同級生たちが集まります。そこに山田貴大くんのご両親も……。若い俳優さんが演じるお父さんとお母さん、その通りに演じるのではなく、もうひとつひねって……、いえ、いじめたと告白する坂本くんを許し、友だち皆をやさしく包む両親、人間として色々なものを背負って、そしてなおかつ、やさしい両親。それを演じるための二重構造、なんと難しいのでしょう。これは私が自分に言い聞かせているのかもしれません。

役者紹介のパンフレットを見ると、なんて若く、かわいいお父さん、お母さん役なのでしょう。無理もありません。

高瀬久男さんが書いていらっしゃいます。

「人間の演劇を目指して」「演劇は感動であり、発見であり、喜びである」「心が揺さぶられる高まりは豊かさへの第一歩であると考える。何においても豊かであるということ、何であれ、心に豊かさを芽生えさせることができる、人間の演劇を目指したい」「心にとって有効であることを信じて。答えは舞台上にはない。観客の心の中で答えが育つ芝居作り」と。

そうです。心が揺さぶられる高まり、それを求めて客席に座るのです。

イプセンが「私は答えをだすのではない。私は問いかけるのだ」と。そしてチェーホフは「芸術は問題を提示する。科学は答えを出す」と。このことを評論家の尾崎宏次先生に伺ったときの何とも言えない胸の高まりを忘れることが出来ません。

高瀬久男さんは大人の演劇も、子どもへの演劇も区別はないとおっしゃいます。『この空のあるかぎり』を観た子どもたち、大人たちが、自分自身を深く耕して、問いかけを少しでも広げることが出来たら、と思うのは私だけではないでしょう。

そうです。舞台に解決はないのですから。高瀬久男さんの次の舞台を待っています。

（『月刊クーヨン』1997年9月号）

世田谷パブリックシアターでの『コルチャック先生』
——子どもたちと一筋の道を

八月、何と暑い毎日でしょう。外国からは六、七、八月の三カ月間のヴァカンスのお便りをいただきますのに。

でも日本人にとって忘れることのできない暑い八月。私も八月六日、新宿文化センターで、『ヒロシマデー一九九七』と題しての舞台で、ヒロシマ——チェコ・テレジンのユダヤ人強制収容所を語る舞台に出演しました。

三五度の暑い、暑い八月一〇日、東京・三軒茶屋に近ごろオープンした世田谷パブリックシアターに出かけました。駅からそのまま劇場に。世田谷区の建物の中にある世田谷区が作った劇場です。客席に座って高い高い天井を見上げると、真っ青な空にぽっかりと雲が浮かんでいます。パリのオペラ座の天井がシャガールの絵でおおわれているように……。客席七〇〇の劇場です。

『コルチャック先生』――台本／いずみ凜、演出／太刀川敬一、音楽／加藤登紀子、美術／高田一郎、照明／吉井澄雄、プロデュースは朝日新聞社と劇団ひまわり、大がかりな舞台です。

ヤヌシュ・コルチャック先生役は加藤剛さん、子どもたちが八〇人、総勢一三〇人余りの出演者です。また、ポーランドの代表的な映画監督アンジェイ・ワイダさんの映画『コルチャック先生』に近づけたいとのことから、監修／アンジェイ・ワイダとなっています。

ポーランドの首都ワルシャワで一八七八年に生まれたコルチャック先生は、ポーランド軍の将校、そして医者、文学者としても名高い人です。ポーランド人の孤児院「ぼくたちの家」、ユダヤ人の孤児院「みなしごの家」をつくって、子どもたちと一緒に生きてきました。ここでのコルチャック先生の教育は「子どもの議会」「子どもの権利」「子どもの法典」と、上からの強制や管理ではなく、子ども自身による自治に委ねたのです。

舞台は、ユダヤ人であるというだけの理由でコルチャック先生が「ぼくたちの家」を追われるところから始まります。一九三九年ドイツ軍がポーランドに侵攻、ワルシャワはナチスの占領下におかれるのです。壁と有刺鉄線で囲まれた特別居住区ワルシャワ・ゲットー。二キロメートル四方の中に五〇万人のユダヤ人がひしめきながら生活させられました。「みなしごの家」の子どもたち二〇〇人とコルチャック先生もそのなかにいました。寒さと飢え、そして病気、心までむしばまれてゆくのです。

時には子どもたちと一緒に歌い、踊り、そして、二〇〇人の子どもたちの食料を、また援助の全くなくなった「みなしごの家」のために寄付金を集めに、足を引きずりながら、誇りも尊厳も捨てて歩き廻るコルチャック先生の姿が描かれていきます。ゲットーの外のポーランド人たちはコルチャック先生を助けようと何度も説得するのですが、先生は子どもたちと共に生きることを選び、子どもを愛する自分のために必要なことだと言い切るのです。

私たちには想像することもできない状況の中で、一筋の道を歩いてゆくコルチャック先生。何と表現したらよいのでしょう。ワイダ監督は「この希有な人間」と書いていらっしゃいます。

真面目に作品に取り組むと評判の高い、澄んだ演技をなさる加藤剛さんはライフワークとして、毎年夏に上演したいといわれているとのこと、大変な意気込みです。また、八〇人もの子どもたちを舞台にのせることだけでも大変なこと。劇団ひまわりでなくてはできないことでしょう。

演出の太刀川敬一さんも子どもたちを動かすことの大変さを話してくださいました。最年少の可愛い坊やは六歳とのこと。実に整然と、そして何と達者に演じているのでしょう。下手な大人の俳優は太刀打ちできません。

人間が同じ人間をどうしてこのように狂気や暴力によって、いえ、悪魔のように扱うことができるのでしょうか。ヒトラーも人間、コルチャック先生も人間なのです。

ユダヤ人を殺すためだけにつくられた絶滅収容所トレブリンカに向かうプラットホームで、コルチャック先生の特赦の知らせが届くのです。「私だけですか。子どもたちは」と先生。「どうしていつまでも、こんな子どもたちにかかわっているのか」との問いに、コルチャック先生は二〇〇人の子どもたちと一緒に貨車に乗り、永遠の旅に出るのです。

過去に起きたことをきちんと見る目を持つことのむずかしさを感じている私にとって、韓国からの女子留学生金順福《キムスンボ》さんの言葉はこたえました。

世田谷パブリックシアターでの『コルチャック先生』

「原爆もアウシュヴィッツもよいけれど、日本人は自分たちが侵略した側の人間だということを忘れているこ とがあるのではないですか」と。アウシュヴィッツを、ヒロシマを、ナガサキを語るとき、舞台をつくるとき、深く、深く、深く考えて優れた舞台をつくらなければならないのでしょう。

残念なことに七〇〇の客席はほとんど大人なのです。コルチャック先生の提唱した理念が「子どもの権利条約」に息づいている今日、たくさんの子どもたちに観てほしいと思いました。

二時間三〇分の舞台が終わっての帰り道、私の横の中年女性二人の会話が聞こえてきました。

「本当に良かったわね。私たちがユダヤ人でなくて」「ほんとね」

私は何と答えたらよいのでしょう。


（『月刊クーヨン』1997年10月号）

坂東玉三郎の『夕鶴』
——山本安英の舞台を継承して

銀座通り、京橋近くのセゾン劇場。キャンセル待ちのお客様がずらりと並んでいるのにはおどろきました。

きれいに着飾った中年すぎの方ばかり、学生さんらしき若者は三人で、新聞紙を敷いて座り、飲んだり食べたりしています。

私もやっとのことで切符を手に入れることができ、楽日に近い舞台を観ることができました。初日には全席売り切れていたとのこと。地方からお見えになるお客様が多いのには、劇場側もびっくりしているとのことでした。

木下順二作、栗山昌良演出『夕鶴』、銀座セゾン劇場。つうを演じるのは坂東玉三郎、与ひょうは渡辺徹（テレビでおなじみの俳優と言ったほうが良いでしょう）。

『夕鶴』は、一九四九年から一九八六年まで一〇三七回、山本安英さんが一人で演じられ、生涯の当たり役となさった、日本の演劇を代表する舞台です。

上手のひなびた屋台の奥から姿を現したつうは、真っ白な着物にさっと黒でひとはけした衣装、赤の衿がのぞき、長い髪には赤いひもがむすんであります。袖口にもちらりと赤が。あの端正な美しい鶴です。そして、山本安英さんが現れたのではないかとおどろきました。山本安英さんの舞台を何回拝見したのでしょうか、あの美しいせりふがよみがえってきました。

人の良い、子どものような与ひょうは、ある日、矢の刺さった鶴を助けます。しばらくして、美しいつうが女房にしてくれと、与ひょうのところにやって来ました。二人だけの生活、つうは鶴の千羽織りと言われる、それは美しい織物を織って、与ひょうを喜ばせるのです。

高いお金で売れる、その布地に目をつけた惣どと運ずは、「もっとつうに布を織らせろ」と与ひょうを脅かすのです。

でも、つうは愛する与ひょうと二人きりで暮らしてゆこう、ほかの誰ともつき合わないでほしいと、そしてもう布地は織れないと言うのですが、「都さ行きたい、お金が欲しい、わしは出てゆく」と子どものように駄々をこねる与ひょうのために、不安を抱きながらも最後の布を織るのです。織るところを決して見てはいけないと何度も念を押して。

しかし与ひょうが約束を破ってのぞくと、つうの姿はなく、鶴が布を織っていました。最後の力をふりしぼり、鶴の羽で織った二反の布をもって、やせ細ったつうが出てきます。衿の赤が白に、髪の赤い布も白になっていました。力なく一羽の鶴が飛んでいく空に向かって、つうを探し求め、「つうよう」と呼びかける与ひょうの声で幕がおりるのです。

美しい舞台でした。美しすぎる玉三郎のつうでした。

「あんたが好き」「おかね、おかね」山本安英さんの何とも言えない美しい物言い、そして音程を見事に継承しての玉三郎のせりふ。演出の栗山昌良さんが書いていらっしゃるように「情に溺れぬ日本語の科白、明晰な論理によって語られた日本語の戯曲」。木下順二さんのすばらしさに、あらためて胸を打たれました。団伊玖磨作曲のオペラ『夕鶴』、そして去年の中国古典劇、昆劇による『夕鶴』以外は許可されなかった『夕鶴』の舞台が歌舞伎俳優坂東玉三郎によって上演されたことの意味、そして山本安英さんが生涯をかけてつくられた『夕鶴』が今日の舞台を観てはっきりと判ったような気がしているのです……。

私たち新劇の在りようを問われているのではないかとも思えるのですが……。現在の私たちの在りようよりずっと、ずっと先を歩いていらっしゃった山本安英さんが、玉三郎の舞台を観ている私に迫ってきました。

木下順二さんは一九四三年に民話劇『鶴女房』を書かれ、戦後一九四九年に現代劇として書き直した『夕鶴』を発表されました。「鶴の恩返し」という民話を素材として、木下戯曲『夕鶴』が生まれたのです。人間として愛するということ、人間を信頼するということ、そしてお金とは……、現在の私たちに、『夕鶴』の美しい舞台から鋭い問いかけをしているのです。

与ひょうが〝都さゆきたい、もう一枚布を織ってくれ〟と言って、ごろっと横になり寝てしまったあと、つうは与ひょうの寝顔を見ながら「もう一枚だけあの布を織ってあげるわ」と、着物の両袖を羽のように広げ、与ひょうを抱くようにおおいかぶさってゆくのです。何と美しいラヴシーンでしょう。つうの純粋な愛情表現として山本安英さんが考えられたのです。

あくまでやさしく、伸びやかな玉三郎。あくまでやさしく、烈しく強い山本安英さん。お二人とも何と生き生きとつうを演じられているのでしょう。

女性ばかりと言っても過言でない満員の客席から涙する声が聞こえました。

「あたしのほかにはなんにもほしがっちゃいや。……あたしだけをかわいがってくれなきゃいや」。つうは言うのです。

また、新しいすばらしい舞台が生まれました。

（『月刊クーヨン』１９９７年11月号）

オペレッタ劇団ともしびの訪韓公演
——文化交流の枠を越えた深い友情

韓国・ソウルの秋は何てさわやかなのでしょう。真っ青な空、ひんやりと冷たい空気、どこにいても山の見えるソウルです。ホテルの窓の目の前には緑に覆われた南山《ナムサン》が美しい姿を見せてくれています。いつ来てもほっとするソウル。石焼きビビンバ、冷麵と、食いしん坊にとって外国での食事は楽しみでいっぱいです。ソウルに日本から劇団が来て、大変好評だとうかがいました。

オペレッタ劇団ともしび公演『金剛山——クムガンサン——の虎たいじ』他、原作／岩波少年少女文庫『ネギをうえたひと』(金素雲《キムソウン》編)、『トケビに勝ったパウイのお話』(金両基《キムヤンキ》)、構成・演出／関矢幸雄。三回目の訪韓公演で、今回は一カ月二五ステージ、約七〇〇〇人のお客様を迎え、驚いたことに韓国語での上演とのことです。

訪韓の報告をかねた公演を東京・中野ゼロホールで観ることが出来ました。

韓国民族衣装を着た俳優たちは美しい声で歌い、踊り、せりふを。民族楽器ケンガリ、チャング、アジェン、パラ、ナルラリも演奏します。そして風刺のきいた韓国の民話を仮面人形で上演します。この人形が気に入りました。紙の大小さまざまな、実に愛らしい人形です。黄、白、緑、青、赤の背丈くらいの五色幕が唯一の舞台装置です。天上と地上、山と平地を表現しているとのこと。人物の出入りもあり、人形劇の舞台にもなります。

世界中どこの国にも長く書き伝えられてきた民話は、人間の力強さ、賢さ、そしてユーモアと機知に富んだものばかりです。韓国を身近に感じられる舞台になっています。

『トケビに勝ったパウイのお話』。パウイ少年が相撲大会で、すべての大人をしりぞけ、小牛をもらいます。帰り道、トケビに出会い、小牛をねらわれるのですが、少年の知恵で大きなトケビを撃退するというお話です。相撲大会は小さな小さな人形で演じられます。天井の高さまで上がる、とてもとても大きいトケビは白い布でつくられ、大きな目と大きな手が特徴です。このトケビが少年によって小さく小さくなるのですから、子どもは大喜びです。トケビは日本の民話で言うと巨大な座敷ワラシでしょうか。何とも愉快で心温まるお話で、大きな大きなトケビがとても可愛いのです。

『金剛山の虎たいじ』では、金剛山に虎を捕まえにいったお父さんが帰らず、一人息子があらゆる鉄砲の修行の末、心配するおかあさんを残して虎退治に出かけます。次々と虎を退治するのですが、最後に大きな虎に食べられてしまいます。虎のおなかの中で息子はお姫さまと会い、刀で虎の皮を裂いて出てくるのです。おなかが痛いと泣く大きな虎がかわいそうでたまりません。

何から何まで韓国の手法を取り入れた舞台を韓国の人たちはどう観たのでしょうか。韓国人に親しみのある動物、虎を日本人が退治するというのは、日本が韓国を侵略する話だと、第一回目の公演の時に問題になったという話も聞きました。ソウル新聞には「我々が日本を排斥し反対しながら騒いでいる間、日本は我々を知ることに傾いていたという話が新しく実感をもちながら、まず驚嘆する前に恥ずかしさを覚えた衝撃の舞台であった」と。

韓国の児童・青少年演劇を何回かソウルで拝見しましたが、残念ながら良い作品に出会ったことがありません。こんなにたくさんの伝統と素材を持ちながら、ほとんどが外国作品でまだまだ未熟な舞台でした。大人のための舞台はほとんど創作劇で、高い水準なのにと……。日本が歩んでいる道のりと同じように。韓国児童青少年演劇の大変さをいつも感じているのですが。

オペレッタ劇団ともしびの韓国公演は文化交流の枠を越え、いろいろな問題をお互いに投げかけたのでしょう。

最近、ヴェテランの新劇俳優さんが初めて韓国に旅行を、と思ったのですが、劇団の人たちから止めるようにとの話があって、残念ながら行かれなくなったとうかがいました。北朝鮮に一度行ったことがあるから尾行がついたら大変とのことでした。驚きました。近くて遠い韓国なのです。

イギリスのロンドンを、アメリカのニューヨークをよく知っていても韓国のことは知らない人が大勢いるのでしょう。私の子どものような留学生金順福さんにこの話をしたら、目をくるくる動かしながら、大声で笑いました。「これ以上ハングル語のセリフは上手くならない方がいいと思います。と言うのも姿形はそっくりで、民族衣装を付け、韓国の昔話をこれだけの水準で演じると、日本人はこれ以上何をしようとしているのかと、うがってしまうからです」。観客からのメッセージとのことでした。

世界の美しい衣装の一つであろうチマチョゴリ、一度着てみたいと思っている私です。

来年は韓国の地方、観劇の機会のない子どもたちのところに舞台を届けるとうかがいました。オペレッタ劇団ともしびのお仕事が、海を越えて韓国との新しい関係と深い友情をつくりだしてくださるのでしょう。

（『月刊クーヨン』１９９７年12月号）

『マイ・ラヴレター』
——高知県春野町ピアステージの歴史に残る舞台

高知県吾川郡春野町。高知市の中心から車で三〇分、高い丘を一つ越えた、海に近い農村です。のんびりとさわやかな空気に包まれ、コスモスの花が一面に咲き乱れるなかを春野町文化ホール・ピアステージに車を走らせました。見渡す限りの畠の真ん中、一段と高いところに建つ真新しい建物がピアステージです。

広い車寄せを通って玄関に。オープンして二年目、吹き抜けの広い廊下、左が事務棟と図書館、右が客席五〇〇のホール。都会の冷たい感じの会館とは全く違い、春野町みんなの建物です、と言っているような空気が伝わってきます。

『マイ・ラヴレター』主催/高知県春野町教育委員会、演出/クラウス・ハーテリウス、出演/劇団仲間の四人の俳優。〝子どもたちの手紙でつくる新しい舞台〟と題して、去年(一九九六年)の『月刊クーヨン』一二月号に書きましたので覚えていてくださる方もいらっしゃるかもしれません(本書一二四頁参照)。高知県から、ぜひ今年も、もう一度上演を、とお話があったとき、めまぐるしく変わる状況の中で、今年も、子どもたちからの手紙が果たして新鮮なものとして、お客さまが、そして私たちが受け取ることができるのかと考え、手紙を読み返しました。

大人がつくっているこの世の中で悩み、苦しみ、人間として一番大切なものを求めている子どもたちの姿。表面だけは仲良くしてゆかなければならない、本当の友達がほしい。人を信じたい。自由にのびのびと生きたい。愛するってどういうことだろう。

人間が本来持っている想いが切々と語られるのです。一年経っても、いえずっと先になっても私たち人間にとって一番大切なものばかりが、きら星のごとく散りばめられています。四人の俳優もぜひ上演したいと。でも、演出家クラウス・ハーテリウスさんはスウェーデンからいらっしゃることができません。俳優たちがクラウスさんと一緒に創り上げた舞台をこわすことなく、もっときめ細かい稽古をするということで、俳優四人、舞台監督、そして私の計六人が二週間の稽古に入りました。

クラウスさんがおっしゃった言葉を皆で話し合い、大切にしながら、もう一段高いところに舞台を持ってゆきたいと。

芝居をするな、誰か一人でも目立とうとしたら、この舞台は失敗だ。クラウスさんの声が聞こえてきます。

何もない舞台、四人だけの舞台、俳優にとって、これほど大変なことはありません。でも、演劇の原点はこれなのです。

初日が春野町のピアステージ。舞台稽古を三日間取ってくださったこと、東京では考えられないのですが……。高知市内の宿舎まで朝九時に、課長さんの運転するワゴン車がお迎えに来てくださいます。お若い館長さんは長い髪をゴムで束ねていらっしゃるのには驚きです。もちろん、背広はお召しになっていらっしゃいません。事務所にもお役所の雰囲気が全くなく、何ともアットホームなのです。

初日、午後一時三〇分開演なのに、一一時三〇分には中学生が並んでいるのです。こんなに早く？と問いかけると「部活が終わってすぐに来たから。お弁当を食べて、おしゃべりすることがたくさんあるから大丈夫」という返事です。

春野町は高知市内まで車で三〇分という距離なのに、学校へは一度も劇団は来たことがないとのこと、びっくりしました。

今回は、学校で生徒だけに観せるのではなく、家族ぐるみ皆で観てほしいからと、館長さんの強いお考えがあってピアステージが初日となりました。館長さんのお考え通り、お年寄りから小学生まで、大勢のお客さまです。お年寄りは一人、一人、入り口で深く頭を下げてありがとうございます、とおっしゃってくださるのです。会場ではピアステージの腕章を付けた館長さんを先頭に、春野町のお父さん、お母さんがモギリ、会場整理に当たっていらっしゃいます。八〇％の入りでしょうか。運動会が一つあるとか、前の日課長さんは、明日雨になるようにと願っているとおっしゃっていましたが、当日はすばらしい青空でした。

何もない舞台、皆さんが考えている芝居とは全く違う舞台に、果たして春野町の方たちがついてきてくださるのか、と心配でたまりませんでした。

芝居を観終わり、「大人の責任をずっしりと感じて席を立てなかった」と館長さん。七八歳のおじいちゃんは「若い頃の自分の悩みがいろいろと思い出されてならなかった」と。「自分と同じことを考えて悩んでいる人がいることがわかって安心した」と中学生。

春野町ピアステージの歴史に残る公演とまでおっしゃってくださった春野町の方たち。四日間のおつき合いなのに別れるのが淋しいとおっしゃって、夜道をいつもの通り、課長さんの運転する車で送ってくださいました。

都会では決して味わうことのできない、心の通い合う素敵な春野町での出会いでした。

（『月刊クーヨン』１９９８年1月号）

ミュージカル『スクルージ』
——どんな名優も子どもにはかなわない

日本ではいつからあんなにクリスマスを祝うようになったのでしょう。クリスマスというと、昔々、幼稚園のクリスマス会で、マリア様になったことを思い出します。

クリスマスにはまだ一カ月ほどある一一月のある日、池袋・東京芸術劇場中ホールに出かけました。チャールズ・ディケンズ原作『クリスマス・キャロル』より、ミュージカル『スクルージ』。脚本・音楽・作詞／レスリー・ブリカス、演出・振付／チューダー・デイビス、衣裳デザイン／スー・ウイルミントン、美術／妹尾河童、照明／吉井澄雄、主催・製作／フジテレビジョン、産経新聞社、劇団ひまわり、と豪華な顔ぶれがずらりと書かれています。

一五〇年前に書かれた、英国の国民的作家チャールズ・ディケンズの『クリスマス・キャロル』を知らないひとはいないでしょう。一九九二年に英国での初演、それ以来世界をかけめぐっている舞台の日本での初演は一九九四年、一九九五年と今年で三回目の公演です。

主役の老人エベネザー・スクルージには、ミュージカルのスター、市村正親さん。そのほかには宝塚出身の旺なつきさん、二期会の北川潤さん、と多種多様な俳優が並んでいます。

そして劇団ひまわりの創る舞台の特徴は、大勢の子どもたちです。大人たちといっしょに、それはそれは達者に歌い踊り演技をします。一番小さな、松葉杖をついて演技をするティム坊や、北村優くんは何歳なのでしょうか。一年生にもなっていないのではないかと思われますが、子どもとは思えない演技、なんてかわいい歌声。

幕が開くとロンドンのチープサイド・ストリート。三階建ての商店街。酒屋さんも、おもちゃやさんも、そしてこの古い通りも現在の古いロンドンの風景かとびっくりします。そして窓。窓に明かりが入るといっそう美しく、妹尾河童、吉井澄雄のコンビはなんてすてきな舞台をつくったのでしょう。

表通りの建物が左右に開くと、貧しい人々の住宅街。古い建物が倒れないように太い材木のつっかい棒がされているようすが何とも言えません。正面奥には、有名なセントポール大聖堂の丸屋根が見えます。

新しくできた新国立劇場、帝劇の広い舞台……、でも東京芸術劇場の舞台の大きさにちょうどぴったりはまった装置が、とても温かく客席に伝わってくるのはなぜでしょうか。八〇〇の客席ということもあるのでしょうか。ただ大きければ良いというものではなさそうです。

女性の衣裳デザイナーによる落ちついた色合いのヴィクトリア朝の衣裳は、日本の舞台だけのオリジナルとのこと。

一番の贅沢はオーケストラ付きということでしょう。劇団四季が次から次へと、世界のミュージカルを日本で、と仕事を続け、戦後ミュージカルがすっかり定着してきたことは、大きな功績なのでしょう。劇団ひまわりがつくるミュージカル、夏に公演した『コルチャック先生』もそうですが、四季とは味がちがうようです。大勢の子どもたちが登場することによって一つの方向が定まってくるのかも知れません。

ディケンズは「貧乏」と共に子ども時代を過ごし、学校へ行けなかった無学へのコンプレックスに死ぬまで苦しんだと言われています。

クリスマス・イブは貧しい人も、お金持ちも、みな幸せになれる一年のうちで一番楽しい夜。スクルージが信じるのはお金だけ。クリスマスは無駄金を使うだけの日、自分とは何の関係もないと。お金儲けだけの人生の報いを教えるために、三人の精霊が現れ、スクルージを過去の世界へと連れて行くのです。クリスマスもなかった貧しい少年時代、美しいイザベルとの素晴らしい恋の日々……。この三人の精霊はとても楽しいキャラクターです。美しい天女のような人、骸骨の顔を持った人間の三倍も背の高い人、陽気で明るくおすもうさんのように大きく、すばらしい声で歌う人。この三人によって、スクルージは「サンタクロースだ」とも言われるように、やさしさと愛に目覚めてゆくのです。

六〇人近い登場人物、プログラムに書かれているスタッフも六〇人近い、いえ実際にはもっと大勢の人がこの舞台に関わったのでしょう。大人ばかりの客席でしたが、子どもだけの客席で一緒に観ることができると良いのですが。

「嫌いだね、人間なんて」「しあわせ」「どうもありがとう」「美しい日」とたくさんのすてきなうたが歌われます。お客さまを笑わせようとする演技、長く最後をのばす歌い方――これを何度も使われると、せっかくの市村さんの舞台が、と気になりました。どんな名優も子どもにはかなわないと言われているように、子どもたちはなんてかわいらしく、上手なのでしょう。

お金お金の今の世の中、これくらいのことではもう追いつかなくなっていると、一五〇年前のディケンズさんがどこかでささやいていているかも知れません。でもお金がたくさんあるからこそ、こんなに贅沢な舞台ができるというのも本当でしょう。あるところにはたくさんお金があるのかも知れません。


（『月刊クーヨン』1998年2月号）

調布市民演劇センター公演
――プロとアマが一緒に歩く

京王線つつじヶ丘駅北口下車、徒歩六分、甲州街道沿い、調布つつじヶ丘児童館。チラシを片手にようやくたどり着きました。小さなホールです。

入り口にずらりと並んで出迎えてくださったのは、皆さんお顔見知りの演劇の専門家の方々です。入場料五〇〇円、あふれるばかりのお客さまです。

調布市民演劇センター、創立記念第一回アトリエ公演の幕が開くのです。

去年の六月頃でしょうか。調布市に居住する何人かの演劇専門家が集まり、芝居を創ろう、劇団を創ろうと、調布市のひとたちに呼びかけたところ、五十人余のひとたちが集まりました。

集まったプロフェッショナルのひとも、アマチュアのひとも半年間、発声、肉体訓練の基礎から始め、稽古を重ねての発表となったのです。

作／人見嘉久彦、演出／岩村久雄、『お登勢と川』。舞台は幕末の京都伏見の船宿、寺田屋です。あの有名な寺田屋お登勢のお話です。かの坂本龍馬も登場します。

京都なまりの作品を書かれた人見嘉久彦さんも京都からお見えになっていました。劇作家であり、京都を根城に批評活動もなさっていらっしゃいます。最近では、国の芸術祭の審査員を務めていらっしゃる方です。

児童館の小さなホールの舞台に三〇人近くが登場し、全員の群読から始まります。

初めての舞台とあって、全員が舞台にと、昼夜の配役を替えるなど、いろいろと配慮されているのでしょう。私たちの悩みと同じく、客席には圧倒的に女性が多く、男性がもっと来てくれると良いのですが……。

演出の岩村久雄さんがおっしゃっているように、経済的なこともあって、〝浴衣ざらい〟よろしく全員普段着の浴衣で演じられるのも、私には新鮮にうつりました。

「すべての人間のなかに芸術がひそんでいる。あらゆる動物のうち、もっとも芸術的な動物は人間だ」

ドイツの劇作家ブレヒトも言っているように人間誰でも俳優になれるということなのでしょう。表現するということは人間にとって楽しいことなのです。

調布市民演劇センターには、勤め人、主婦、フリーの俳優、劇団所属の人々、おかあさんと高校生の娘さんとで出演しているひと、そして仕事の合間に手伝ってくれる専門家のスタッフのひとたちもいます。

いままで会ったことのない人々が集まり、一つの道を一緒に歩く。半年余りの稽古を重ねるうちに、かけがえのない人々に変わってしまうのです。演劇はひとりでは決してできません。

そして舞台を創るひとだけでは駄目なのですから。お客さま、何より大切な観客によって、舞台は初めて生きられるのです。

場所、観客、創るひと。この三つがあって、演劇は初めて成立します。

地方と言わず、地域というのだそうですが、東京にも地域があるのでしょうか。都心からちょっと離れた、畠もあり、深大寺植物公園もある調布の地に新しく劇団を創ろうとは……。そして、大勢の方が集まったとうかがって、またまた、びっくりしました。

調布市の無料で借りられる建物で半年間稽古を続けての公演、調布市民演劇センターが生まれたのです。

ただただ一生懸命に舞台に立っているひとたち、「私はちょっと皆とはちがいます、プロなのです」と言っている主張が聞こえてくるひとたち。でも東京にあふれている、プロだかアマだか判らない、たくさんの舞台とは何かが違うのです。さわやかな、一途な、と言ったらよいのでしょうか。

良いなあ、うらやましいなあ、楽しいだろうなあ……、自分を表現する、解放することが、どんなに楽しいことなのか、子どもたちのからだいっぱいで自分を表現するあの見事さ、そして、それを誰かに観てほしい、認めてほしい……、との思い。客席に座っていて、いろいろなことが頭をよぎりました。

「初めて舞台に立ったとは思えないひとたちがたくさんいらっしゃる」と私が申し上げると、「稽古がおもしろいですよ。初めての素人のひとたちは、それはそれは熱心にプロのひとたちの稽古を見ているのです。そして少しずつ覚えていくのですね」と、代表の日笠世志久さんがおっしゃっていました。

何か、ぐさっと胸に突き刺さる言葉です。プロと言っているひとたち、いえ、私たちの稽古のことを思ったからです。プロフェッショナルって何でしょう。アマチュアって何でしょう。

人間は生まれたときから俳優なのです。でも、これを職業とし、ずっと続けていくとなると、それだけというわけには、いかないのです。

秋には旗揚げ公演をなさるとのこと、楽しみに待っています。夜の公演に、自転車に乗って調布市長さんが観にいらっしゃったとうかがいました。調布市民演劇センターと名乗った公演『お登勢と川』を、調布市長さんはどうご覧になったでしょう。

(『月刊クーヨン』1998年3月号)

地方にこそ文化を
——田頭村・長沼民次郎さんとの告別

久し振りに、東北本線盛岡駅に降り立ちました。寒さがからだの中までしみ渡るというのはこういうことだと、東京には冬はなくなっているのかも知れないと思ったほどでした。

松尾鉱山の真っ茶色な水が流れていた北上川は、底まで澄んだ美しい流れに変わっていました。八幡平行きの花輪線に乗りかえ大更《おおぶけ》下車、大正一一年三月に建てられた何とも粗末な、何と可愛いマッチ箱のような駅です。そこからタクシーで田頭村のお寺へ。長沼民次郎さんの告別式にうかがったのです。七四歳、癌で亡くなられました。

日本のチベットといわれていた雪深い岩手県の、美しい岩手山のすそ野に位置する田頭村は、現在は西根町田頭となり、十和田・八幡平国立公園、八幡平地域への入り口です。スキー場、温泉、トータルリゾートゾーン、安比高原にはすてきなペンション、ホテルが……。夢を見ているような変わりようです。

かつて、小学校・中学校が一校ずつ、小さな小学校の教室を三つ広げて、子どもたちの机を並べて、みなさまが舞台をつくり、がたがたと音をさせながら芝居をしました。俳優座附属俳優養成所の三年間を終えて、はじめての私の旅公演は、超ミニスカートをはいた可愛い『赤ずきんちゃん』でした。阪中正夫作『馬』、木下順二作『彦市ばなし』の三本立てで、昼間は子どもたちに、夜は農民の方たちが仕事を終えた八時の開演です。

その時からずっと、市民劇場も子ども劇場もないこの田頭に、一年一回公演に来ているのです。村のおかあさんたちが中学校の家事室でつくってくださる三度の食事をいただき、宿は一軒しかないお寺の本堂に泊めていただくのです。

そのきっかけをつくってくださったのが、長沼民次郎さんなのです。演劇や音楽で町おこしをと言っても、いまでこそ驚く方はいないでしょうが、四〇年前、小さな小さな貧しい村でとなると、全く意味が違ってくるでしょう。

映画『思春の泉』（主演・宇津井健）のロケがこの村で行われたのが、四〇年前でした。俳優座ユニットだった『思春の泉』には、俳優座の俳優さんは無論のこと、生徒の私たちまで出演をしました。若いひとたちはロケの合間に、夜のお酒の席で、日本について、文化について熱っぽく語り合いました。そのとき現地でお世話をなさった責任者が、長沼民次郎さんでした。農村での青年団運動が盛んになりはじめた頃でした。

国鉄の職員だった長沼さんは、レッドパージで国鉄を追われ、青年団で若いひとたちと一緒に芝居をつくりはじめました。東京の大会に出場するときは、私たちの劇団の小さな稽古場に貸し布団で泊まっていただき、稽古をして会場の一橋講堂に、日本青年館にと出かけて行きました。

こうして、遠い岩手県の田頭村と東京の私たちの交流がはじまりました。

「地方にこそ、地域にこそ、文化が育たなければ日本には本当の平和はやってこない。次の世代の子どもたちは育たない」と、東北弁で語る長沼民次郎さんでした。

長い間の教室での公演が、新しくできあがった中学校の体育館での記念公演へと変わり、村のひとたちのお力で、『森は生きている』の三回公演が実現した日のことは忘れられません。

体育館の小さな舞台の前に張り出し舞台をつくり、自分たちで緞帳もつりました。なだらかな八幡平が、雄々しい岩手山があんなに美しく見えた日はなかったような気がします。開演三時間前、何でも食べたいものを言いなさいとの長沼さんのお言葉に甘えて、おかあさんたちの作ってくださる、じゃがいもと人参のたくさん入った田頭カレーをと。私にとってカレーの中のカレーが田頭カレーだと思っているくらい、おいしいのです。

さてひと休みしましょうと緞帳の陰から客席をのぞくと、まだ誰もいない会場に、からだの大きなおじいさんがひとり、座っていらっしゃるではありませんか。帽子とかさを傍らに、大きなおにぎりを風呂敷包みから出し、缶詰を缶切りでゆっくりと開け、四合瓶のお酒も……。これこそ芝居見物です。ゆったりと満足したお顔は、いまでも忘れることができません。長沼さんの喜ばれたことったら。

かちかちに凍った道を歩いて、儀式に乗っ取って自宅から大勢の村の方たちにつき添われ、御遺骨がお寺の本堂に運ばれて来ました。

みなさまが、なつかしそうに私に話しかけてくださるのです。馬の足になって私と一緒に舞台に立った方、一日で歌を覚え、裏でうたってくださった方。長沼民次郎さんの娘さんは、二歳から私たちのお芝居で育ったと。みな何も分からずに芝居に関わってきたけど、何て素晴らしい青春だったかと、芝居を知ったことがどんなに人生を豊かにしてくれたかと。都会のお客様では味わうことのできない、素朴であたたかいひとたちにお目にかかることができた私の仕事の素晴らしさを、ありがとうございますと、長沼民次郎さんに申し上げました。

地方にこそ文化をと運動を続けてこられたことが、次の時代の子どもたちに手渡されてゆくようにと願わずにはいられない、雪深い田頭村での一日でした。

（『月刊クーヨン』1998年4月号）

見えないものが見えてくる
——楽劇団いちょう座の豊かな想像の世界

演劇を観ることができる年齢は何歳なのでしょうか。

デンマークでは〇歳からの舞台を創っていらっしゃるハネトローネさんがいらっしゃいます。図書館の小さな、小さなホールでの公演には、おかあさんが大きなバスケットにあかちゃんを入れて集まってきます。音を小さく、柔らかく美しい色の絹でつくった舞台装置の中で、人形を使いながらの舞台でした。

日本では低学年向け舞台というと、三、四歳から小学校四年生までを一緒にしての客席です。人形劇の分野では、学校に行く前の子ども、幼児のための演劇をと、早くから優れた舞台が創られていますが。

楽劇団いちょう座は早くから幼児の舞台の研究を始めた劇団です。名前の通り音楽と演劇を合わせた舞台づくりの劇団として始まりました。

井の頭線浜田山駅近くの浜田山会館。杉並区の出張所と一緒の建物は、最近建てかえられて、きれいなコミュニティになりました。小さなホールの舞台前は子ども席、後ろが大人席です。一〇〇人くらいの客席は日曜日ゆえか、おとうさんの姿が多いのに、何かほっとしました。

楽劇団いちょう座、木村裕一作品集、サウンドラマ『あらしのよるに』、構成・演出／太宰久夫。木村裕一さんの絵本はどれをひろげても何て楽しいのでしょう。やぎとおおかみのお話と聞いただけでも。なぜって、おおかみはやぎを食べるのが大好きなのですから。

『あらしのよるに』『あるはれたひに』『くものきれまに』、題がすてきです。絵は、あべ弘士さんです。『だだっこライオン』『オオカミなんてだーいすき』『あらしのよるに』、舞台はこの三つの絵本からの構成です。

演出の太宰久夫さんは、アメリカから「リーダース・シアター」を日本に紹介なさった方で、『月刊音楽広場』（一九九六年三月号まで発行。同四月号からリニューアルし、本誌『月刊クーヨン』に）にも書いていらっしゃったので、ご存知の方もいるでしょう。「文学作品を脚色しない、作家の作品を最後まで尊重する。だから作品に変に手を入れない、構成するだけ」と書かれてあったのを覚えています。

太宰久夫さんの「リーダース・シアター」をつくり続ける楽劇団いちょう座ができてから何年が経つのでしょう。舞台は真ん中にキーボードがあるだけ、俳優は六人、白のブラウス、黒のリボン、色違いのチョッキ。ヴァイオリン、ギター、キーボードを生演奏しながらの朗読劇です。静かに本を読むわけではありません。

活きた言葉の表現を大切にし、さらに動きのある言葉にする、俳優一人ひとりの肉体の全てが躍動する。何もない舞台が立体的に見えてくるのです。観ているわたしたちとのコミュニケーションが知らない間に生まれてくるような気がしたのは私だけなのでしょうか。舞台には何もないのに、俳優の表現によって見えないものが見えてくるのです。それが楽しいのです。今日の舞台は、それに生の音楽が加わったのです。

森の王様の強い、こわいライオンの奥さんのひとり息子のガオちゃん。やぎのメイちゃんとタブちゃん、こわいおおかみのガブくん、うさぎのミルミルちゃん。

「こんなおおかみさんがいたら、私はぜひ会ってみたい、そしてお友だちになりたいなあ」って、子どもたちもそう思っているかも知れません。

絵本を読んだ子どもたちが今日の舞台を観たら、山が、野原が、あらしが、雨が、そして動物たちが舞台いっぱいに動いているのが見えたのかも知れません。

演劇表現には色々な方法、形式があります。そのひとつに「リーダース・シアター」があるのでしょう。何もない舞台に俳優だけがいる、演劇の原点です。中国の古典劇、昆劇の舞台も机ひとつ、椅子ふたつが原則です。水も、川も、家も、馬も、私たち観客の想像する世界で創られていきます。

何もない舞台から俳優と一緒に子ども一人ひとりが自分で豊かな想像の世界を創り出してゆく力、子どもだからこそもつ力。そんなことを思いうかべながら、五〇分の舞台を楽しみました。

サウンドラマと銘打っての新しい舞台が始まったのです。俳優にとって、ありとあらゆる肉体表現に楽器まで使うのですから、役者冥利につきることでしょう。まどかまるこさんの弾くなつかしい数々のメロディ。印象的なだけに少し多すぎるのではないかな、とも思いました。

楽劇団いちょう座が新しい分野で、次々とつくり出すドラマを楽しみにしているお客さまがたくさんいらっしゃるでしょう。小さな、小さな子どもたちのこころに届くすぐれた舞台をと、願わずにはいられません。

子どもたちはたくさんのおくりものをからだいっぱいに受け止めて、はねるようにして帰ってゆきました。


（『月刊クーヨン』１９９８年5月号）

東京芸術座『勲章の川――花岡事件』
――中国人強制連行の真実

幕が上がると舞台は日の丸の旗の下の演台で、鹿島組の鹿島守之助が勲一等瑞宝章を胸に、「わが社は創業以来のヒューマニズムの道を歩み続けた」と自信たっぷりに演説するところから始まりました。

東京芸術座公演『勲章の川――花岡事件』、本田英郎／作、高橋左近／演出。西武池袋線練馬駅の前、練馬文化センター小ホールでの上演です。

秋田県大館市花岡の鹿島組の事業所での出来事を、高校教師庄司勝先生は生徒たちに語るのです。

太平洋戦争のさなか一九四二（昭和一七）年一一月二七日、国内の労働者不足をおぎなうため東條内閣は閣議で「華人労務者内地移入に関する件」を決めました。これにもとづいて日本軍は中国人約四万人を日本に強制連行したのです。一カ月船底に押し込められての旅。全国一三五の鉱山、港湾、ダム工事などの事業所で、過酷きわまる強制労働に従事、敗戦までの間に約六〇〇〇人が命を奪われました。

花岡事件とは、九八六人が連行された大館市の花岡鉱山で、一九四五年六月三〇日、集団脱走した中国人を軍、警察、在郷軍人会、村人が一体となって捕らえ、四一八人が拷問によって惨殺された事件なのです。

それを聞いた子どもたちは「俺たちに関係ない」「俺たちの知ったことか」と言い切るのです。ナチの鍵十字・ハーケンクロイツをギターの裏に張りつけ、「かっこよい」「これを見ていると、スカッとする」と高校生たちは言います。何も知らない子どもたち、知らされていない子どもたち。

でも、庄司先生の話から芽生えた子どもたちの興味とエネルギーは、関係ある大人たちに真実を語らせようとする方向へ動き出すのです。高校二年生成田浩二くんは父と母に花岡事件の話をします。「お父はその時何をしてた」「その話はするな」と怒る父と母。何かがあると子どもたち。「三〇年もたったいま、どうして話すのです。止めてくれ」とおかあさんは庄司先生に頼むのです。

おばあちゃんは話します。広場に集められた中国人に村人みんなが石を投げたと。おばあちゃんは石の代わりにじゃがいもを投げたのです。何も食べていない中国人に。そして何もしない無抵抗の同じ農民を、中国人をなぜ殺したのかと……。

先日、中国作家代表団の歓迎パーティに出席しました。背広姿の中国人の中にひとりだけ中国服の作家がいらっしゃいました。高名なその作家は一五歳の時、何も分からず強制連行され、徳山で働いていたときのことを話され、いまこうして元気でいられるのは、その時自分をかばってくれた友人と、隠れて食べ物を運んでくれた日本人のおばあさんのおかげだと、「ありがとうございます」とおっしゃったのです。一九六五年に初めて中国に行った時の南京では「ひとりで外を歩かないように、何をされるか分からないから」と言われたことを思い出しました。

作者の本田英郎さんが書いていらっしゃいます。「中国の河北省で昭和十八年から十九年の春にかけ、八路軍との闘いの合い間に村や町を襲い、多くの中国人を『狩り出した』からである。記録によると日本国内に強制連行された四万人の中国人は大部分が山東省出身だが、隣接した河北省でも多くの中国人がどこかへ連行された事実があり、私もそれに手を貸した。とすれば、ただの一兵卒で事情も背景もまったく知らなかった。と言ってもそれは無責任な遁辞でしかない。花岡事件は痛く、重たいトゲとなって、いまだに私のなかにも突き刺さったままだ」と。

『勲章の川』の舞台は花岡事件そのものを直接描いているわけではありません。花岡事件を素材として、歴史を、家族を、教育を、そして人間を……。

歴史の真実を、侵略の真実を、加害の真実にふたをし、あの戦争の本質に触れないようにしてきた大人たち——子どもたちは真実にふれた時、私たち大人をどう見るのでしょうか。

南京大虐殺はなかった——ドイツ人ジョン・ラーベが書いた『南京の真実』、人間って何なのでしょう、男って何なのでしょう。私たちのおとうさん、おじいさんはと、誰でも考えるでしょう。子どもたちが自分の国、自分自身の歴史の真実を知ることによって、初めて人間としての自立が始まるのだと、この舞台は語っているのでしょうか。

先生がひとりで生徒に語る場面がもう少しドラマになると良かったのに、と……。

劇音楽って、何の役割をもつのでしょうか。暗転の時は音楽が、劇の説明を音楽が……。最近の舞台で素敵な劇音楽に出会ったことがないのが残念です。

雨の中、重い気持ちで帰ってきました。

（『月刊クーヨン』１９９８年６月号）

文学座『THE BOYS』

――知的障害者からの豊かな贈り物

東京・新宿駅南口。人、人、人、どうしてこんなにと。なるべく通らないようにと考えるのですが。発展した南口と言うのでしょうか、変わってしまった南口と言うのでしょうか。

ＪＲに沿って高島屋デパート、東急ハンズ、その先に紀伊國屋書店。最近サザンロードなるものが線路をはさんで出現しました。巨大なホテル、コーヒーショップ、レストラン、目の覚めるようなカラフルな生活用品店、そして巨大な橋が線路を横切ってかけられたのには驚きました。サザンロードから橋を渡り、紀伊國屋書店の七階に新しくオープンしたサザンシアターに。話し声に振りかえると、水色のセーターの青年の大声での一人言でした。ちょっとおかしいなと思いながら劇場に入りました。

文学座公演、トム・グリフィン／作、鴇澤麻由子・今村由香・鵜山仁／訳、西川信廣／演出、『THE BOYS ストーンヘンジアパートの隣人たち』。

一九八三年に書かれたこの作品は『ダメージハート&ブロークンフラワー』というタイトルで発表され、それまでに書かれた作品はすべて上演されていたにもかかわらず、唯一の未上演作品となり、三年後の六月、『ザ・ボーイズ・ネクスト・ドア』とタイトルを変えてようやく上演されました。ブロードウエイ・ラムズ・シアターでの上演は一八〇回以上のロングランになったと書かれてあります。

正面のドアーから大きな紙包みを抱えてアーノルドが特徴のある歩き方で入ってきます。買ってきたコーンフレーク九箱を机の上にきれいに並べて「ぼくは神経質な人間です」と話し始めるのです。どんな内容の芝居かわからないとしても、ちょっと不思議な感じのする言葉として聞こえます。

この簡素なアパートは知的障害者アーノルド、ルーシェン、ノーマン、バリーの男性四人が共同生活を営むグループ・ホームなのです。アーノルドは映画館の掃除夫、大きな体のルーシェンは毎日図書館へ勉強に、ドーナツショップで働くノーマン、プロゴルファーだと信じこんでいるバリー。少し風変わりな毎日にしても、四人の生活は私たちと変わらない毎日なのです。少しずつずれた会話、一つの事にこだわり続ける彼らの日常から私たちがとうに失ってしまった、人間としての一番大切なものが見えてきます。

ボーイズと言っても三〇代から五〇代であろう四人の純粋さ、ナイーブさ、すぐに怒ったり、泣いたり、そしてどこか残酷なのです。でも可愛くて、いとしくて……。

毎年送ってくれたチョコレートも途絶え、九年間も来てくれなかったバリーのお父さんが来ました。バリーの喜びと緊張、乱暴なもの言いで一人しゃべりまくる、うらぶれたお父さん。おみやげを買い忘れ、駅でやっとチョコレートを買ってきたお父さん。バリーは一言も言葉を発することができません。何かしゃべろとなぐりかかるお父さん。衝撃を受けたバリーの姿。また、この共同生活から逃れてモスクワへ行きたいと行動を起こすアーノルド。この二つが事件らしい事件で、舞台は日常生活そのものが描かれてゆきます。

ソーシャルワーカーのジャックが毎日四人を訪ねてくるのです。彼ら四人にとって信用できる大切な人であり、社会とのつながりの太い糸でもあるジャック。四人は変わることなく生活を営んでいくのに、ジャックはソーシャルワーカーをやめて旅行会社に勤めることになり、皆に別れを告げます。

ジャックに代表される健常者と、知的障害者とは何がどう違うのでしょうか。作者は、問題はジャックに、私たち健常者にあると訴えているのです。

ノーマンとガールフレンド、シーラとの恋は、私たち健常者にはとても考えることもできない、素直でなんて素敵な恋なのでしょう。観ている私の顔が心地好くほころんでゆくのです。笑い、涙をこぼし、そして心がきゅんとなりました。

二幕の途中、後ろから男の人が舞台に向かってかけだしてゆきました。途中で立ち止まり、何かぶつぶつ言いながら、今度はゆっくり歩いて席に戻りました。新宿からの道のりで会った水色のセーターの若者です。一人で切符を買ってきたのでしょう。

アメリカで知的障害者がまったく人間扱いされなかった時代、親からも捨てられた存在だった人たち。現在のアメリカでのグループホームの制度ができ、地域社会の中で生きてゆくことによって、私たち健常者とともにお互い人間の可能性を改めて信じることができるとうかがった時、日本での私たちは……と考えざるを得ません。

題材そのものに否定的な意見もあり、上演できにくいのではと演出家が書いていらっしゃるように、言葉の問題、翻訳の大変さもあったのではと、改めて翻訳という仕事も考えさせられた舞台でした。

優れた演劇は人間を豊かに、そして深く考えるという素晴らしい贈り物を与えてくれました。

大人の観客だけでなく、ぜひ子どもたちに観せたいと思ったのは私だけなのでしょうか。


（『月刊クーヨン』1998年7月号）

劇団ひまわり『ベイビー・ラブ』
――人間としてのはじまりの第一歩

「劇団ひまわり」というと、子どもたちを養成して、舞台、テレビ、映画におくりこんでいると思っているひとが多いのではないでしょうか。

東京・代官山の立派なビルには小ホール、養成所、稽古場と、大きな集団です。大人の俳優を養成する部門、たくさんの舞台をつくる創造部門、そしてもちろん大勢の子どもたちがいろいろな場所で活躍しています。有名な演劇人、映画人がここから巣立っていきました。

特に最近は大型ミュージカル『コルチャック先生』『スクルージ〜クリスマスキャロル』と、二作品ともなかなかの舞台でした。特に子どもたちが出てくると無条件でうなってしまうほど、上手で可愛いいのですから。

今度は幼児のための舞台をつくるとのこと。

東京では珍しい、私の大好きなチンチン電車に乗って下高井戸から三軒茶屋に。新しくできた世田谷区の小さな劇場「シアタートラム」に出かけました。世田谷線三軒茶屋駅の上に立つ劇場です。『ベイビー・ラブ』。作／ケアリー・イングリッシュ、翻訳協力／富森れい、上演台本／劇団ひまわり文芸演出部、演出／ギー・ホーランド。お兄さんと生まれてくる新しい妹の赤ちゃんとのお話です。大人のふたりの俳優が演じます。

ぼくに妹ができたら思いっきりあそぶのに、と四歳の男の子ヒロくん。ウトウトしていると夢を見たのでしょうか。黄色のベビー服、かわいい帽子をかぶった妹のマユミちゃんがいるではありませんか。さあ、いっしょにあそぼうとヒロくんは大喜びです。でもヒロくんが考えていたこととは大ちがい。マユミちゃんはヒロくんの言うことをひとつも聞きません。それどころか、みんなの関心を独り占めです。

やりたい放題、ママもおもちゃもすべてのものが自分ひとりのものだと思っていたヒロくんは、嫉妬してイライラして怒りだします。でも、ヒロくんはお兄さんになることを少しずつ自分で見つけ出し、マユミちゃんを危険から守り、小さな妹を愛するようになります。人形を使い、俳優が演奏をし、子どもたちを惹きつけます。

小さな子どもたちは客席の前の方に、おとうさんおかあさんと離れて座り、声に出して舞台にことばを投げかけ、うれしそうに笑っていました。子どもって、からだ全体で意思を表現するのです。その飛び跳ねるような動きはなんて可愛いいのでしょう。舞台の俳優さんが負けてしまいそうです。

客席に演出のギー・ホーランドさんが座っていらっしゃいました。おとなりの女性は奥様でしょうか。大きな声で笑って観ていらっしゃったのが印象的でした。

シンプルで的確な表現を要求される俳優の演技を拝見して、ギー・ホーランドさんのお稽古はどんなだったのでしょうか。

マユミちゃんのお尻の大きなふくらみは、赤ちゃんの表現だとわかるのですが、もうひと工夫あっても良いのではないでしょうか。またお部屋の装置は三方を囲まなくても、もっとリアルでない方向で、と思ったりしました。

演出のギー・ホーランドさんは一九七七年に、Quicksilver Theatre（英国）を設立、芸術監督として二十年余、「子ども向けの演劇は大人向けの演劇と同質のものであるべき」と活動を続けていらっしゃる演出家です。

この大人向けの演劇と同質ということを、私はあらゆる角度からずっと追い続けていると言っても過言ではないでしょう。現在の私たち児童・青少年演劇の現状ではなかなか明確な答えを出すことができないのですから。英国の児童・青少年演劇の在り方は、私たちよりずっと先をいっているのでしょうか。

この芝居に関して「人間関係の普遍的な価値や決まり」とギー・ホーランドさんは書かれていますが、人間として相手を認めることがどんなに大切なことか、それがヒロくんとマユミちゃんという小さな、小さな人間としてのはじまりの第一歩なのです。

○歳から演劇をと、実験的な舞台がつくられるようになりましたが、言葉も分からない、あの小さな肉体が舞台から何を受け取るのでしょう。あの小さな頭の中に何がインプットされるのでしょう。何が不思議と言って、人間、幼児の発達くらい不思議なことはない。本当に不思議です。

劇団ひまわりのつくる舞台は、子どもから大人まですべての人たちが楽しめる本格的ミュージカルをはじめ、ひまわり青少年劇場で全国をまわり、また今度は幼児のための舞台『ベイビー・ラブ』をと、演劇のあらゆる分野の舞台をつくり出す力はうらやましい限りです。

どの作品を観ても一貫して人間に対するあふれるばかりの優しさに胸打たれます。この次はどんな舞台を観せてくださるのでしょう。楽しみに待っています。

(『月刊クーヨン』1998年8月号)

上田演劇塾の開塾
──人と人との関係を考える

上野から長野までの信越線の旅は山を眺めながらのすてきな三時間でした。美しい浅間山を右手に、横川から軽井沢へは二台の機関車がついて走るのですから。

それがいまではノンストップの列車で一時間、各駅停車で一時間三〇分の新幹線になりました。あの美しい山々の姿はなくなりました。トンネルばかりの新幹線、一番良い景色のところがトンネルなのですから。早いということは、技術の進歩ということは、かけがえのない大切なものを失うことなのかも知れません。

そんなことを思いながら、長野の一つ手前の上田に通っています。ちょうど二年くらいかかったでしょうか、ようやく「上田演劇塾」がはじまりました。

子どもたちのことを考え続け、高校生と一緒に子どもの権利条約の実行をテーマに、若者たちの創造活動の拠点づくりをと考えていたのが、岩下郁子さんでした。

きれいに改造した上田の古い一軒家には高校生が集まっていました。茶髪の子、ツンツンと髪の毛の立った子……、エネルギーあふれる現代の若者です。俳優になるにはどうしたら良いのか教えてください、とその男の子たちが聞くのです。勉強が好きかと聞くと大嫌いだと、新聞を読んだことがあるかと聞くとそんなもの知らないと、俳優ってどんな仕事だと思うと聞くと有名になれる仕事だと、明快でした。どうしてこの子どもたちが岩下郁子さんのところに集まってくるのか不思議です。

子どもたちで演劇を創るのはどうだろうか、とのお話が彼女からあったとき、長い間観客として演劇に関わってきた岩下郁子さんならではと思いました。福岡では市とおかあさん方とで、子どもたちを主軸に一年がかりでミュージカルを創ったという話も聞いています。

なぜ子どもなのか、なぜ地域なのか、そしてなぜ演劇なのか、岩下さんと私との長い話し合いの末、文学座の演出家藤原新平さんにご相談したところ、「子どもだけではだめです」とおっしゃったのです。子どもから大人まで異年齢集団で演劇をと提案されました。そこで、中学生以上年齢不問と募集、一人ひとり丁寧な面接から仕事がはじまりました。

将来舞台に立ちたいという高校生。気力と向上心のない自分をどうにかしたい、という若者。自分の弱い部分を変えたい。本当の自分って何なのか考えてみたい。将来は老人・障害者の施設で働きたい。そして子どもに良い影響を与えられることを学びたいというおかあさん。人前で話すことができるように自信をもちたい、そして自分を変えることができれば……、と長野の病院の看護学校から看護婦さんの卵の女性が。松本から二時間かかって来る男性は中学から不登校で、いま大検のための勉強に通っているが、どうしても自信がもてない。

演劇を体験する、皆で舞台を創る。どんな授業なのか、どんな稽古なのか、誰もわかっていないのに、応募した人たちのそれぞれが演劇をさまざまにとらえているのには驚きました。

六月、二三人の塾生で演劇塾がはじまりました。女性二〇人、男性三人（高校生）。面接の時はもっと男性がいたのに、皆怖じ気づいてしまったようです。七〇歳の男性は奥さまがぜひにと言うのでと、何とも恥ずかしそうにして面接には来ていらっしゃいましたが、はじまりの日にはやはりいらっしゃいませんでした。

美しい山に囲まれ、鎌倉時代信州における政治、文化、宗教の中心として栄えた上田に古い歴史の遺産を訪ねると、とても豊かな気持ちになります。芸術監督をお願いした藤原新平さんの長い演出家としての歩みが、上田という土地にどんな影響をくださるのでしょうか。

初日の授業にはびっくりしました。素人向けの匂いはどこにもありません。演劇を創るということに向けての専門家と同じレベルの授業なのです。藤原さんは中学生には少し難しいかなとおっしゃっていますが、見学している私にとっては劇団の若い俳優に聞かせたい思いでいっぱいになりました。夏には集中講座を予定しています。上田出身の芸術家という主旨を大切にと、シンガーソングライターの黒坂正文さん、彫刻家の塩沢貞男さんが参加してくださいます。そして十二月には小さな作品を発表することになっているのです。

何が生まれるのか、行く先はまだわからないのですが、何とか歩き出しました。

私が書いた、開塾のご挨拶の文章です。

「演劇って不思議なものです。自分がよく判ってくるのです。そして、相手の人が、まわりの人が見えてきます。そして判ろうとする努力がはじまります。人と人との関係を考えてゆく楽しい作業です。自分が良く判ってくる。そしたら相手に、まわりの人たちに自分を判ってほしい。それには相手を良く判らなければなりません。人間を知るって楽しく、すてきなことです。いつかそのうち、社会が政治が家族が……、色々なことが見えてくるでしょう。演劇はひとりではつくれません。一人ひとりが自立して、自立した大勢の人たちの力で演劇はつくられるのです」（『月刊クーヨン』１９９８年９月号）

子ども目線でつくる劇団風の子
――児童青少年演劇の進む方向

旭川は北海道の中でも大変暑いと言われているところです。そして、冬は一番寒いところなのです。暑い、暑い東京から旭川に飛びました。

「1998・旭川児童演劇フェスティバル――オール風の子と仲間たち」。七月一四日から、旭川市のまわりの学校で、保育園で、住民センターで約一〇〇ステージの公演が始まります。七月二七日から五日間は、旭川市の中心部での集中公演です。碁盤の目になっているわかりやすい道路を一日中歩き、市民文化会館、公会堂、美術館ホールそのほか三つの公立の建物に四日間通いました。どこでも上演できる小型の二六作品。幼児、低学年向けのものが多く上演されていました。

戦後すぐに子どものための専門劇団としてはじまり、日本全国子どもたちのいるところどこへでもと、精力的に活動を続けている劇団「風の子」です。東京に集中している多くの劇団が地方に出かけるのではなく、地方に根ざす活動をと全国一〇カ所に創造拠点をもち、児童演劇と子どもを結ぶありかたを、児童青少年演劇の進む方向を、熱っぽく模索しています。

東京では観ることのできない作品を観てきました。俳優は二人、三人、四人という舞台がほとんど、ひとり芝居も四本ありました。外国からの招待公演はサハリン州立人形劇場『カーニバル』。二人で演じる細やかな美しい舞台でした。もう一本はアメリカから『キャスル・イン・ザ・スカイ』。東京でのゲイル・ラージョーイさんのひとり芝居を前に拝見しましたが、今度は二人での舞台です。

ちょうど夏祭りとぶつかって、都会では見られないにぎわいです。お相撲の初日も近いとのこと。大勢の力士が町のあちこちで見られ、その中を劇団風の子の作品の旗がいたるところにたくさん翻っていました。小さな会場で二〇人から三〇人、たたみに座っての観劇もありました。

劇団風の子の小型作品の特徴として、どの舞台も遊びを主にし、身近なものを生かしながら子どもの目線でと。何本かの舞台は、子どもを舞台に上げていっしょにつくってゆく、即興性を要求される作品がもうひとつの特徴です。劇団風の子ならではの、創ることのできない舞台なのかもしれません。子どもと一緒に舞台を創るということは、俳優の大きな力と技量が問われるのだということをつくづく感じました。

舞台に上がった二人の三歳の男の子。俳優の目の視点が定まらず、筋書きを頭の中で追っている顔になっているのに、子どもの表現の何とリアルなこと。雷の音に本当に驚いて俳優のお姉さんにしがみついて泣き出し、それを一生懸命こらえて懸命にお姉さんについていく姿は、芝居以上にすばらしい感動です。

台本のせりふを上まわるものを要求され、子どもといっしょにドラマをつくっていく。深い人生体験と高い技術を要求される仕事だと考えたのは私だけでしょうか。五、六歳くらいの女の子二人、ひとりは途中で泣き出し客席に戻ったのに、ひとりの女の子は次から次へと俳優をリードして大人を驚かせました。俳優のみじめなこと。何ということでしょう、俳優はいなくてもよいのにと……。

風の子九州『にっこりぽっかり座』。作・構成・演出／中島研、出演者三名で男性二、女性一。この作品はカナダチルドレンフェスティバル・韓国ソウル児童演劇祭に招待されたものです。手品をはじめマイムあそび、そしてお話、ザ・ジャバラシアター。ザ・ジャバラシアターでは、一枚の紙をジャバラ折りにしていろいろな形をつくりながら、『ねずみの嫁入り』を観せてくれます。紙で作るねずみを手にはめての芝居はとても楽しく、台本と即写がうまくスムーズに混ざり合っての気持ちのよい、楽しい一時間でした。個性あふれる三人の俳優の最大限の肉体表現、自分たちがあそぶという気持ちが伝わってきて、久しぶりに大きな声を出して子どもと一緒に笑っていました。

シンポジウム、ワークショップ、お祭り、外国のお客様との話し合いと、多彩なプログラムのうち、旭川公会堂をいっぱいにした公演、中・高生、青年、劇団風の子の人たちによるドラマスクール『A・O・P』という舞台は圧巻でした。

決して上手とは言えない舞台ですが、昨日まで知らない間柄の一人ひとりが集まって舞台をつくっていく過程は、子どもたちに、青年に、劇団風の子に何ものにもかえがたい大きな贈り物をもたらしてくれました、と劇団風の子の人たちは話してくれました。演劇をつくるということは、人間が生きてゆく上で大切なものをたくさん体験できるということですとも。五〇人近い人たちがたった一回の上演に向かって、一緒に歩いたのですから。北海道全土から、そして旭川から、大勢のお客様に支えられて劇団風の子の舞台はできあがったのでしょう。

劇団風の子の仕事に敬意を払うと同時に、俳優って、舞台って何なのでしょう。児童青少年演劇って何なのでしょう、と。涼しい、夜は寒いくらいの四日間を過ごしました。

(『月刊クーヨン』1998年10月号)

音楽劇『ちゅうたのくうそう』
――空想の翼を広げて世界に遊ぶ

入り口を入ったロビーと言っても、待合室風なところで、演出家の広渡常敏さんがコーヒーやさんを開いていらっしゃるのに、今日は女性が二人のみとは、どういうことなのでしょう。広渡常敏さんにお目にかかるのが楽しみで、東京演劇アンサンブルの常打ち小屋にうかがいますのに。そうです。〝ブレヒトの芝居小屋〟という名にふさわしく、きたない小屋なのです。靴をビニール袋に入れ、座ぶとんに座ります。夏はまだ良いのです。冬は毛糸のソックスを持っての観劇です。それなのに何とも言えない、なつかしいと言うか、私の大好きな場所のひとつです。西武新宿線武蔵関駅で降りて五分、ブレヒトの芝居小屋。小沢正/作、広渡常敏/脚本・演出、林光/音楽、東京演劇アンサンブル公演『ちゅうたのくうそう』。客席は小さな子どもから大人まで満員のお客様、二〇〇人以上は入っているでしょうか。

舞台にはピアノが一台。吉村安見子さんが登場、ピアノの生演奏で芝居が始まります。音楽劇です。

燕尾服の語り手とねずみのちゅうた君が登場。ちゅうた君はジーンズのオーヴァーオールにピンクのTシャツ、お尻にはシッポが、そして赤いふちのめがねをかけています。そして、大きな鍋にはぐらぐらとお湯が沸き立っています。ネコがちゅうた君をゆでてしまう。ちゅうた君はそんな夢を見ていたのです。ねずみというと、いつもネコに追いかけられているのですもの。どうしたら仕返しができるのかと、赤い木のベッド、赤い机、赤い枠の窓のある部屋で、ちゅうた君は考えるのです。ちゅうた君が床屋さんになって、ネコのひげを切ってしまう。ちゅうた君が海賊船の船長になって……。サーカスでは、ネコに綱渡りをさせてと……。ちゅうた君の空想は次から次へと広がってゆきます。

ある日、ちゅうた君の買ってきたチーズがなくなってしまいました。「ネコが食べてしまったんだ……」。しかし、そのチーズを「拾ったから」と、ネコが親切に返しに来るのですから、何ともおかしいのです。そのネコが何ともかわいい、愛すべきネコなのです。実を言うと、私はネコが嫌いなのです。でもこんなネコだったら……。私のネコ観が少しゆらぎました。

随所に一五人からなるコーラス隊が白いショートパンツに色とりどりのTシャツに着替えて登場します。

サーカスの場面はとても楽しく、華やかです。一輪車乗り、足の長い人たちのダンス、でもネコの綱渡りが圧巻でした。信じられますか？　本当に一本の綱の上を歩くのですから（天井からの命綱をつけていましたけれど）。

東京演劇アンサンブルも創立四三年か四四年になるのでしょうか。私の知っている限りでは、音楽はすべて林光さんです。いつでしたか、東京演劇アンサンブルでの林光さんの劇音楽すべてをあつめた『林光をうたう』という音楽会が開かれたのを思い出しました。

音楽劇『ちゅうたのくうそう』の音楽には、すっかり魅せられてしまいました。「CDはないのですか」と帰りにうかがったのですが……。

ネコのアリアは大好きです。魅力的な、難しい、たくさんの歌。四月から稽古をしたとおっしゃっていましたが、林光さんのあんなにすてきな歌をうたえて、うらやましい限りです。

語り手の存在がちょっと気になったり、コーラスのひとたちの見せる芸の数々がもっと、もっと上手になったら……。自信のなさそうな目つきが気になりました。衣装も少し平凡でしょうか。

しかし、楽しい一時間三〇分。大きな声で笑っている自分が、また楽しくなりました。一番前でおかあさんと観ていた二、三歳の女の子はピアノと歌に合わせて踊りだしました。舞台に歩いていってしまうのを引き戻すと、また、立ち上がって踊るのです。その顔のうれしそうなこと。『ちゅうたのくうそう』はこの女の子に何をプレゼントしたのでしょうか。若いおとうさんと一緒の男の子はちっとも笑わないのでおもしろくなかったのかと思ったら、鍋の中に入れられたちゅうた君が熱くなかったのかと、それだけが心配で、ほかのことは見ることも考えることもできなくなったようでした。子どもは私たち大人が考えも及ばない世界を持つことができるのですね。「ボクの幸せは、ボクがきめる。それをボクは今日きめたんだ」。ちゅうた君のせりふです。

広渡常敏作詞、林光作曲の主題歌「空想の翼を広げ」をご紹介しましょう。

「空想の翼を広げ、大空を滑ってみよう。とても不安で恐ろしいけれど、とても爽やかだ。ぼくらは登る、高い山のてっぺんへ。ぼくらは潜る、真っ暗な海の底へ。空想の中で宇宙は広がり、一つの星は壊れ、新しい星が生まれる。空想の翼を広げ、人間になりたいと、望んだ人が人間をさして、歩き始める。古くなった知識や科学をもこえて、新しい現実を作り始める。空想の中で宇宙は広がり、古い地球が壊れ、新しい地球が生まれる」

作者の、演出家の、音楽家の思いが聞こえてくるような気がします。ちゅうた君と一緒に空想の世界にあそびながら、子どもではなく、私たち大人に語りかけてくる言葉が……。

（『月刊クーヨン』1998年11月号）

演劇集団円＋シアターχ《カイ》提携公演『インナーチャイルド』
――劇作家宋英徳さんの誕生

総武線両国の駅は、すごいひとです。大きな紙袋を両手に持って、国技館から帰ってくるひとたちは、おすもうの見物のひとたちでしょう。お年寄りが多いのに驚きました。

国技館の反対側の国道ぞいにあるシアターχ《カイ》に来ました。嵐の前触れの風のひどい日でした。演劇集団円＋シアターχ提携公演、宋英徳／作・演出、『インナーチャイルド――傷ついた、私の中の内なる子ども』。三〇〇の客席の劇場は、どこに座っても舞台がよく見えます。このことが、とても落ち着いた気分にさせてくれるのです。

〝家族の解体、そして新しい家族とは〟――創作劇の新しい大きなテーマのひとつになっている昨今です。今日の舞台はそのテーマに新しい視点から鋭くメスを入れた、力あるすてきな舞台でした。宋英徳さんの作品は劇団の中での発表会では上演されてきたとのことですが、『インナーチャイルド』がはじめての本公演デビューです。円の「こどもステージ」で、俳優としての宋英徳さんを拝見したのを思い出しました。俳優から新しい劇作家の誕生です。

リュウゾウ、カズコの夫婦には二人の子ども、姉のサトコ、弟のタカシがいます。サトコは幼稚園の一人娘を交通事故で亡くして実家に戻ってきています。事故前に激しく娘をしかったために、自分が殺したようなものだと過食症になって、母性愛が欠如している自分を責め続けています。

二七歳の独身の弟タカシは、父が見つけてくる会社を次々と辞め、出勤拒否に陥っています。背中を丸めて、ひょろっと、うつろな目で歩くタカシは、現代の若者の姿とだぶって見えてきます。

おかあさんのカズコはとても変わった、私には魅力的な登場人物でした。からだ全体が役柄を表現していると言ったらよいのでしょうか。

白昼夢というのでしょう。進行していくドラマがそのままで、自殺した義兄との対話になります。その対話の中でおかあさんの癒されない、つらい過去が、心の傷がわかってくるのです。

おとうさんは型にはまった、体面ばかり考える、つまらない会社人間……。推理ドラマを観ているような展開です。

家族って何なのでしょう。決してわかりあえることのない家族。一人ひとりが心の底に深く、重く沈んでいる、癒すことのできない思いを抱え、闇の中をさまよい、ぶつかり合って生きていく家族。

やがて、芝居の中の家族一人ひとりの心の傷の真因がわかってゆきます。そして、おかあさんのカズコさんははじめて娘に本当の意味での優しいことばをかけるのです。

よい芝居でした。私の心の中に気持ちよく、ふわっと何かが生まれてきました。人間って愛すべきよいものですね。愛してやまない人間を深く優しく描くことができる、劇作家で演出家の宋英徳さんは、どんな方なのでしょう。

パンフレットに、「祖母が死んだ」というはじまりで、宋さんの文章が載っていました。

「祖母は戦前海を渡って来た。文盲だったが粗末な家を一軒建てた。僕はそこで生まれた。幼い頃一緒にスーパーに行くと、僕は祖母に張り付いた。祖母が手に取った商品を他人に聞こえないように小さな声で値段を読み上げるのだ。その後必ず井田屋食堂でラーメンと太巻きを一本食べた。旨かった」

お名前でもわかるように在日韓国人三世の宋英徳さんです。

ソウルの女子大学を出て、日本に文芸評論の勉強のため留学している金順福さんが話してくれました。練馬のアパートの管理人のおばさんが言ったことを。——傘の干し方が変だ。布団の干し方が変だ。そして必ず最後に言うことばは、やっぱり朝鮮人だからね、と。そのおばさんは、五〇歳くらいのひとだとのこと。

私にとって大切なお友だちの金順福さん。何が私たちとちがうのでしょう。金順福さんをなぜ傷つけるのでしょう。彼女から、「巴子さんには全く差別感がない」と言われたときはショックでした。ソウルでタクシーの運転手さんから流暢な日本語で「あなたはとてもよい日本人だ」と言われたときも。それは、いまなお差別をする日本人が大勢いるということなのですから。

私に手の届かない、宋英徳さんのからだの中にあるものをこれから発表なさっていくのでしょう。楽しみな劇作家の誕生に大きな拍手を送りたい気持ちでいっぱいです。開演前、幕が上がっている暗い舞台は、青、紫とキラキラと水晶が光っているような木の形が見えていました。きれいでした。明かりが入ると、驚きました。空になったペットボトルをつなげて、天井から舞台いっぱいに木の形のようにして下げているのです。夢のようにキラキラと青紫色に光っていた舞台が、一瞬にして現在の時代を表しはじめたのです。劇団員全員が持ってきたペットボトルとのこと。

芝居って、演劇って、際限なく新しい「創造」が生まれてくるのです。

もう一度、新しい劇作家の誕生に大きな期待と、心からの拍手を……。


（『月刊クーヨン』１９９８年12月号）

兵庫県立ピッコロ劇団『ホクロのある左足』
——別役実と藤原新平の世界

日本国中に公立のホールがたくさん出来ています。文化国家日本だぞと言っているように。でも中身はと考えると首をかしげてしまうのですが。世界の劇場では専属の劇団をもつというのが常識です。おとなりの中国もそうなのです。

兵庫県立ピッコロ劇団は、全国初の県立劇団です。兵庫県立尼崎青少年創造劇場ピッコロシアターの創立は平成六年、今年で五年目。その間に文化庁芸術祭賞、二度の紀伊國屋演劇賞を受賞して話題になりました。

館長は女性、山根淑子さん。客員には劇作家、演出家、プロデューサーと実力のある人たちが並んでいます。俳優は二五名。

創立五周年記念、兵庫県立ピッコロ劇団第九回公演、別役実／作、藤原新平／演出、『ホクロのある左足』。一一月六日〜八日俳優座劇場、九日杉並セシオン。兵庫・尼崎市のピッコロシアターでの公演のあと、東京のお客様に観ていただくことになっているようです。

丸ノ内線東高円寺下車、杉並区にあるセシオン杉並に出かけました。

舞台には裸電球がともる電信柱が一本と、真黄色なポンコツ車が一台。何とはなしに集まってくる若者たち。青春をもてあまして、できれば〝トーキョー〟へ出て何かをやりたいと考えているのです。が、誰も手がかりをつかめない。トーキョーへ行きたいと考えながら、出ていくことができなかった若者たちのお話なのです。

別役実さんの舞台には電信柱が一本、ほとんどの作品が一幕物、休憩なし、一番長くて二時間足らず。今日も休憩なしの一時間半です。大阪弁で演じられます。

東京で生まれ育った私にはトーキョーへ出ていくという感覚は全く分からないのですが、この舞台の若者はディズニーランドのアルバイトを目指して、トーキョーへ出ていこうとするのです。

上下白の背広、赤いシャツといういでたち、ミッキーマウスのお面をもったミッキーさん。彼は本当にトーキョーへ行こうとして出ていくのです。それも妊娠させてしまった恋人のミヨコさんを連れて。しかし、トーキョーへ行ったと思っていたミッキーさんはポンコツ車の中で死んでいたのです。ディズニーランドには行かれなかったのです。

ミッキーマウスの足とそっくりな、ミッキーさんの足がポロリと車からこぼれ出たのを見て、私は大きな声で笑ってしまいましたが、となりの若い男性がくすりとも笑わないので、大きな声で笑うのがいけないような気分になりました。大阪ではみんな笑ってくれたのに東京の人たちはどうして笑わないのか、と演出家はおっしゃるのですが……。実は何て哀しいドラマなのでしょう。行く先はトーキョーのディズニーランド、それもアルバイト。それでも結局行くことができなかったのですから。

演出家の藤原新平さんが、こう書いていらっしゃいます。

「現在我々はこうしなければならない、こうすべきだというような規範も何も持ち得ないでいる。何もかもあいまいである。この人生生きているべきだということもなかなか言いにくい。何故よ、何故そうしなければならないの、という問いに正確に答えることができないからだ。生きていることが本当にいいのだと言いきる証拠を説明できにくい」

なんと哀しく、こわい芝居なのでしょう。

一九六〇年代、早稲田大学の近くの小さな小さな小屋で板の間に座って『マッチ売りの少女』を観たのが別役実戯曲に出会った最初でした。昨年春、文学座アトリエの会で「別役実劇作百本記念」と名づけて『金襴緞子の帯しめながら』を発表されました。

私には長い間理解することのできない作品がたくさんありましたが、一九八〇年代からとても好きな作品ばかりが続いています。私が少し成長したのでしょうか。ブラックユーモアのあふれた不条理の喜劇、物語性を捨て、言葉だけで人間関係を創っていく舞台。近年、私のこころを揺さぶるのは時代への批評と、人間を見る優しさなのかもしれません。それと、演出家藤原新平さんと組んだときのおもしろさなのでしょう。

戯曲が舞台で、花開くには演出家・俳優、そしておおぜいの人たちの手を経ているのですが、ピッコロ劇団の若い俳優さんたちの舞台は、きれいな空気が流れ、余分なものがまったくないといった、実にすがすがしく、さわやかなできあがりでした。「シンプルがベストだ」とおっしゃる藤原新平さんの演出を体の中から表現してゆく若い俳優さんを見ているうちに、うらやましくてたまらなくなりました。決して高いとは言えなくても、お給料の専属劇団員となり、私から見たら何と優雅に演劇をと思うのです。旅から旅への毎日もないし、優れた劇作家、演出家に恵まれ、俳優修行の道を歩いているのですから。

こうした劇団がもっともっとできてゆけば、日本の演劇事情も変わってくるのではないでしょうか。そうなったら、どんなにすばらしいでしょう。

（『月刊クーヨン』１９９９年1月号）

きんか舎公演・早坂久子『雁の帰るとき』

——中国残留孤児の半生

中華人民共和国・内蒙古自治区科爾沁《コルチン》右翼前旗、烏蘭浩特《ウランホト》。日本からの距離、三〇〇〇キロ。中国の地図を広げてみると、旧満州の中でもロシアとの国境に近い最北の地です。

一九三二年傀儡国家満州が生まれました。いえ、日本が自分たちのためにつくった幻の国満州です。五族協和、五つの民族が仲良く暮らし、すばらしい国をつくろうと日本人は満州へ、満州へと大勢のひとが出かけていったのです。広い広い土地で畑を耕し、豊かな生活を夢見て。でも、彼らは中国人から無理やり取り上げた土地だとは知らなかったのです。

戦争が終わって五五年、あの時の傷はいまだに癒えていません。あの広い中国に残され、捨てられていった子どもたちが祖国日本を求めているのです。中国残留孤児——日中国交樹立から九年も経った一九八一年から正式に肉親探しがはじまったのです。

私がいま上演している舞台は、遠い内蒙古自治区ウランホト、そこに住む徐秋芳——日本名山川光代——という、中国でひとり生き残った残留孤児の話です。

早坂久子／作、稲岡正順／演出、きんか舎公演『雁の帰るとき』。

昭和二〇年八月一〇日、ソ連参戦が伝えられ、満州に戦車軍団が侵攻してきたのです。

八月一四日午前一一時四〇分、旧満州・葛根廟草原で、興安街に住んでいた日本人避難団一二〇〇人がソ連軍により大量殺戮されました。銃で撃たれ倒れたひとたちを戦車で轢きつぶしたのです。そこは白骨街道と呼ばれ、死者がいまでも声を上げているのが聞こえてくると言われています。

当時の興安国民学校の生徒は約二〇〇名。その八割は葛根廟草原で殺戮され、長い間現場をさまよい歩いたのち日本に引き揚げてきた子どもは十数人、残留孤児となった子どもは数人。その残留孤児の中のひとりの女性がモデルとなった作品なのです。彼女は命をとりとめ、中国人に拾われ、戦争当時日本に留学していた兄と連絡がついて日本に来るまで、戦後四〇年近くかかっているのです。

日本という国が、いまも本当にあるのかどうかもわからない奥地から、自分の祖国に胸躍らせて帰ってきた徐秋芳でしたが、生まれた国であり、物質文化豊かに発展した国日本よりも、貧しくとも大切に育ててくれた養父母、そしてご主人、ふたりの子どもと共に暮らす中国で生活することに生き甲斐を見出すのです。中国に帰っていく徐秋芳の姿に合わせて、日本という国のありようを、作者の早坂久子さんは私たちに突きつけたのです。

昭和二〇年八月二〇日、満州国の首都・新京（現長春）にいらっしゃった一九歳の早坂久子さんは髪を男刈りにし、お父さまの背広を着込んで、ソ連戦車が轟音響かせながら進駐してくるのを見ていたとおっしゃっています。私の周りにも満州に、新京にいたという方たちが大勢存在しているのには驚かされます。

「今思い出してもやりきれないのは、極限状況下での自衛本能とはいえ、愛国者もいないのに、異民族間で煮えたぎっていた、あの憎悪だ。ただし例外はある。残留孤児の養父母となった人々がそれで、将来の嫁や労働力が格安に手に入るという打算があったにせよ、他民族の子どもを、使用人としてではなく我が子として育てたのだから。結局は個人の品格の問題だろうが、人は０・００……パーセントぐらいの確率で、この民族間のハードルを越えることも出来るらしい」と早坂久子さんは書いていらっしゃいます。

北京からチチハル行きの列車で二四時間、白城子《パイチョンズ》下車。トヨタハイエースでガタガタの道を一〇〇キロを超している猛スピードで二時間余。私が演じる徐秋芳の住居がある内蒙古自治区ウランホトへ。一九六五年の最初の訪中から何度中国を旅したでしょうか。ウランホト市への旅はこころがしめつけられるつらい旅でした。列車の窓から見える終わることのない広い広い高粱畑の中をあのひとたちは日本を目指して歩いたのでしょうか。白城子から猛スピードで通った葛根廟街道を、あの人たちは八月の大地を焼き尽くすような暑さの中を歩いたのでしょうか。どこまでも続く広い広い草原は隠れるところひとつありません。不意に現れた戦車の大軍団の前に、一一歳だった山川光代――徐秋芳、大勢の子どもたちは……。彼らがようやく隠れただろう小さな溝の中にはいまもなお白骨が残っているのです。

地球の丸さそのものの真っ暗な空にびっしりと隙間なく星が輝くウランホトの夜は、いままでどこの国でも見たことのない、押しつぶされてしまいそうな不思議な空、いえ、天空だったことをはっきりと覚えています。

広い広い中国。幻の満州に夢を求めて渡った大勢の大人たち。そして残された子どもたちを育ててくれた中国の農民たち。

早坂久子さんの戯曲『雁の帰るとき』は忘れている、いえ忘れていることが平気になっている、日本人である私たちに鋭い問いかけをしてくださいます。いまも世界のどこかで、たくさんの人間同士が殺し合いをし、ベトナムの大勢の子どもが障害を背負って生きているのです。

「未来は自分の後に、過去は自分の前にある」と堀田善衛さんがおっしゃっていました。

（『月刊クーヨン』1999年5月号）

『小さき神のつくりし子ら』
――烈しくやさしく美しい手話の力

切符が一枚もないということで、びっくりしました。

俳優座劇場プロデュース公演No.48、作／マーク・メドフ、訳／酒井洋子、演出／西川信廣、『小さき神のつくりし子ら』。一九八〇年アメリカで制作、ブロードウエイで八八七回上演のロングランの舞台です。追加公演でやっと観ることが出来ました。

舞台はアメリカのある州立ろう学校。寮の掃除婦をしている若いサラ・ノーマンは五歳の時に学校にあずけられた先天性のろう者です。

新任の口語教師（口の動きで、ことばがわかる）ジェームズ・リーズは、ときどき教えてやってほしいという校長の話から、サラ・ノーマンとコミュニケートしようとして、彼女の早い手話にびっくりしてしまうのです。

あるとき、彼はサラをイタリアンレストランに誘い、口語の必要を説くのですが、「あなたが与えたいと思っているものは私には必要ない」と拒絶されてしまいます。

やがてジェームズは彼女を愛しはじめます。サラも心を開いていきます。そして二人は結婚。いっしょに暮らしはじめるのですが、ろうのサラと健聴のジェームズ、二人の関係には、他のどの男女の関係とまったく同じように、ひととひととがお互いに理解し合い、コミュニケートすることの難しさが生じます。愛し合い、懸命に理解しようとしながら、大きな壁にぶつかってしまうのです。

舞台はパネルが何枚かあるだけ。場所の設定は、舞台を歩くだけで変わっていきます。

七人の登場人物のうち、三人はろう者の役です。サラは音声を出さず、セリフはすべて手話です。あとの二人は、ろう者特有のしゃべり方でセリフを言うのです。

『小さき神のつくりし子ら』の台本に、「サラ役はろう者の女優での上演を強く望む」と、作者マーク・メドフのことばが添えられているとのこと。「外国での上演では健聴の女優がサラ役を演じたということは聞いたことがない。作者が強く望んでいるということだけでなく、作品のテーマと深さを表現するためには、必要不可欠だとの思いからサラ役にはろう者の女優でやらせてほしい」と、演出の西川信廣さん。西川さんの強い希望で、社会福祉法人トット基金、日本ろう者劇団の協力を得て、三次にわたるオーディションの結果、サラ・ノーマン役にろう者の大橋弘枝さんが選ばれたのです。

美しい、輝いているサラ・ノーマン。大橋弘枝さんの手話は烈しく、やさしく、美しく、なんと切れ味がよいのでしょう。からだ全体で相手に伝えようという強い意思が伝わってくるのです。

私たちが音で出すことばは、何と無防備で乱暴なのでしょう。手話という「ことば」がもつ意味はしょう。

「手で話す」ということだけではなく、単純な手の形の中から、音声のことばより、はるかにたくさんの意味が聞こえてくるのではないかと思いました。ろう者の大橋弘枝さんの相手に対する集中力と、相手に伝えるという思い、からだからあふれる豊かな表情。俳優としてすばらしい才能の持ち主なのでしょう。

「聞こえない」ということがどういうことなのか、私には判りません。でも、演劇は、舞台は、いろいろなことを投げかけてくれます。

相手役の恋人ジェームズ役の今井朋彦さんは、手話と音声でセリフをしゃべるのです。どんな稽古だったのでしょう。演出の西川信廣さんが書いていらっしゃいます。

「これまでにない時間をかけた稽古になった。おかげで戯曲に書かれている通り、いやそれ以上にコミュニケートすることの難しさと喜び、そして多くの発見をさせてもらった。そのことの一つ一つがこの戯曲の行間を埋め、それが作品の質にもつながってくるとぼくは確信している。そしてこのことをきっかけに新しい出会いが演劇の場で広がることが、この作品を演出することの意味でもある」

一九八〇年のアメリカでのろう者の世界が描かれている舞台。時代の変化と共に、いまは、パワーにあふれる元気100%のろう者の世界が、つくられつつあると聞いています。日本ではどうなのでしょうか。演劇の世界でも、初めてろう者の大橋弘枝さんが採用されたのです。

差別を受けるなど長い苦難の歴史を経て、手話ということばの世界に多くのひとが関心をもち、手話に触れてみたい、手話で話してみたいと思うようになってきたということでしょう。

「聴こえないということ、それ自体が苦痛なのではない。苦痛はコミュニケーションと言語の断絶と共に訪れる」という、ろう者のことば通り、健聴の私は何と傲慢なのでしょう。

幕切れのサラのことばが心に残りました。

「あなたに私の力になってくれる意思があるかぎり、私もあなたの力になり続けたい」

幕が下りたとき、大勢のろう者のお客さまの拍手は、音のないことば、手話での拍手。それはそれは美しい光景でした。


（『月刊クーヨン』1999年7月号）

こんにゃく座・林光オペラアンソロジー
――ことばの一つひとつが大きな意味を

早すぎたかなと思いながら、東京・赤坂にあるサントリーホールへのエスカレーターをおりました。ホール玄関前の広場には、長い長い行列が出来ているではありませんか。指定席なのにこんなに早くから並ばなくてもと思いながらいると、「切符余っていないでしょうか、一枚でよいのです」と。おどろきました。

一一月上旬、第三〇回サントリー音楽賞を受賞された林光さんの記念コンサートが一回だけ開かれるとうかがってかけつけました。

『日本オペラの夢、林光オペラアンソロジー』。作曲／林光、構成／加藤直、出演／オペラシアターこんにゃく座。

こんにゃく座の熱烈なファンと自称している私にとって、小さなホールでの公演が多いこんにゃく座が客席二〇〇〇人のサントリーホールでの公演と聞いて、どんなことになるのかと心配もしていたのですが、客席はあふれんばかりのお客様です。

開演と同時に林光さんが登場され、前日に亡くなられたサントリー音楽財団の理事長佐治敬三さんへの感謝のことばを、そして今日のコンサートは佐治敬三さんに捧げる、と話されました。

こんにゃく座の芸術監督でいらっしゃる林光さんのオペラは約二〇作品を数えるとのこと、そのうちの一三作品がこんにゃく座の舞台です。『トスカ』『フィガロ』『椿姫』。オペラが大好きな私にとって、こんにゃく座のオペラはいままでとはまったく違ったオペラの出現でした。日本語のうたい方にこだわり、ことばの聞きとれる、誰にでも楽しめるオペラ、そして身体表現を。日本ではじめてのオペラを創り続けているこんにゃく座です。ピアノが一台、または小編成のアンサンブルの演奏、そして創作オペラ。このことは何よりもすごいことなのです。

オペラ『「森は生きている」一九九二』演出／岡林春彦、オペラ『「セロ弾きのゴーシュ」一九八六』演出／加藤直、ピアノ曲『「徳利小《とっくりぐわ》」一九七九』、オペラ『「変身　セールスマンKの憂欝」一九九六』演出／山元清多。今夜の「コンサート形式によるオペラ近作ハイライトの夕べ」の演目です。林光さんの音楽を一晩でこれだけ聞けるというだけで幸せです。

一九五四年、俳優座劇場開場記念に上演された『森は生きている』に、二二歳の林光さんが、二六曲の音楽を創りました。この舞台が日本ではじめての『森は生きている』の上演になりました。「もえろ、もえろ」とたき火を囲んでうたう十二月の歌は、四五年間、日本全国の子どもたち（いえ、大人たちも）の愛唱歌になりました。そして一九九二年、オペラ『森は生きている』が創られ、こんにゃく座での上演になったのです。現在も上演している私たち劇団仲間の舞台『森は生きている』は林光さんの音楽がなかったら今日まで生き残ることはなかったでしょう。こんにゃく座のオペラでは、大みそか、深い森の中に春の花マツユキ草をさがしにゆく少女と十二の月の精が出会う場面がうたわれ、何度拝見しても私にとってたいへん刺激的な舞台です。

宮澤賢治『セロ弾きのゴーシュ』。舞台劇、人形劇その他いろいろな分野でたくさんの作品が創られている有名な作品ですが、こんにゃく座では八六六回上演とのこと、驚異的な数字です。大好きなカッコウの場とフィナーレが上演されました。愛すべき大石哲史さんのゴーシュくん、竹田恵子さんのなんてかわいいカッコウなのでしょう。

夏目漱石『吾輩は猫である』、フランツ・カフカ『変身』はオペラになるなどとは考えてもみませんでした。こんにゃく座は、いえ林光さんはどんなものでもオペラにしてくださるのかもしれません。

休憩のあとネクタイなしの林光さんがマイクを持って登場なさったのです。譜面台に譜をおいて、ひょうひょうと、実にたしかにうたわれました。ことばの一つひとつが私の体に大きな意味を伝えてくれます。ドイツの劇作家ベルトルト・ブレヒトの詩なのでしょうか。人間には考える力があるということばが今でも胸に残っています。

受賞式での林光さんの文章です。

「どちらかというと道のないところを歩いて、そこを新しい道にするというよりは、先人の切り開いた道を歩きながら先人が手をつけなかった場所に花を植えることをしてきた私が、あえてそうしなかったのが、歌。そしてとりわけオペラの分野……。

生まれると同時に消え去るものの素晴らしさ、はかない美しさを、その瞬間にとらえようとする私の長いあいだの営みに、目をとめ、このように激励してくださった皆様に深く感謝するとともに、これからも私の仕事を観、聞き、ご批評くださいますようこころからおねがいいたします」

秋の夜のひととき、幸せな、心あたたまるときをくださった林光さん、こんにゃく座の皆さん、ありがとうございました。


（『月刊クーヨン』２０００年1月号）

上田演劇塾「いのち」
――人間の成長する姿は美しい

「今年は暖かくて」と、長野県上田市にうかがうたびに皆さんがおっしゃるのですが、上田の駅に降り立った時のあの冷たい空気、東京にいてはもう決して味わうことの出来ないものだと……。私には寒い、冷たいというより、すがすがしく感じられるのです。

上田演劇塾の第二回発表会が一二月二三日、上田市文化センターで開かれました。ジュニアコースの高校生八人、成人コースの大学生九人と社会人の皆さんが、学校が終わって、仕事が終わって息せき切ってかけつけて来ます。教育委員会のご厚意で小学校の使わなくなった給食室が稽古場です。木造の広いスペースなのですが、夏暑く、冬寒くて石油ストーブ五台が全く役に立っていないくらいです。

成人コースは清水邦夫作『楽屋』抜粋、別役実作『数字で書かれた物語』抜粋、北原白秋詩『おまつり』、ジュニアコースは信濃の民話から『つつじのむすめ』（上田市）、『望月の駒』（望月町）、『おくり犬』（上田市）、『大力の豊後』（飯田市）の四本を語ります。文学座の演出家藤原新平さんがこれらの作品を稽古の過程としてお見せするという形に構成され、全体を「いのち」と題して、どこにもない舞台になりました。照明と音響は上田市の専門家の方におねがいしましたが、あとは何もかも自分たちの力で創ります。

ジュニアの民話は八人が交替で四つの物語を語ります。言葉を生き生きと発することができるようにするには、呼吸する、大きな口をあけて言葉の一つひとつをはっきりと言う、物語の意味を深く考える、相手との関係、交流はどうしたら生まれるのか、を考える。指導の劇団新人会の俳優溝口貴子さんが皆に与えた課題です。

長い間語り伝えられてきた四つの民話、一つひとつが胸を打ちます。美しい自然の中での人間と動物のふれあい、苦しい生活の中での農民たちの底ぬけに明るい話。『つつじのむすめ』はいくつもの山を越え、毎夜恋人に会いにゆく乙女の烈しい恋の物語です。両手に米をにぎって固くにぎりしめて走るうちにおもちになり、恋人に食べさせる。それなのに男は彼女の烈しさがこわくなり、人間ではないのかと疑いはじめ、崖から突き落としてしまうのです。その谷が一面真っ赤なつつじで埋まる……。四つの話のどれもが、短い文章の中にかなしい、そしてしたたかな人間を描いているのには驚きました。

若い八人が全力で語る長野県の民話に観客席から温かいあつい拍手が鳴り止みませんでした。か細い声しかでなかった八人が見事に大きな声ではっきりと語る姿から、何かを求めて止まない若者の力と、演劇の基本の大切さを改めて考えました。おかあさんとふたりでいる甘ったれの千恵ちゃん、不登校で苦しんだ香奈恵ちゃん、ボーイフレンドが心配そうに手伝いに来てくれた知子ちゃん、高校を卒業したらホテルに勤めるための勉強をする千陽ちゃん。人間が成長していく姿は美しいものです。

八人の小さな集団はひとつの目的に向かっていて、私たち既成の劇団よりはるかに大きな広がりを感じさせてくれました。

有名な作品、清水邦夫作の『楽屋』。女優だけの楽屋です。役につけない女優がメークをして空想の役でうさ晴らし、思いつめる、おぞましい修羅の世界。チェーホフのせりふをしゃべり、これも有名な三好十郎作『斬られの仙太』を演じてゆきます。皆は「何もわからずおそろしさも知らない私たちだからやれたのですね」と言っていました。

別役実の作品は六人が長いテーブルに一列に座り、食事をする。ご飯、味噌汁、たくわん一人三切れ、たらのこ一人ひとはら、のり一人五枚。すべて本物、もちろんせりふがあります。ご飯を大盛りで四杯食べるひと、観ている私たちにとってこんなにおもしろい舞台はありません。北原白秋『おまつり』。おみこしをかつぐ、肉体表現です。かけ合いのせりふを元気よく言い、全員が舞台をかけめぐります。これらの演《だ》し物の間に、『叱られて』『早春賦』『ペチカ』をうたうのです。ほとんどのひとが知らない歌。こんなに時代が変わったのでしょうか。カラオケには演劇塾のほとんどの生徒が通うとのこと。でも先に挙げた歌をうたえないのです。カラオケが発達したことによって本当の意味での歌はうたわれなくなったということが証明され、びっくりしました。

どうしても目立ちたいから。職場でのストレスを発散させたい。「なあ、なあ」で生きている自分がいやだから……。一人ひとりが演劇を創る、演劇を学ぶということをどのように考えているのでしょうか。受け身の作業では決して演劇は創れないと、藤原新平さんはくり返しおっしゃいます。そして人間と人間の関係、かかわりを深く考えろともおっしゃいます。

授業が終わって、仕事が終わって演劇塾に一日も休まずに通ってくる生徒たち。一年という短い間に演劇は、演劇を学ぶ集団は確実に人間を変えてゆくということ、演劇の底知れない魅力を若いひとたちから改めて教えられました。


（『月刊クーヨン』２０００年3月号）

劇団風の子東京公演

——一番大切なものを思いおこさせる

井の頭線と小田急線の交わる下北沢駅は、いつも若者であふれています。静かな住宅街が、あふれるばかりの店舗が立ち並ぶ町に変わりました。

そして下北沢は劇場が立ち並ぶ町でもあるのです。本多劇場（四五〇席）、駅前劇場（一五〇席）、「劇」小劇場（一二〇席）、ザ・スズナリ（二〇〇席）、北沢タウンホール（三〇〇席）。北沢タウンホールは、世田谷区役所の出張所があり、貸し会議室もある建物の中の公営のホールです。ほかの四つは民間の経営です。どのホールも駅の近くにあります。

今日は、北沢タウンホールでの公演です。

劇団風の子東京公演『ガヤガヤとムッツリのたんじょうび』。舟崎克彦／作・絵『ガヤガヤムッツリ』『まほうのパチクリ』より、脚本／多田徹、構成・演出／信坂みどり。

白い鉄骨に白い花がからまった美しいアーチが舞台いっぱいに飾られています。ジャングルジムのように自由自在にあそぶこともできます。アーチの真ん中に大きな、大きな本が立てられ、ページをめくると中からガヤガヤくんとムッツリくんの登場です。

「ガヤガヤはせいがたかくて、いつも、すずのいっぱいぶらさがったよくめだつふくをきていました。ムッツリはちいさくて、いつも、まつぼっくりのぶらさがった、めだたないふくをきていました。ガヤガヤはおしゃべりをしたり、うたをうたったり、そうぞうしいことがだいすき。ムッツリは、ひとりで、しずかに本をよんだり、かんがえごとをしているのが、だいすきです。なにからなにまで、せいはんたいのふたり……。けれど、たったひとつだけ、おなじところがありました。それはたんじょうびです」（原文より）

もうひとり誕生日が同じなのが、世にも名高い魔女の娘パチクリです。みんなを困らせる世界一こわい大魔王になろうとがんばるのですが、なにをやってもみんなによろこばれてしまうのです。とてもいいお天気の誕生日の朝がやってきます。

真っ白な上着とズボンに、宇宙人がかぶる帽子かと思わせる、これも真っ白なかぶりものの三人がアーチを動かし、小道具を飾り、ありとあらゆる仕事をしながら、舞台を進行してゆきます。リズミカルなたのしい音楽に合わせて……。

ガヤガヤ、ムッツリ、パチクリ、三人のかわいいこと。衣装もとても凝っていて、すてきです。

舟崎克彦さんの世界は、ファンタジックでスリリング。そして、ガヤガヤ、ムッツリ、パチクリの三人の子どもが繰り広げる世界は、無邪気で温かく、やさしい……。どんな小さな子どもたちのこころの中にもいるであろう身近な三人です。小さな観客も、舞台の三人のように、自分を発見し、他者との関係を認識し、三人と一緒になって成長していくのかもしれません。

いいえ、私たち大人にとっても、ずっと昔どこかに置き忘れてきたかもしれない、一番大切なものを思いおこさせてくれました。温かく、やさしい世界にほっとするのです。

一九五〇年創立の劇団風の子は「日本の未来を考えることは、これからの日本の子どもを考えること」を理念とし、子ども一筋に歩いてきた集団です。子どものいるところどこへでもと、日本中を劇団風の子でうめつくす勢いです。それには地域を大切にと、地方に定住して活動がはじまりました。風の子九州、風の子北海道、風の子東京……、中国・四国・東北・秋田とまだほかにもあるのでしょうか。

そして、十数年前から外国公演がはじまりました。ドイツ、カナダ、中近東、アフリカ、東南アジア、アメリカ、韓国、ロシア、インド、中国と国際交流の輪を広げていきました。

『ガヤガヤとムッツリのたんじょうび』の脚本を書かれた多田徹さんを中心に、風の子は誕生しました。彼のやさしさと、一筋の道を追いつめる姿勢が若いひとに、次の世代に、どう受けつがれていくのでしょう。

幼児期を豊かにと創られた『ガヤガヤとムッツリのたんじょうび』。とりわけやさしさにあふれた舞台になっているのは歴史の積み重ねなのでしょうか。いまの子どもたちへの限りない愛情なのでしょうか。

五〇年の歴史の中で、すぐれた、たくさんの舞台を創った風の子にはこころからの敬意をと……。とてもよい気持ちになって、北沢タウンホールをあとにしました。

（『月刊クーヨン』２０００年４月号）

文学座公演・別役実『最後の晩餐』
――食べ物と人間の関係

別役実作、藤原新平演出、文学座公演『最後の晩餐』。新宿紀伊國屋ホール。

『最後の晩餐』と聞いて何を思われますか。有名なレオナルド・ダ・ヴィンチの絵『最後の晩餐』。キリストと一二人の使徒が描かれているのです。

私は別役実作品の『数字で書かれた物語』を思いました。男女六人が横に並んで、いっせいに食事をするのです。ご飯、お味噌汁、たくわん、たらのこ、焼き海苔、そしてお茶を。全部本物です。食べることを芝居として見る楽しさを味わった舞台として忘れることが出来ません。この舞台も藤原新平さんの演出でした。

藤原新平さんの創る舞台は、食べるものはいつでも本物であるということに気がつきました。俳優にとって舞台で本物を食べるのはたいへんなことです。でも見ている観客にとってこんなに楽しく、面白いことはないのです。

『最後の晩餐』と題を聞いた時から食べることが見られるのではないかと。出演者が男性一三人と聞いて、初日を楽しみに待っていたのです。

「ローマ暦七八四年、ヘブライ暦三七九〇年、西暦三〇年四月、その一三人はひとりをロバに乗せて、砂漠からその町に入って来た」と言う「影の声」で舞台がはじまります。ここは「ホームレス」といったひとたちの集まる場所なのでしょうか。役者たちは最初からカレーと水をおぼんにのせて、食べる場所を探して登場します。お水をこぼさないように歩いてくる一人ひとりの姿がなんとも言えません。それがまた心地よいリズムで、一人ひとり個性があって。きっと細かく計算されて創られているのでしょう。

「二十世紀の終わりに、食べる舞台をどうしても」と演出家がパンフレットに書いていらっしゃいました。本物を食べる舞台を見る楽しさ、本物を食べる舞台から、ことばからも対話からも聞こえなかったものが伝わってくるのですから不思議です。食べ物が俳優と同じ存在になる。藤原新平さんは人間と人間との関係、人間と物との関係と、関係を見つけ出してゆくことを大切に、とおっしゃる演出家です。食べ物と人間の関係を見つける、こんなに面白いことはありません。

　次に出てくるのが三時のおやつ。お茶とお砂糖をまぶしたピーナッツ。自分のが二個少ないと言って一個、一個数えるのです。おいしいあの味を客席の私もいっしょに味わうことが出来たような気がしてきます。食べ物の一つひとつが人間と同じように意味をもって私を楽しませてくれます。

　何とも得体の知れない一三人による『最後の晩餐』は圧巻でした。肉、にんじん、じゃがいものビーフシチューと丸いパン、オレンジをめぐって、お葬式のための食事だから並べるだけ、食べてはいけないということなのに、てんやわんやの騒動のうちに一三人で食べてしまうのです。舞台の前面にテーブルを並べ、一三人が客席に向かって座り『最後の晩餐』がはじまるのです。そして一挙に、レオナルド・ダ・ヴィンチの絵と同じキリストと一二人の使徒が出現しました。客席から割れるような拍手がおこりました。快挙でした。一三人の抑制のきいた、誰も突出していない舞台は日常生活を見ているような、肌ざわりのよい、きめ細かい、そして優しさがあふれる舞台でした。

　思いっきり笑いました。こんなに笑っている自分がたのしくて、たのしくて……。そして悲しくなりました。そして恐ろしくなりました。『最後の晩餐』の舞台は誰が救世主で、誰が裏切り者なのか、はっきりしません。誰でも救世主になれるし、誰でも裏切り者になれる。私たちの周りの世界は皆一人ひとりがその時に応じて見事に役を演じ分けてゆく。

　本当の自分はどこにあるのでしょうか。私たちって何なのでしょう。これから先はどこへゆくのでしょう。

決して広いとは言えない紀伊國屋ホールの舞台が奥深く、美しく見えました。緞帳でなく、巨大なシャッターが下りてきました。『最後の晩餐』の一三人があっという間に元の服装にもどり、半分だけシャッターの下ろされた舞台で、「俺たちってなんなんだ。ルンペンじゃないのかなって考えてるんだけどね……」。その姿が何も出来ない、閉じこめられて生きている私たちの「いま」を思わせ、ぞっとしました。人間の奥底にあるものを、人物のエッセンスとして、演劇で伝える『最後の晩餐』の舞台は見事に人間を見せてくれました。

「別役実の芝居には必ずといっていいくらい舞台に風の音がする」と演出家藤原新平さんが書かれています。藤原新平さんは『最後の晩餐』の舞台からどんな風の音を聞かれたのでしょう。

（『月刊クーヨン』２０００年８月号）

きんか舎公演『それゆけ、クッキーマン』
——観客参加型ドラマの楽しさ

今日は私の舞台をご紹介することにしました。

デイビッド・ウッド／作、小田島雄志・小田島若子／訳、稲岡正順／演出、きんか舎／制作、音楽劇『それゆけ、クッキーマン』という舞台です。一九九三年四月に創立された新しい集団きんか舎から出演依頼を受けて舞台に立っている、ということになります。

真夜中の台所が、お話の舞台です。台所の棚にはいろいろなものが並んでいます。その台所の棚が舞台装置です。トランジスターラジオ、カッコウ時計、マグカップ、塩、こしょう。上の棚にはティーポット、はちみつ、そして病気を治すたくさんの薬草のびんが並んでいます。

登場人物はカッコウ男爵、塩、こしょう、クッキーマン、ねずみのスリーク、ティーバッグのおばあさんの六人です。台所の棚が舞台装置、そしてねずみをのぞいて無機質のものが登場人物という舞台は珍しいのでしょう。

あるとき、カッコウ時計のカッコウ男爵の声が出なくなったのです。時間を知らせる「かっこう」と言う鳴き声が出なくなったのですから大変です。お友だちのお塩さんとこしょうさんが何とか助けようと考えます。そのとき二人は人間の形をしたクッキーがころがっているのを見つけました。この家の奥さんが作ったのでしょう。でも顔には目も鼻も口もありません。

そこで、カッコウ、塩、こしょうの三人が協力して「クッキーマン」を完成させました。元気いっぱいのクッキーマン。真夜中の棚で歌ったり踊ったりのパーティが開かれます。だけど、さあ大変、この家のご主人と奥さんが起きてきてしまいました。

ちょうどそのとき運悪く午前一時に。しわがれ声のカッコウが一声「かっこう」と鳴きました。ひどい声を聞いた奥さんは「ひどい音、明日の朝、ごみ箱に捨てるわ」。役に立たないとわかると何でも捨ててしまう奥さんなのです。「何とかしなくては」「のどには甘いはちみつが」と、カッコウたち。でも、そのはちみつは上の高い棚にあるのです。そこにはティーポットの中に住んでいる、意地悪なこわいティーバッグのおばあさんがいて、はちみつの番をしているのです。カッコウの声を治すために、元気なクッキーマンの冒険がはじまります。

私はティーバッグのおばあさんの役です。長い俳優生活でおばあさんと名のつく役は初めて。それもこわくて、意地悪なおばあさんです。同じ箱に入っていたティーバッグたちはみなお呼びがかかったのに、奥さんに忘れられ、賞味期限が切れたティーバッグはティーポットの中で毎日文句ばかり言って暮らしていました。ひとりもお友だちがいなくて、本当は淋しくて、淋しくてたまらないのです。はちみつを取りに勇気をふるって棚の柱をよじ登って上に来たクッキーマンに、意地悪く「はちみつはあげない」と言いながら、クッキーマンと仲良くしたいと心の中で思っているのです。やさしい、美しい二枚目？で通して来た私が「もっと意地悪に、こわく」と演出家に言われながら、私の中の、ひとには見せたくない、意地悪なこわい私を取り出して人物を創っていくのですから大変なことなのです。それに、うたい、踊るのですから。

ひとりでなくみなと仲よく助けあってゆくことの楽しさがわかったティーバッグのおばあさんは、お友だちを見つけたことに大喜びします。

この舞台のいちばんの特徴は、お客様を舞台に引き入れてしまう観客参加型のドラマなのです。たとえば、棚のうしろをかじって穴をあけ、ねずみのスリークがクッキーマンをかじりにやってきます。それを観客の力を借りて追いやろうと言うのです。クッキーマン、こしょうさん、お塩さんの指図で子どもたちは大きな声で「きゃあー！」とさけび声をあげて、本気でねずみのスリークを追い出そうと、一生懸命になるから不思議です。

作家のデイビッド・ウッドさんは、イギリスで国家的児童劇作家と呼ばれ、子どもへの作品を書いていらっしゃる劇作家です。作詞も作曲もと、たくさんのミュージカルを創られています。『それゆけ、クッキーマン』の音楽も彼の作曲です。私もソロが二曲、合唱が三曲とCDまで作ってしまいました。いろいろな意味で自由を奪われている子どもたちが、どこに行って上演しても、夢中になって身を乗り出してくれる舞台に立つことが楽しくて、楽しくて。

舞台を離れた素顔の私に、ティーバッグおばあさんでしょうと駆け寄って来た子どもに「どうしてわかるの？」と聞くと、「声ですぐわかるよ」と手を握って飛び跳ねるのです。

「表面的な――知ったかぶりの――演技スタイルは使わないほうがいい。観客は登場人物がかかえている問題を、本気で心配してハラハラする時に最も熱中して舞台に参加する。観客が本気で心配するのは、俳優自身が自分のかかえる問題を、本気で心配することによってのみ導き出されるのである」とデイビッド・ウッドさんが書かれています。

今日も暑いなか旅に出かけます。

（『月刊クーヨン』２０００年９月号）

きんか舎公演『少年王 マチウシ』
――子どもを尊敬したコルチャックの童話

暑い、暑い夏でした。でも、ちゃんと美しい紅葉の秋が来ました。

あの暑かった毎日、冷房なしの稽古場で四〇日間稽古に励みました。今日は私たちが暑い夏に創った舞台のお話を書くことにしました。

ヤヌシュ・コルチャックという名前をどこかでお聞きになったことがありますか。

一八九八年から一九三九年までの間にたくさんの本を書きました。『おもしろ教育学』、第一次大戦に軍医として動員され、前線で書き上げたと言われている『子どもをどう愛するか』、その第二版の巻頭論文として書いた『子どもの尊敬権』は教育学の名著として早くから注目されていました。

また、ヤヌシュ・コルチャックは、子どものために、子どもたちのことを語る本をたくさん書きました。マーク・トウェインの『乞食と王子』と並んで論じられる彼の児童文学作品のなかで、子どもたちにいちばん愛されているのが長篇童話二部作『マチウシ一世王』『無人島のマチウシ』なのです。

きんか舎公演、ヤヌシュ・コルチャック／作、大井数雄／訳・脚色、稲岡正順／台本・演出、『少年王 マチウシ』。

私は少年王マチウシを演じます。少年王マチウシを通して、ヤヌシュ・コルチャックの生き方そのものが語られる、このお話は面白く、おかしく、そして悲しい童話です。人間を愛して止まない、いえ、子どもをこんなに尊重し、子どもを愛したひとがほかにいたでしょうか。残念なことに、日本ではまだまだ知られていない童話なのです。

おかあさんを早く亡くし、おとうさんの王様も亡くなり、世界中の子どもたちの幸せを夢見た小さな王様マチウシが誕生します。マチウシは何もわからないまま、大臣たちが起こした戦争を体験し、自分を守ってくれるために戦う兵士たち、そして敵さえも、自分と同じ人間だということを知るのです。そして、大臣たちの反対にもめげず、マチウシはひとりで考え、次から次へと、国中の皆のために、子どもたちの幸せのためにと行動します。

マチウシは戦争で国にお金が無くなったことを知り、寂しい国の女王様のところにお金を借りにいきます。そして、アフリカのブルドルム王のところに行くことを勧められます。そこは人食い人種の国だと思っていたのに、大切な新しいお友だちとして王女クルクルに出会い、結婚まで考えるのです。そして、アフリカからたくさんの動物を持ち帰り、動物園をつくります。さらに子どもたちだけの議会を開くこともします。

すばらしい国とは何か。人間を大切にするということは何か。子どもたちみなが幸せになるようにするためにどうしたらよいのか。——国のひとびとのことを考え、すばらしい明日を夢見ていたマチウシ。でも大臣たちの悪だくみは着々と進み、マチウシが書いたとする、にせの呼びかけをみなに突きつけ、「暴君マチウシ」とレッテルを張り、彼を牢獄へ。

「ずるい大人、欲張りの大人、わるい大人」とマチウシのせりふにもありますが、この舞台を大人たちはどう見るでしょう。「きっと見たくないと言うでしょう」とコルチャックさんは書いています。大臣たちを演じている五人の俳優たちは「現代のどこかの国の大臣そっくりだ」と言っています。

一九二三年に書かれたこのお話が、八〇年もたったいまの状況とちっとも変わらないのはなぜなのでしょうか。

ポーランドに生まれたユダヤ人コルチャックは小児科のお医者さまです。恵まれないユダヤ人の孤児たちのために二つのホームを作り、一生を子どもたちといっしょに暮らしました。この二つの施設での教育の仕事が、彼の生涯の基本的な仕事となったのです。

このお話のなかの一つ一つのことばが胸に響きます。――「人権を尊ぶことが平和な世界をつくるのです」「権利には必ず義務がともなうのです」「ひとを許す、寛容、思いやる心」。

祖国を失い、ナチに追われ、ユダヤ人のホームの子どもたち二〇〇人といっしょにトレブリンカ絶滅収容所のガス室で彼が殺されたのが、一九四二年八月五日。

「ヤヌシュ・コルチャックは残ってよろしい。列車から降りなさい」。しかし、ファシストの恩赦を拒否して、子どもたちと殺されたヤヌシュ・コルチャック。子どもたちにマチウシのことを語ったコルチャックは、自身もマチウシのように生きたのです。

ヨーロッパ最大の被害国ポーランドでは六〇〇万の人たちが殺され、なかに子どもが二〇〇万人以上も含まれていました。

暑い、暑い、この夏。ヤヌシュ・コルチャックに出会い、少年王マチウシといっしょだった四〇日の稽古の毎日は、ヤヌシュ・コルチャックの情感にあふれる詩人の魂に少しでも近づきたい思いでいっぱいでした。一一月からはじまる公演で、客席の子どもたちが何を考え、何を見てくれるのか楽しみでたまりません。

「子どもが好きなのです。子どもは未知の偉いひとですから」と言うコルチャックさんに、現代の子どもたちの声は届くのでしょうか。

（『月刊クーヨン』２０００年12月号）

前進座『大石内蔵助――おれの足音』

――池波正太郎さん原作の楽しい舞台

二〇〇一年に七〇周年を迎える前進座の二〇〇〇年最後の公演に行ってきました。

池波正太郎／原作、小野田勇／脚色、鈴木龍男／演出、『大石内蔵助――おれの足音』。東京・吉祥寺の前進座劇場です。

前進座上演の忠臣蔵物年表によりますと、初演が一九三二年――昭和七年とあり、数えてみますと六四本、毎年上演される演し物といっても過言ではないでしょう。

日本人の好きなお話、こよなく愛されている「忠臣蔵」――四十七士です。

私は、小学校が港区でした。田村町四丁目――いまは町名が変わっているかもしれませんが、その田村町四丁目交差点の脇に「浅野内匠頭屋敷跡」と書かれた小さな石碑があったのを覚えています。小学校の行き帰りに皆で触ってあそんだことを思い出しました。

七〇年の歴史をもつ前進座は、歌舞伎、現代劇、児童青少年演劇とすべての分野の舞台を創っている劇団です。附属俳優養成所もあり、たくさんの俳優を育てているのも大きな特色です。中村翫右衛門、河原崎長十郎、河原崎國太郎、嵐芳三郎、中村梅之助、嵐圭史、中村梅雀……たくさんのお客様に愛された、いえ現在も愛されている俳優が揃っている劇団でもあるのです。

日本人の愛する「忠臣蔵」、どこに視点をあてて舞台を創るのか。舞台に、映画に、講談に、浪花節、たくさんの数え切れない忠臣蔵があるのでしょう。そして大石内蔵助があるのでしょう。

原作者池波正太郎書くところの大石内蔵助は、「人というものはな、食べてねむって、ほどよき女を抱いて暮らすことが、万事なごやかにはこべばそれでよいのだ。つきつめて見ると人の人生とは、それだけのものよ」。あの事件が起こらなかったら、浅野家の国家老としての名も残らなかったでしょう。何事も起こらず、平穏な一生を送ることを願っていたにもかかわらず、あの事件が起こってしまった。「人間というものは絶体絶命の逆境に立ったときでないと真価はあらわれぬ」と、原作にも書かれています。

今度の舞台は、テレビでおなじみの梅雀さんの大石内蔵助です。坊やのような、可愛い俳優だと思っていましたのに、しっかりとすてきな俳優に成長しているのに驚きました。翫右衛門、梅之助、梅雀と三代続いて、先達の芸を次の代にしっかりと継承させてゆく前進座のあり方に、なんとも言えないうらやましさを覚えました。

歌舞伎での基礎をしっかりと身につけている俳優がそろっていること。登場人物一人ひとりどんな役の俳優も実に口跡が良いのです。そして、現代劇の演技をどのように創ってゆくのか。私には興味深いことばかりです。

家族を愛し、あそびを好み、平凡な一生を願う凡庸な愛すべき内蔵助を見事に演じられた梅雀さん。人間の力を、人間のすごさを、そして舞台のたのしさを……。たのしい舞台でした。たのしいということは、観客にとってどんなに大切なことか。からだがゆったりとほどけてくるのです。

平凡な、凡庸なひとりの人間。昼行灯といわれた大石内蔵助が精一杯生きて皆を引き連れ討ち入りに向かう姿には、気負いのない自然な梅雀さんの立ち姿がありました。

たくさんの「忠臣蔵」があるなかで、前進座の創る「忠臣蔵」の特色は何なのでしょうか……。

殿様の刃傷に続く「討ち入り」という、江戸の人たちを驚かせ、いろいろな形で今日までこんなに愛されているお話の中心にある、大石内蔵助。これからも、様々な角度からいろいろな描き方が語られ、演じられてゆくのでしょう。

原作者池波正太郎の食に向かう姿勢――私は大好きなのです。『食卓の情景』をはじめとするたくさんの食の随筆は、池波さんが自分の人生を語っている本として何度読んでもたのしいのです。銀座資生堂のレストランのチキンライスを丁稚奉公時代の池波さんがお金をためて食べに行くくだり。着物に鳥打ち帽、そしてマフラーのかわいい池波さん。大きなおいしい鳥がたくさん入って、上にグリンピースがのっている、あのチキンライス。私も子どものころ、父といっしょに銀座資生堂へ行くのがうれしくて、あのおいしさはいまでも忘れられません。ただ、おいしい食べ物のことを書いているのではないのです。

『大石内蔵助――おれの足音』の舞台では、病床の祖母の於千のために、自分でそうめんを作り、枕元に届ける大石内蔵助が描かれています。池波さんのエッセイにも、おかあさんから作り方を教わり、毎日そうめんが食べたいという病床の曾祖母に、亡くなるまで、そうめんを枕元に運んだと書かれているのです。

『大石内蔵助――おれの足音』。この「おれの足音」ということばに、この芝居のすべての意味がこめられているのでしょうか。本当にたのしい芝居でした。

(『月刊クーヨン』2001年2月号)

日本フィルハーモニー交響楽団
――子どもと一緒の幸せな一日

今回は、演劇ではなく音楽について書くことにしました。ベートーヴェン、シューベルト、ショパン。ベルリオーズだけを聴いた年、モーツァルトだけを聴いた年もありました。押し入れにはいまも、昔のレコードがぎっしりとつまっています。クラシック以外は聴いたことがないと言っても過言ではありません。いまはバッハばかりを聴いています。ひまが出来たら音楽会へ足を運び、こころが安らぐひとときを求めて、客席に座ります。

わたしたちの舞台の大切なお客さまである子どもたちと一緒に、日本フィルハーモニー交響楽団を聴くことが出来るというので、川崎市教育文化会館に出かけました。川崎駅の近く、競輪場の並びにある古いホールです。会場は人、人、でどこから入ってよいか判りません。二〇〇〇名の客席は満員です。子どもたち、おとうさん、おかあさん、そして青年たち、みなうれしそうに、華やいだ空気につつまれています。わたしの席の両隣りは、若い男性です。ふだんはジーパンにシャツの若者たちが、今日は背広にネクタイ。なんともほほえましい光景で、私までこころがはずみました。

ベートーヴェン交響曲第5番『運命』。ヴェルディ〈アイーダ〉より『凱旋の行進曲』。ヴォルフ＝フェラーリ『聖母の宝石』間奏曲第1番。ブラームスのハンガリー舞曲第5番。交響詩〈我が祖国〉より『モルダウ』。指揮者三原明人。そして、楽器紹介のコーナーがありました。

七二人編成のフルオーケストラ、お客のほとんどは生のオーケストラを聴くのは初めてです。いよいよ楽員の方々の登場です。コンサート開始前、なんども舞台に出てきて楽器を調べていたコントラバスの若い茶髪の奏者、白髪まじりの髪を後ろでむすんだコンサートマスターの方、ハープ奏者の美しい女性。子どもたちもわたしと同じように、舞台を見つめています。池袋の東京芸術劇場の大ホールでも、オーチャードホールでも味わえない、すてきな客席です。日本フィルハーモニーは市民とともに歩むオーケストラとして、年間一五〇回のオーケストラ公演と、二〇〇回の室内楽活動をくり広げています。

ベートーヴェンの『運命』で幕があきました。みな息をのんで聴いていて、わたしの隣りの青年は、からだを乗り出しています。音楽って良いなあ、小さな子どもたちは何を感じ、何を考えて客席に座っているのでしょう。二〇〇年以上も前につくられた、ベートーヴェンの『運命』を聴いていることが不思議になります。

「暑い、暑い」「上着を脱いだら？」「ちがうよ。からだの中に火が燃えているみたいなんだよ」。休憩時間の青年たちの会話です。家族全員七人で来たという小学五年生の男の子は、「小さな妹と家に帰ってから話すのが楽しみです」。「いいなあ、すごいなあ」という声も聞こえてきます。「東京には立派な音楽ホールがあるのでしょうね。川崎にも音楽専門ホールがほしいです。音も違うのでしょうね」と話しかけてくれた青年たち。

音楽の歴史は、人類の歴史とともに始まったと本に書かれていました。いつの頃から人間は歌をうたい、楽器を奏でてきたのでしょう。言葉で言いあらわせない気持ちや美しさを、音楽であらわす。聴くひとそれぞれによって感じること、考えることがちがう。人間が生きてゆくのに、なくてはならないものなのです。小さな、小さな子どもたちのからだの中に、ベートーヴェンの『運命』はどう響いたのでしょうか。舞台では楽器の紹介です。ヴァイオリン、弦楽器からお話が始まりました。楽器が大きくなるにつれて、音は低音になります。管楽器、金管、木管、太鼓……と、それぞれの説明が終わると、各楽器でみんなが知っている音楽を演奏します。子どもたちは大よろこび。最後の曲、交響詩〈我が祖国〉は、わたしの大好きな曲です。何度聴いても、わたしの胸を大きく揺さぶります。すごいなあ、どうしてあんなに上手にひけるのかなぁ。子どもたちが口々に話しています。

カーテンコールは有名な『ラデツキィ行進曲』です。指揮者の三原明人さんが、客席に向かって指揮棒をふります。指揮に合わせて手を打つ観客。ひときわ元気に、うれしくてたまらないといった顔の子どもたち。お正月のウィーンフィルの華麗さには及びませんが、小さな子どもたちの手、大きな大人の手が奏でる手拍子は、よろこびにあふれてすてきでした。ぴょん、ぴょんと飛びはねながら帰ってゆく子どもたち。音楽は、わたしたちの演劇の舞台とは違う形で、子どもたちのこころをゆさぶっていました。室内楽を聴いた四歳の女の子が「おかあさん、虹のようだね」といった話を思い出します。子どもと一緒の客席にすわることが出来て、幸せな一日でした。

（『月刊クーヨン』２００１年６月号）

スウェーデン大使館児童青少年演劇祭
——人間のこころを大切に

地下鉄日比谷線神谷町を降りて、雨の中、緑の美しい坂道を登るとスウェーデン大使館です。スウェーデン大使館の報道参事官カイ・レイニウスさんから、スウェーデンがＥＵの議長国になるので、大使館では記念行事として、児童青少年演劇を中心とする文化行事を考えていると、お話がありました。そして、スウェーデンから四本、日本から三本の舞台で、小さなフェスティバルを開くことになりました。会場は大使館の会議場、八〇人の客席が階段式に並ぶ小さな舞台です。「スウェーデンの劇の一本は当館で」と、渋谷の児童会館もこころよく力を貸してくださいました。

大好きなスウェーデンの方々といっしょに、児童青少年演劇祭のための毎日をすごすことになりました。

一九五八年、スウェーデンの首都ストックホルムに、最初の人形劇場・マリオネット劇団をつくられ、日本の人形劇界でも知らないひとはいないという、ミカエル・メシュケさんが総責任者として来日されました。子どもへの深い考察をお持ちのメシュケさんの舞台は、ストックホルムで拝見しました。人形作家、人形使い、演出家、また国立ストックホルム演劇大学の教授として、活躍する紳士です。一週間日替わりの公演、毎日定員八〇人を越すお客さままでした。大使館内での公演ということに、みなさまたいへん興味を持たれたようです。ロビーにはフェスティバル期間中、スウェーデンの子どもたちが描いたスケッチが展示されました。

わたしが選んだ作品は次の三つ。まず、劇団道化（九州福岡の劇団です）の『しょうぼうじどうしゃじぷた』。誰にも見向きもしてもらえない小さなじぷたくんのお話です。三人の俳優は大きさの違うしょうぼうじどうしゃを動かしてゆきます。人形劇でもない、紙芝居でもない、いろいろな手法を使っての舞台です。小さな子どもたちのこころをとらえる手法は見事なものです。そして、人形劇団かわせみ座『ことばのないおもちゃ箱』、ふたりで演じる糸繰りの人形劇です。ことばを一切使わずに、見るひとの想像をかきたて、夢の世界に連れていってくれます。人形の一つひとつが非常にオリジナリティにあふれ洗練されています。舞台劇『すすむの話』、この舞台をつくるために集まり、「すすむの話を上演する会」と名づけました。イギリスの劇作家デビッド・ホールマンさんが、日本の広島、八月六日の原爆について書いた作品です。一一歳のすすむくんと清子さんの友情を美しく描きながら戦争の悲劇が語られるのです。

スウェーデンの作品は、人形劇マリオネット劇団『ミーナとコーゲ』、愛と別れがテーマの冒険物語。パントマイム、パントミイム劇団『フレイア・元気いっぱいのおんなの子』、仕事を何から何までひとりでする姿には驚きました。劇団ペロー『ぺぺとキララ』、同じ夜に生まれた少年と馬の交流を描いた美しい舞台。夜空に輝く星、野原を駆ける子馬、海に迷った子クジラ、何もない舞台に男女ふたりの肉体表現で、すべての登場人物が描かれます。人形劇、国立ストックホルム演劇大学の学生四人、自分たちで、ストーリーを書き、人形もつくり、動かします。人形劇を専門とする学部があると聞き、うらやましいと言うしかありません。四人がそれぞれ演じる小さな四つの作品、新しくみずみずしい舞台に、お客さまの拍手がなり止みませんでした。参加者八〇人で開かれたセミナーは、いままでのどんなセミナーよりすぐれた時間でした。

参加者のひとりからお手紙をいただきました。

「すてきな企画をありがとうございました。楽しさに浸るとともに、考える事ができました。この十年ほどでしょうか、日本では〝小型作品〟が経済的事情から生まれたかのように思えるのですが、スウェーデンでは、子どもに向けた演劇を基本に考えたありようとして、小さな空間で一時間前後の公演なのですね。その考え方にあらためて興味を覚えています。加えて俳優は、子どもがこれを欲しているからそのような劇をするのではない。自分が演劇で何を表現したいか、発信したいか、そこから出発するのだと、こともなげに言い切る事に深い考えを感じます。そして日本で見た大がかりな舞台への失望感を遠慮せずに言った事に真摯な姿勢を感じました。日本でもあのようなやりとり（批評や論議）がやれるように、いっときも早くなるといいのにと思いながら聞いていました」

大使公邸でのレセプション、温かいこころのこもったパーティ。大使館の裏を支えるひとがフィリピンの一家だということもおどろきでした。その子どもたち四人がパーティに来て、スウェーデンの子どもたちと並んで座っていました。人間のこころを大切にと言うスウェーデンの国のありよう。小さな青少年演劇フェスティバルの体験はわたしにとって貴重な毎日でした。

（『月刊クーヨン』2001年7月号）

藤原新平語録

——創ることを共有できる幸せ

長いおつきあいの方が大勢いらっしゃいますのに、図々しく恋文を差し上げる失礼をお許し下さい。初めてお目にかかった時のことがどうしても思い出せません。一九九六年七月、川崎の宮前市民会館の楽屋で、藤原新平さんに演出をおねがいするための話し合いを開いたことは覚えておりますのに。その年の一〇月、小山祐士さんの『十二月』が初めてのおつきあいになりました。新劇を志してこんなに長くになりますのに、人との出会いは不思議なものです。まさに別役実・不条理劇。川崎照代・ぐるーぷえいと。時間があると劇場に行くのが大好きな私です。客席から大変興味深く演出家藤原新平さんを想像し、お写真を拝見しておりました。藤原新平さんの舞台を拝見していてよかった、私の目に狂いはなかったとひそかに自分をほめております。でも年を重ねてからお目にかかれて本当によかったと思っております。長い間のおつき合いより、短い間に濃く中身のつまった時間をご一緒出来ることの幸せをかみしめております。

舞台はどんな悲惨な、どんなに残酷な、どんなに苦しい題材であっても美しくありたい、メッセージの作り方も美的であってほしい、舞台の上から直接のメッセージでなく、かくれた大切なものをお客様一人ひとりが探してほしい、このことは私が子ども達の前に立つことによってよりいっそう深く思っていることなのかも知れません。それに応えられる俳優でありたい。藤原新平さんと小山祐士作『十二月』『二人だけの舞踏会』、島田九輔作『漱石山房の人々』、三本の舞台をご一緒してこの美しいということの意味の大きさがよく分かってきました。

稽古の毎日は、演劇とは何かという問いかけがしつっこく発せられているような気がしてなりません。そして演技とは何かと。それらしく演じることへの叱責はすごいものがあります。

役の人物に成り変わる、成りきるとはどういうことをいうのか、そんなことはありえないと、なやみ始めたのは何時頃のことだったのでしょうか。そして役を創るとはどういうことをいうのかと。

「今自分は何をしているのか、相手の全存在をいかに感知しているか、俳優の生身の現実感覚が現われ、問われる。私が私であることからの出発」

と伺ったことからの私の演技への疑問が少しずつ分かってきました。リアリズムをアンチ・テアトルといわれる不条理劇の中から見ようとなさる藤原新平さんの考え方も。

稽古が楽しくてなりません。藤原新平さんが創り出すリズムに乗れた時、舞台での私はなめらかな何ともいえない軽《かろ》やかな自分に気がつきます。これは初めての体験でした。

「安易で類型化した演技、自己流の演技を繰り返し、経験によりかかる自己過信に陥っている。また若さまかせの熱演の一人よがりの自己陶酔を表現と過信しているような演技をしている」

今年はもう一つ加わりました。

「長いこと舞台に立っている俳優の傲慢な演技」——藤原新平語録です。

まだ五年間の短いおつきあいです。でも一本、一本と舞台を重ねる度に、自分の知らない、全く分からない新しい自分が生まれてきていると思うのは間違っていないと思うのですが……。

創る喜びを共有することが出来る演出家に出会えたことは何と幸せなことなのでしょう。

ぼくは本当に人間が好きなのか、演劇が好きなのか、と思いなやむ藤原新平さんの姿に、何ともいえない人間くささと、若々しさを感じる毎日です。ポーランド留学の時のアウシュヴィッツでの二週間の体験が自分の演劇のもとになっているとおっしゃっていらっしゃいました。この次はこのことを詳しくお聞きしたいと思っております。

次から次へと新しい劇作家にトライしてゆく藤原新平さん、今年は第三エロチカの川村さんの『牛蛙』の公演を楽しみに待っております。どうぞ、くれぐれもお体を大切になさいますように。


（『悲劇喜劇』２００１年８月号）

演劇集団円『くすくす、げらげら、うっふっふ』

――優しさと、ちょっとした毒と

演劇集団円は大人のための舞台をつくる集団です。劇団と言わず集団と言うところが円の円たるところなのでしょう。「円・子どもステージ」がはじまって、ちょうど二〇回目のステージを観に行きました。

ＪＲ総武線両国駅、お相撲が開催されているときはたいへんな混みようです。国技館の反対にある高いビルの一階、客席三〇〇の劇場、シアターχ《カイ》が、子どもステージの常打ち小屋です。

現代語訳狂言『くすくす、げらげら、うっふっふ』は、現代語訳・谷川俊太郎、企画・岸田今日子、演出・小森美己。一九九四年に上演されたオムニバス『くすくす、わっはっは』に次いで現代語訳狂言の第二弾です。毎年クリスマスをはさんで、年末に上演されます。おとうさん、おかあさんは後ろの椅子席に、子どもたちは前のさじき席に。この方式も円が最初だったのでしょうか。

能舞台を模して背景には松の絵。橋がかりに登場する入口には、白紫赤緑黄に色分けした垂れ幕がかかります。能舞台を模した皿田圭作さんの美術です。

狂言は昔からある舞台芸術ですが、大人でもなかなか観る機会がないと言っても過言ではないでしょう。

谷川俊太郎さんの現代語訳は「ちょっとだけわかりやすいようにいまのことばに直しただけだけど」

とパンフレットに書かれていますが、子どもたちはよくことばを聞き、声をあげてそれはうれしそうに笑っています。大人たちにとっても狂言入門として貴重な舞台なのではと思いました。

「ぼうふら」と言っても現代の都会の子どもたちは知っているのでしょうか。わたしの子どものころは玄関脇に置いてある大きなかめの中で、ふらふら泳いでいました。蚊の幼虫なのです。その「ぼうふら」が主人公になるのでしょう?

衣裳がおもしろいのです。手がどこにあるのか、足がどこにあるのか、でもぼうふらに見えてくるから不思議です。俳優は五色の幕を見上げて能・狂言のすり足で登場します。

そして「ぼうしばり」「うつぼざる」。どれもたのしく大きな声で笑いました。九人の俳優さん一人ひとりがたのしんで演じている姿はとてもすてきでした。

「円・子どもステージ」はこれまで、岸田今日子企画、谷川俊太郎訳、佐野洋子作、別役実演出など独特で、ほかの児童演劇にはない舞台をつくり上げているのです。一昨年の別役実さんの『不思議の国のアリスの帽子屋さんのお茶の会』は大好きな舞台のひとつです。子どもへの舞台がたくさんつくられてゆくなか、「円・子どもステージ」がひと味もふた味も違うのはなぜなのでしょう。やわらかなからだとこころで受け止める子どもたちを目の前にしての舞台のおそろしさ……そのようなことはどこ吹く風と、演劇を、芝居をつくる熱っぽさが、わたしのこころを熱くするのです。

『くすくす、げらげら、うっふっふ』の題名通り、会場全体が笑っていました。あのかわいい、なんとも言えない、からだ全体で笑っている子どもたちの声がいまでも耳に残っています。

子どもたちへの舞台が論じられるとき、「子どもをどう理解するのか」「子どもたちと同じ目線で」

と言われているのですが、「円・子どもステージ」の舞台は、優しさと、ちょっとした毒があるのです。このちょっとした毒がわたしにとって問題なのです。

毒をどう表現し、つかまえてゆくのか。谷川俊太郎、佐野洋子、別役実、どの作品にも毒があるのではないかと思うのですが……毒のない舞台などわたしには意味がありません。もちろん、子どもへの舞台にもです。

岸田今日子さんの企画、子どもの舞台一筋の演出をなさっていらっしゃる小森美己さん、うらやましいコンビです。舞台芸術の分野のなかで、子どもへの舞台がどんなに大切であるか、多くの大人たちにわかっていただきたい、それには優れた舞台をつくることしかない、優れた舞台とはどのような舞台を言うのか。

先日九三歳で亡くなられた指揮者の朝比奈隆さんが言われたことを思い出します。

「小手先でなく、愚直なくらい真っ直ぐに演奏しなさい」

「円・子どもステージ」は、確実に真っ直ぐな道をこれからも歩いて行くのでしょう。あの、若い、エネルギーに満ちあふれた俳優たちの舞台から、たくさんのことを感じとって帰ってきました。

「いやなことの多いちかごろだけど、生きてるってことは、もともとうれしいことなんだ。人間はしあわせになるために生まれてきたんだ。狂言をつくったむかしの人たちも、笑うことの大切さをよく知っていたんだと思う」――谷川俊太郎さんが書いていらっしゃいます。

（『月刊クーヨン』２００２年3月号）

飯沼慧さん

——哀感をともなった自然体の舞台

中央線新宿から吉祥寺まで八つの駅があります。八つの駅すべてに劇場があります。二〇人の小さなスペースから一〇〇人くらいまで。ほとんどがビルの中、地下劇場です。ひと昔前のアングラ劇場は一つもありません。いろいろな種類の現代演劇といえば良いのでしょうか。公立の劇場でも、劇団の劇場でもありません。若い友人からのお誘いで、住まいが荻窪と近いこともあって、一軒一軒見て歩きました。特徴といえば観客が若者であること。観客のなかの私一人が年配者です。ロビーにあふれるばかりのプレゼントのお花。もっと大きな特徴は、ベテランといえば良いのでしょうか。必ずといってもよいほど年を重ねた俳優さんが出演しているということです。俳優にとって年を重ねるとは、ベテランとは、どのようなことを言うのでしょうか。観客の目に映る外がわのおとろえゆく肉体を大きくうわまわる何か、肉体の奥深くひそんでいる目に見えない大切な何か……。

自分が俳優であることを忘れて舞台の老俳優に求めて止まないのです。長い道のり何を考えて生きてきたのか……。今は亡き尾崎宏次さんがおっしゃっていらっしゃいました。「舞台がないときに、何を考え、どうやって暮しているのか、これが大切なんだよね」と。地下の小さな劇場でこんなことを考えながら年を重ねた俳優を見ていると、おそろしくなって……。でも年を重ねた俳優、飯沼慧さんの舞台はそんな私の考えを笑っているような気がしてなりません。

生年月日、大正一五（一九二六）年五月一七日、出身地大阪府、関西芸術座から（何故？）東京に、そして文学座にと。私の知っている飯沼慧さんの経歴です。二〇〇〇年紀伊國屋ホール、別役実作、藤原新平演出『最後の晩餐』。大好きな忘れられない舞台の一つです。めがねを鼻の先までおろして、カレーのお皿をこぼさないように持ってひょこひょこ歩く姿、ちょっとあごを突き出して。藤原新平さんの文章に「この最後の晩餐は淋しい狂気だ。淋しいくせに狂暴であるように見える。人々は滑稽であり馬鹿馬鹿しい。大いにこの馬鹿馬鹿しさを笑うべきなのだ」。飯沼慧さんの細い小さな体からあふれ出ていたものが、藤原新平さんの文章と重なって来ました。

久保田万太郎作、戌井市郎演出、『大寺學校』の光長正弘先生。大寺三平校長を訪ねお酒を酌み交わす。校長先生との関係が浮きぼりになっていく軽快な味わい深いお酒のやりとり、着物姿の光長先生が目に焼きついています。パンフレットに「貴方の恩師はどなた？　その方に教えられたことは？」という質問に「スタニスラフスキイ、ブレヒト、イヨネスコ。チョイかじりのなれのはて」と書いていらっしゃいます。一九二六年生まれの飯沼慧さんならではの短い一文に新劇の歴史を、生きていらっしゃった道のりが見えるようでした。たくさんある文学座のパンフレットを広げますと『大寺學校』『木に花咲く』『はちまん』『ロベルト・ズッコ』『人が恋しい西の窓』の五作品が二〇〇二年の飯沼慧さんの舞台です。何とお元気なとおどろきました。パンフレットに喜劇はとり立てて好きでもないとお書きになりながら、漫才の中田ダイマルさんを「台本はあっても縦横無尽で即興的、即物的演技は新鮮そのもの。別役作品については、観ていて面白いが、役者としてはむずかしく、やりにくいし相手役の行動とはほとんど無関係と思えるような所で自分の役が存在してるのだ」。別役実作、藤原新平演出『木に花咲く』をご一緒させていただいた飯沼慧さんを想い出すと、おっしゃる言葉の意味がはっきりと見えてきます。喜劇はとりたてて好きでもないとお書きになっていらっしゃいますが、別役作品の飯沼慧さんは体からにじみ出てくる哀感をともなった切ないまでのおかしさが、生きている人間として私の共感を呼ぶのです。相手を気遣い、おしゃれな紳士でもある飯沼慧さんからは想像も出来ない舞台の数々を観てきた観客の一人としてお尋ねします。
飯沼慧さん、どうしてあんなに自然体で舞台に立っていられるのですか。そして心から〝お体を大切に〟と申し上げます。

（『悲劇喜劇』2003年7月号）

『火山灰地』
――一六歳で父と観た忘れられない舞台

一九四八（昭和二三）年一六歳の私に何が判ったのでしょう。有楽座、俳優座第六回公演、久保栄作・演出、装置伊藤熹朔、三月九日から二九日、毎日一時、四時半。『火山灰地』第一部。父が切符を買ってくれ、二人で観ているのです。劇場に通うのが大好きだった父に手をひかれ、三歳から歌舞伎座、有楽座、東劇と、もちろん何をどう観たかなど覚えていません。

その中で喜劇の古川ロッパ、格子じまのつんつるてんの着物に白いエプロン、大きなはげのあるかつら、ポケットから飴をなめてはまたポケットに、それをくり返すのです。私が五歳のときだったと父の話です。不思議なのは私がどんな洋服を着ていたか、父と帰りにどんなお食事をしたかなどをいくつか覚えているということです。

母、妹、弟、家族が東京をはなれ、焼夷弾の降る中を父と二人で逃げたあの日々が終り、オペラ、バレエ、音楽会と堰を切ったように父は劇場に行く毎日であったのでしょう。昭和二〇年一二月新劇合同公演『櫻の園』、東山千栄子さんの美しい姿が今も頭の中に絵となってしまわれています。久保栄という作者の名前も知らず、どんな作品かも知らず……でも舞台を観るのが大好きな一六歳の女の子にとって、父と二人で劇場に行くのが嬉しくてたまらなかったのかも知れません。覚えているいくつかの情景は、幕が上ると同時に始まる朗読です。「先住民族の原語を翻訳すると〝河の岐《わか》れたところ〟を意味するこの市《まち》は、日本第六位の大河とその支流とが、真二つに裂けた燕の尾のやうに、市《まち》の一方の尖端で合流する、鋭角的な懐ろに抱きかかへられてゐる……」。小沢栄太郎さんです。

この言葉の内容を父が話してくれたことをよく覚えています。菅井きんさんの〝しの〟の哀切といったら良いのでしょうか。束髪に大きなマントの姿、体全体に恋する心があふれて。自転車に乗って、セーラー服姿で颯爽と登場する秋好光果さんの玲子。千田是也先生の雨宮聡に傘をさす玲子との二人の場面、農民や炭焼きの大勢の場面は覚えていないのです。岸輝子さんの足立キミが読む、スメドレー『女一人大地をゆく』、あとで読まなくてはと一生けんめい読みました。雨宮聡が何度も口にする

「略奪農業」とは何なのだろうと考えた日々が思い出されます。「作る喜びと生きる呪いをこめて、今日も明日もやく炭焼きがま」大変な言葉ですのに、心地良く心にひびいたのはなぜだったのでしょう。

俳優になろうなどとは考えてもみなかった私が、そののち俳優座演劇研究所附属俳優養成所の生徒になって『火山灰地』の舞台に立たれた方々を間近に拝見したときの驚きといったらありませんでした。青山杉作先生、東山千栄子、村瀬幸子、東野英治郎、木村功、松本克平、永田靖。この一文を書くのに間違いがあってはと、早稲田演劇博物館の図書室に伺い、半日かかって資料を見せていただきました。物音一つしない静かな図書室で久しぶりに学生にかえった時間をすごしました。面白くて、面白くて……。

東宝が有楽座での上演を仕切っていた時代、上演希望戯曲に関する調査で『夜明け前』と並んで『火山灰地』が圧倒的に支持を受けたと書かれ、わが新劇史上でも白眉とされる創作現代劇であると謳われています。一九四四年、昭和一九年二月一〇日に同人制で発足した俳優座は同人が八人、演技部一七人、演出部の四人含めての総出演です。こんなに少ない人数で一人で何役もなさったのでしょうか。中村俊一が舞台監督とあるのにはおどろきでした。二二歳位だったはずです。森塚敏さんが能勢喜代治、現在俳優座にいらっしゃるのは浜田寅彦さん、川上夏代さん、中村たつさん……。五七年前を覚えている私におどろくと同時に、自分の戦後六〇年を考えざるを得ません。二一日間毎日二回公演とあるのは本当なのかと目をうたがいました。あの広い有楽座がおおぜいの観客でうめつくされたと思うと。太い眉、太い黒ぶちめがね、その奥に大きく見開かれた大きな目。私の好きなお写真はプロット時代の若き久保栄とある、松本克平さんのご本にのっているノーブルな久保栄です。「半生をリアリズム一筋に生きてきた自分は今後ともこの道を倒れるまで歩き続けたい。リアリズムはディテールス（細部）の正確さのほかに、さまざまな典型的性格を描くべきだという定義ぐらい、創作上の指標として適切な言葉はないと私は思っている」――図書室で読んだ久保栄の言葉です。

父と二人、空襲下東京での生活は、今考えますと言葉では言い表せない毎日でした。でもがらんとした広い家での二人の日常は濃密な何にもかえがたい生活でもありました。

父と二人で観た、一六歳の少女にははねとばされそうなむずかしい『火山灰地』。その舞台をいろいろと話してくれた父、それらが重なって私にとって忘れることの出来ない舞台になったのでしょう。それから一七年のち、民藝の公演を、そしてまた、四四年ののち、今また、民藝の『火山灰地』を観ることになるのです。

（『悲劇喜劇』２００５年４月号）

『森は生きている』一八九五回上演
――日本中の観客が愛したその歴史

一九五四年、新劇団の悲願でもあった自分たちの劇場として俳優座劇場（現在の劇場の前身）が六本木に開場しました。演劇人だけでなく、文化を大切にしたいと思う多くの分野の人たちの熱い支援に支えられて出来た俳優座劇場です。その柿落し公演、五月五日こどもの日が初日の舞台、サムイル・マルシャーク作、湯浅芳子訳、青山杉作演出『森は生きている』が日本で初めて上演されました。美術伊藤熹朔、音楽林光、衣裳中田幸平。

俳優座演劇研究所附属俳優養成所三年生の私は、十二月の精の中の七月（少年の役です）が配役され、林光さんのピアノで歌の稽古、ダンスの稽古と無我夢中で過した五〇年前を想い出しています。稽古が終ると衣裳小道具作りと良く働きました。

『森は生きている』はロシア文学者湯浅芳子さんが、一九五二年岩波少年文庫から原題『十二の月』として出版となり、『十二の月』をもう少し魅力のある題に変えてほしいとの意見があり、多く思案もせずほとんど即座に『森は生きている』とつけたと書いていらっしゃいます。当時六五歳でお元気だったマルシャークさんも、この題を大変気に入って下さったとも。そしてサムイル・マルシャークの『森は生きている』はチェーホフ作品の翻訳と並んで、一生の訳業のささやかなモニュメントの一つであるということも。

『森は生きている』を一番愛していらっしゃったのは湯浅芳子さんだったのでしょう。俳優座の舞台を忘れることが出来ないとおっしゃる方がまだ沢山いらっしゃいます。それまで児童演劇などとはと、いくらか軽んじる気持を抱いていた専門の演劇人もびっくりしたようです。すぐれた児童演劇は子どもだけではなく、大人も感動させるものだという実証だったのでしょう。『森は生きている』を乗りこえられたとき、初めて日本での児童演劇が生まれると多くの児童演劇の書き手の方たちはおっしゃいました。俳優座劇場で幕を開けた『森は生きている』は五月から一〇月まで一一四回の上演という当時としても大変な上演回数です。翌年まで再演、再再演を重ねて、その総観客数が九万五二〇〇名、あの時代、社会的にも大きな反響を呼んだ『森は生きている』の公演も経済的にはむくわれず、当時のお金で二五万七〇〇〇円の赤字を出して打ち切られました。その後俳優座は、中国民話劇『りこうなお嫁さん』を最後に児童演劇から手を引きました。優れた児童演劇の舞台が想い出されます。

それから五年、一九五九年、経済的には全く成り立たないはずの『森は生きている』の公演を劇団仲間が引きつがせていただくことになったのです。一九五三年、劇団仲間は俳優座養成所二期生の卒業と同時に、俳優座演出部の中村俊一を中心に創立した劇団です。俳優座の『森は生きている』を観たときから演出家中村俊一は、いつかは『森は生きている』を自分たちの手で上演してみたいというのが、わたしたちのひそかな念願でもあったと言っていました。

一九五九年八月六日から三〇日、渋谷にあった東横ホールで二一日、四二回公演です。そして翌年六月まで三三七回公演、何というすごさでしょう。東横ホール一杯のお客様に圧倒されそうな毎日を思い出します。演出中村俊一、美術松下朗、照明原英一、音楽林光、俳優座公演では四幕九場四時間はかかっていたのでしょうか。それが三時間になり、現在は二幕七場二時間三〇分の舞台になっています。演出家も千田是也、増見利清、藤原新平、高田潔と変りました。演劇はスポーツとちがって記録の数字だけではありません。もちろんおおぜいのお客様に観ていただけるのは大切なことです。でも……と私は悩むのです。それにしても五〇年に及ぶ長い月日、上演を続けて来た劇団仲間の努力があってこそですが、並々ならない長い道のりだったのでしょう。

今回膨大な『森は生きている』に関しての資料を読み返しました。不思議なことにどこにも内容についての文章がないのです。美しい舞台、すばらしい美術、照明、親子四代にわたっての幅広いお客様、必ず毎年劇場に足を運ぶ喜びなど、など。毎回パンフレットに一文を寄せられていた湯浅芳子さんですが、「この作品は読んでおもしろく、一応そのおもしろさにとびつくけれども、作品のもっている理念的な内容をつかむのはむずかしく、ましてそれを表現するのはなおむずかしい」との短い文章、それも一回だけなのです。

この芝居はそんなにすばらしいのか、どうしてやり続けるのかとなやんだ日々が始まったのはいつ頃だったのでしょうか。かなりの強行日程で疲労はたまり、子どもからは高い入場料を徴収することは出来ない、劇団財政も、個人の経済も行き詰り、児童演劇公演反対論がまきおこり、大量の退団者も出て劇団倒壊かというつらい論議の日が続きました。そしていくつかのハードルを乗りこえられたのは、大人の演劇鑑賞団体である労演（市民劇場）の例会として取り上げていただけたことで、それが大きな自信につながってゆきました。

私にとって『森は生きている』の舞台は何だったのでしょう。みなしごという少女は何だったのでしょう。今でも私の舞台を忘れず、もう一度観たいとおっしゃって下さるおおぜいのお客様がおられ、俳優という職業の恐ろしさを考えずにはいられません。今の私は『森は生きている』から離れてちょうど十年になるでしょうか。客席から〝森〟を観続けている一人です。ながく上演を続けている『森は生きている』の歴史を考えたことがありますか、日本国中の観客がこんなにも愛してきた『森は生きている』の歴史を考えたことがありますか。児童演劇という小さな範囲を超えた雄大な世界を見せてくれる戯曲は、私たちに何を語りかけているのでしょう。ほとんど即座に『森は生きている』と湯浅芳子さんが題名をつけられたという事実に大きな意味があるでしょう。優れた劇作品とみるより子どもたちに分かりやすくすることを、無意識のうちに志向して来たのではないでしょうか。大人が優れた児童演劇だという舞台が、そのまま子どもにとって優れた舞台であるというわけではないところに、子どもにむけた舞台のむずかしさがあるのです。

二一世紀の私達、いえ、人間はどう生きて行くのか、人類にとって何が大切なのかと『森は生きている』の舞台から問いかけてゆかねばなりません。大人のための演劇と、子どものための演劇に違いがあるのだろうかとの質問に、スタニスラフスキーは「本質の点では何らの違いはない。だが、小さな観客に対しては一層真実に、一層誠実に、一層よく演じられなければならない」と答えています。

私の生き方が一九五四年俳優座柿落とし『森は生きている』に出会ったことを支点に展開していったのでしょうか。みなしごが深い森の中で十二の月に出会う場面では、毎回の舞台で胸に熱くこみ上げてくるものがありました。児童演劇の優れた財産として上演出来る幸せを噛みしめ、もっと深く、上質な舞台を続けてほしいと願わずにはいられません。

モスクワ郊外芸術家の墓地公園の中にあるサムイル・マルシャークのお墓にお礼を申し上げて来ました。湯浅芳子さんのマルシャークへの熱いメッセージをつぶやきながら。

（『悲劇喜劇』２００５年９月号）

菊地勇一さんへのラヴレター

——追悼

一九八三年一月二〇日、「新潟にて」と、サインのある『森は生きている』の〝みなしご〟の私の肖像画が玄関に飾ってあります。貴方が亡くなったと伺った一月四日の夜、あらためて手に取り眺めました。貴方の理想とする〝みなしご〟いいえ、女性がえがかれていると戴いた時から想って居りました。凛とした品格のあるやわらかな〝みなしご〟です。ありがとうございました。

秋田の湯沢から美術を志して上京なさった貴方が、俳優座養成所六期を卒業して劇団仲間の舞台一筋に歩かれた長い道のり。夫、恋人、愛人——私にとって貴方はかけがえのない相手役でした。ご一緒の舞台が次から次へと想い出されます。俳優の貴方が一番大切に思っていらっしゃったこと、それは顔も姿も動きも、何から何まで美しくなければ許さなかった。一九六二年、大原富枝作、早坂久子台本、『婉という女』。婉が兄の希四郎に恋こがれ、兄と妹のラヴシーン。毎晩稽古場に残って、何度も、何度も稽古をしましたね。貴方との初めてのラヴシーンでした。俳優は相手役に恋をします。私も貴方に何度も恋をした一人です。でも決して実ることはありませんでした。

東北公演の長い旅の途中、必ず貴方のご実家に泊めて戴きました。大きないろりで〝はたはた〟を串にさして焼き、そして〝きりたんぽ〟。「ユン坊はこれが好きでね」と、あずきを甘く煮たデザートが大きなうつわで出て来ます。もちろん、秋田の美味しいお酒。すらっと細身の美しい母上でした。一人息子のユン坊が可愛いくて……。父上を早く亡くされたユン坊にとって、私の肖像画の女性は母上だったのかも知れません。長い旅公演の間の、お宅での日々は、ゆったりと豊かな時でした。

全国を旅から旅へと過ごしたあの時代を語る人が一人、二人と私の周りから消えてゆきます。お別れする時が来ると分っていても淋しさがこみあげてきます。

長い、長い道のりをご苦労様でした。

『森は生きている』の一月の真白な衣裳をお召しになって、また旅立たれたのでしょう。

（『悲劇喜劇』２００６年４月号）

私の初舞台と問われて
——一九五四年の四本の舞台

一九四五年八月の敗戦の年からわずか五年、俳優座演劇研究所附属俳優養成所の試験の日を思い出すと、不思議な気持ちになります。生れた時から戦争の中で育ち、何もかも違う敗戦からの毎日、警報《サイレン》が鳴らないだけでも幸せ一杯の毎日、それに加えて、それまでにはなかった体ごとぶつかり合いながら毎日をすごす、演劇を志す若者達の中にあって、私にとっては目を見張るような、うきうきとした養成所での生活でした。一九五三年養成所二期生が卒業すると同時に、俳優座スタジオ劇団として二十代の若者達が競い合い、青年座、新人会、東京演劇アンサンブル（三期会）、同人会、劇団仲間と旗上げが相次ぎました。俳優座の演出部員であった中村俊一は、附属俳優養成所設立に伴って事務局員兼講師となりましたが、一九五三年四月、二期生一一人を率いて演出家デビューを果たす事になったのです。港区芝大門の近く、生井健夫さん宅の裏手にある物置小屋、真中にダルマストーブが一つしかない空間が稽古場です。創立メンバーの二期生一二名が一年で五人になり、私達三期生の入団で一〇人になって、養成所での楽しい毎日とは全く違う生活が始まりました。

右も左も判らなかったあの時〝俺はやると言ったら必ずやる〟ワンマン中村俊一劇団のすさまじさを、思い出し、なつかしくなりました。

一九五四年七月二四日、丸の内ホール（新丸ビル地下）で、ギュンター・アイヒ作、加藤衛訳、中村俊一演出、北川勇装置、滝尾輝雄照明、『夢』五景と、ウィリアム・サローヤン作、加藤道夫訳、加藤衛演出、『夕空晴れて』の二作品で劇団仲間の第一歩が始まりました。

一九四一年に書かれたウィリアム・サローヤン『夕空晴れて』は人間肯定の思想が柔かな、繊細な詩情に包まれた美しい作品です。黒人の少年ローズベルト、大好きな役の一つです。加藤衛さんが手とり足とり、稽古して下さいました。養成所でドイツ演劇、ブレヒトの講義の時のこわい先生とは全く違った衛先生でした。

『夢』では、俳優座の中村たつさん、俳優座から青年座に移られた異色の俳優土方弘さんが出演して下さいました。土方さんは、『夢』二景での中国人の役です。よりによって何も判らない私にとっては仰ぎみるような土方弘さんの妻役でした。「夫婦の役になったからには毎日一緒に帰って話し合おう」とおっしゃって、毎日渋谷の恋文横町の小さな中国料理店に寄り、白乾児《パイカル》をなめるように飲むことにお付き合いを致しました。どんな料理をいただいたのか全く覚えておりません。演劇を続けて行く事の大変さをくり返し話して下さいました。一九五一年に書かれた『夢』の作者、ドイツの詩人ギュンター・アイヒの言葉です――「この世に起こるすべては君に関わりがあるのだ。眠ってはいけない。考えるのだ。朝鮮もビキニも、地図のどこかにあるのではなく、君達の胸にある事を」。

演出家中村俊一の第一声は、「我々が我々の周囲にある多くの（非人間的なるもの）を排除し、真実の人間解放を成就したいと希求する。第一回の公演が今後の劇団の性格を決定し、我々の担う社会的責任を遂行する上に着実な第一歩を印したいと願うからなのである」と。

一人ひとりの胸に眠る現代の不安――人間存在の危機が覚醒される事を願っての、二十代の若者達の第一回の公演でした。半世紀以上たった今日、何もなかったあの時より恐しい程の不安をかかえ、沢山の大切な物を失い、どう生きて行くのか、演劇とは何なのかと考える毎日です。

同じ年、俳優座劇場開場、柿落し公演、アリストパネス作『女の平和』、マルシャーク作『森は生きている』が五月から七月にかけて上演されました。前年養成所三年生の時から林光さんのピアノで歌の稽古が始まりました。私は七月の精に配役され、『女の平和』では三期生全員が出演する事になったのです。掃除、お茶くみ、徹夜で小道具・衣裳作り、美術の伊藤熹朔さん、千田是也さん、演出の青山杉作さん、夜食をご一緒した日々、劇団仲間第一回公演とぶつかって六本木と丸の内を往復する毎日でした。

私にとっての初舞台は一九五四年の四本の舞台なのかも知れません。

（『悲劇喜劇』２００６年10月号）

追悼・広渡常敏さん
――子どもの芝居に凛とした気品を

広渡常敏（演出家・脚本家・東京演劇アンサンブル代表）、二〇〇六年九月二四日死去、七九歳。長い闘病生活、片足を切断なさってからは車椅子での稽古、少し小さくなられた、たりさんが何時もの通り、ロビーの方すみでコーヒーを入れていらっしゃった姿が想い出されます。五十年余り新劇一筋に、決してきれいとは言えない練馬武蔵関の〝ブレヒトの芝居小屋〟を拠点に次から次へと精力的に優れた舞台を観せて下さいました。

劇団俳優座演出部に入られた、たりさんは、俳優座演劇研究所附属俳優養成所三期生と共に劇団三期会（現・東京演劇アンサンブル）の結成に参加されました。一九五七年、四日市〝生活を記録する会〟の紡績女子労働者たちとの交流から生まれた集団創作『明日を紡ぐ娘たち』を演出、エネルギーあふれる新しい舞台として評判を呼びました。〝ブレヒトの芝居小屋〟と名附けた通り、ブレヒトに学び、ブレヒト作品を中心に再演を、海外公演をふくめると一四〇本を超える舞台を創りました。大変な道のりだったでしょう。孤立を恐れず、やりたい事をやり続けられた、たりさんは何て幸せな、素敵な人生だったたと、心からの拍手を送りたい気持ちで一杯です。

『母――おふくろ』『第三帝国の恐怖と貧困』『ガリレイの生涯』『セチュアンの善人』『男は男だ』『都会のジャングル』『コーカサスの白墨の輪』『コミューンの日々』『肝っ玉おっ母とその子供たち』、病気が進んでからの舞台、久保栄作品『日本の気象』『林檎園日記』、もう上演する機会はないのかと思っていた二本が創られました。四時間に及ぶ舞台、今更ながらあの体のどこからエネルギーが……胸のふさがる想いと最後まで一筋の道をつらぬいたすごさには言葉がありません。

子どもの芝居についての、たりさんの文章は何度読んでも胸に強くひびくのです。『目をさませトラゴロウ』『ちゅうたのくうそう』『竹やぶのトラゴロウ』『こぶたのかくれんぼ』、小沢正さんの作品群です。私にとって、いえ、子どもたちにとってかけがえのない舞台を沢山残して下さいました。

「子どもの芝居をなぜやるのか？　子どものための、というがそれはどんなことなのか？　子どもの芝居にはぼくら芝居屋の理想主義があるのだと、これまでにぼくは言ってきたが、〝気品〟と言えばいいだろうか、凜としたものがなくてはならん。ストーリィーに負ぶさっておもしろおかしく、あるいは情熱や迫力で、子どもを集中させることなんかじゃない、凜！としたものだ。〝役〟を演じるだけじゃない、役者本人の子どもに対する理想主義がなくてはならんのだ。普通の人は子どもの芝居をやってはいかんのだ。勿論、子どもの芝居だけじゃない、おとなの芝居もやってはいかんのだ。おとなの芝居はストーリィーや意味・内容で見てくれるところもあるが、子ども、特に低学年・幼児の場合はそうはいかない。子どもの芝居について考えることは、芝居というものの、芝居する役者の、演出者、制作者の、最も大切な〝精神〟を考えることになる」

林光さんの弔辞に、「五〇年の附き合いで、こう作ってくれと一度も注文をつけられた事がなかった。

それはぼくが作品をどう読むのかと問われていることになるのだ。——」。

美術の岡島茂夫、舞踊の西田堯、効果の田村悳と、すぐれたスタッフと共に創った数々の舞台がこれから残された人たちによってどう受けつがれてゆくのでしょう。

たりさんがきっと夢にまで見た、ドイツ、ベルリナー・アンサンブルの招待公演『ガリレイの生涯』。日本の劇団として初めて舞台に立った総勢四五人の劇団員は、たりさんの想いを受けつぎ、重い病いと闘っている、たりさんの声を聞きながら、あの鉄の十字の舞台で上演をしたのでしょう。たった一人になってしまった創立者の入江洋佑さんの「たりさん、ベルリナー・アンサンブルに行って来ましたよ」と呼びかける彼の声が今でも聞こえてきます。


（『演劇と教育』２００７年１・２月合併号）

こんにゃく座『オペラ想稿・銀河鉄道の夜』
——美しく透明な新しい舞台

オペラシアターこんにゃく座『オペラ想稿・銀河鉄道の夜』、原作／北村想、作曲・音楽監督／萩京子、演出／大石哲史。美しく、透明な舞台でした。星ひとつ見えない東京の空、目を閉じると、今でも舞台の数限りない星たちが私に語りかけてきます。でも何故宮澤賢治に心ひかれるのか、判らないという思いが、いつも胸の中に残るのです。それでも賢治の世界に強く引きつけられてきました。

東京・世田谷区三軒茶屋にある劇場・シアタートラム、二〇〇少しの客席です。コの字形階段形式に作られた客席が舞台を囲んで上から見下ろすという面白い空間です。足もとが良く見えない、暗い会場に入ると、星が輝きそこはもう銀河の世界、私はこれから銀河鉄道に乗って宇宙に行くのかもしれません。ワクワクした気持ちで席につきました。

クラリネット、チェロ、ピアノの三人が一人ずつ長い舞台を歩いて登場します。こんにゃく座の舞台は日本語で歌い、語る（はっきりと判る日本語で）、日本の新しいオペラを創る日本では唯一の集団でしょう。

今まで何本も創られている宮澤賢治の作品は台本がなく、原作の言葉を全部そのまま歌い語るのです。一人が一つの人物を演じるということは全くなく、色々な人物になり自分で自分について語り、演劇の台本であったらト書きの部分になるであろう所もです。ところが劇作家北村想原作による台本のある新しい〝銀河鉄道の夜〟が創られました。宮澤賢治、北村想、こんにゃく座、この三つがあってこその新しい舞台、萩京子さんの熱い思いが伝わってくる、やさしい、思いやりのある音楽、歌役者さん一人ひとりがすくっと立っている姿、演出の大石哲史さんの細かな神経が行き届いているすてきな舞台になりました。それと舞台の板に映し出される照明、何もかも忘れて美しい舞台に魅せられた二時間でした。

宇宙と命、人間は何故生きるのか、そして死ぬのか、お教室から始まる舞台は宮澤先生とカムパネルラの出会いからです。「先生、本当の事とは何でしょうか」「本当の事って何だろうね」。カムパネルラの言葉は私の胸に重くひびきます。でも、お教室では実に楽しく、宇宙を語り命を語ります。賢治の時代には考えられなかった現代、宇宙そして命。私の大好きな鳥捕りのおじさん、車掌さん、尼さん、考古学者、皆面白く、おかしく、コミカルなのです。そして天国にゆこうよのダンス、突き抜けた面白さは賢治の作品の特徴なのでしょうか。

木で作られた長椅子しかないと言っても過言ではない舞台、「お父さんも、お母さんも登場しない、列車がなかった」と大人のお客様が話していましたが、子どもたちは豊かな感性と想像力で何を考え、何を見るのでしょうか、私の一番の楽しみなのです。

ジョバンニが一人で食事をしながらお母さんと話をします。舞台には登場していないお母さんに。語りと歌のあいだのモノローグの場、大石哲史さんの演出の力を感じた胸打つすばらしい場面でした。ジョバンニ、カムパネルラ、ザネリその他の少年少女たち、今、現在の普通の子どもたちがそこにいるのです。「皆ちがった言葉で同じ事を言っているんだ、皆本当の事を知りたいんだ」。

「役に生きる、又役を生きると云う。同義語である。しかし二つの言葉は、微妙な、そして決定的な差違も感じられる。役に生きるとは他者を〝演じ〟ることであり、役を生きるとは、他者と向き合うことで、その向き合う姿勢を見せることで、己の〝いま〟の生き方を呈示することだ」

木下順二さんのこの言葉は『オペラ想稿・銀河鉄道の夜』の舞台にぴったりだと……。

これから、新しいこの作品が大勢の子どもたちの所に届くことを心から願っています。

（『演劇と教育』２０１０年12月号）

大澤郁夫さんを悼む
――生活者から発して生活者に届く舞台を

大澤郁夫、二〇一〇年一〇月三一日、八一歳一カ月と二六日目に永眠いたしました、と奥様の林陽子さんからお知らせがありました。亡くなったときの病名は肺化膿症、呼吸が浅くなり、何も食べたくないと……。

杉並の阿佐ヶ谷、大澤御夫妻のお住まいでもある劇団展望の稽古場をお借りして、毎年話劇人社の理事会、総会を開いておりました。今年もお元気で、いつもの入口に近いお席にすわり、色々と気を遣って下さっていらっしゃいましたのに。

戦争が終わり、あの何もなかった時代、現在の高校演劇連盟の前身、東京都中等学校演劇連盟なるものを生徒達だけの力で立ち上げたのです。大澤さんもそのお一人でした。慶応普通部の体育館、ハウプトマン作『ハンネレの昇天』、私の役は尼さんです。歌もあるのです。次の日は期末試験です。私は稽古をしている舞台を背に、体育館のすみにすわり、数学の教科書をひざの上に……ところがです。大澤さんがこわいお顔で私の横に立たれ、演劇を何と思っているのか、うしろを向いて教科書を広げて、あなたは何をしに来ているのか、演劇というものは全員が命をかけて創るものなのだ……。女学生の私にとって初めて、それも生意気な文学少年たちと一緒に演劇を、泣きそうになるのをがまんして、林光さん作曲の歌のお稽古をして、一目散に帰ったことを思い出しております。大澤さんと林光さんは慶応普通部、名古屋章さん、高橋昌也さん、大野晃さん、そのほか大勢集まってきた人のほとんどが演劇の世界に飛び込んだことを、今考えますと何とも不思議な思いにかられます。皆が一途に歩き始めた青春の一こまです。

阿佐ヶ谷小劇場、劇団展望、五〇人で満席になる小屋、一九七〇年に創立。今でこそ小さな、小さな小屋は数え切れないくらいありますが、あの時代、東京における地域に根づくということがどんなに難しいことであったのか。

八田元夫、演出劇場、スタニスラフスキー、ブレヒトの会、東日本リアリズム演劇会議、東京働くものの演劇祭、新日本文学、そして集団創作方式。稽古場に伺うたびに、在韓被爆者問題市民会議のビラが貼られていました。こう書いていくと、大澤郁夫さんが歩かれた一筋の道が、いえ、「よい道というより、よい歩き方」を求めていらっしゃった生きざまが浮かび上がってきます。あの小さな空間で、私には想像することもできない、客席と舞台とが一体とならざるを得ない濃密な関係が生まれたのでしょう。それと劇団員一人ひとりが自分の身近な小さな素材を制作してゆく舞台、誰にでも書くことができる集団創作方式を実行なさった勇気には脱帽としか言いようがありません。生活者から発して生活者に届く舞台を。今の若い演劇人達は大澤郁夫さんの歩き方をどう考えるのでしょうか。

一九八四年、二〇人で中国の昆劇を観る旅に。演劇評論家尾崎宏次、劇団民藝松尾哲次、ぶどう座川村光夫、晩成書房石原直也、舞台美術内山勉、ほとんどの方が初めての中国でした。大澤さんも初めての中国。南京、蘇州、杭州、紹興、上海、三月二六日～四月五日、二〇本の昆劇の舞台を、南京では二日間にわたって張継青さんの舞台、『牡丹亭』『朱買臣休妻』、上海では華文漪さんの『牡丹亭』、皆さんが至福の旅行だったと。紹興で全員が阿Q帽をかぶっての写真、皆さん本当に楽しい良いお顔です。大澤さんは張継青さんが使っていらっしゃった筆を一本、どうしても戴きたいとおっしゃったと伺っておりますが、奥様のところに今でもあるのでしょうか。

阿Q帽の写真を眺めておりますと一人、また一人と旅立たれてしまうことに、何とも言えず淋しい限りです。一途に同じ目的に向かって歩いてゆく楽しさを味わうことが少なくなった昨今、あの昆劇の旅の至福の一〇日間をなつかしく思い出しております。長い、長いお付き合いに心からの御礼を、そして大澤さんの生きざまに改めて驚きを。ありがとうございました。

（『幕』２０１０年12月31日・日中演劇交流 話劇人社）

西田堯さんを偲ぶ

――舞台に込めた祈りに耳をすませて

西田堯先生、まだまだご一緒に舞台をと願っておりましたのに……。

舞踊家として多くの舞台に関わっていらっしゃった西田先生、でも私はどうしても、振付ではなく演出をお願いしたいと長い間願っておりました。一二年間、何本の舞台を創ってくださったのでしょう。最後の舞台は、イギリスの劇作家デビッド・ホールマンさんの『すすむの話』でした。一九四五年八月六日の「ヒロシマ」を子どもたちにと、一九八〇年代に書かれた作品です。何度も再演を重ねてきた大切な作品です。

ある日、どうしてもお話をしておきたいことがあるとおっしゃって、山手線五反田駅前のレストランでお目にかかりました。

一九四五年八月九日、午前一一時二分、長崎郊外の大村飛行場に兵隊としていらっしゃった西田先生がご覧になった長崎市内の原爆。巨大なキノコ雲が大空に君臨してという表現をお使いになり、大空一杯に七色に変わってゆくようすの美しさに驚かされた、美しいなどと言ってはいけないね、でもあの美しさは……。灰塵と帰した長崎の街を悠々と上昇していったキノコ雲の姿が強く先生のなかに棲みついている。いつのまにか、先生が創り続ける作品の原風景となっている。これから残り少ない年月の中で、深い祈りを込めた作品を創り続けねばと思っている。

いつでもやさしいお顔でお話をされる先生ですのに、あの時の私は先生のお顔を見つめることができませんでした。

西田先生にお目にかかれて幸せでした。私と一緒に舞台を創る若い人たち一人ひとりを大切に育ててくださった西田先生、お酒の大好きな先生、とてもせっかちな先生。西田先生とご一緒に子どもたちへの舞台を創った一二年間は、何ものにも代えがたい私たちの財産です。

戦争、そして原爆が棲みついてしまった先生の一筋の道は、私たちには想像することができないのかもしれません。デビッド・ホールマンさんが「子どもたちに向けられるあらゆる不正義に対して闘い、我々のもつ演劇という力でそれを阻止しなければならない、それは時流に逆らう闘いである」とおっしゃるように、西田先生の一筋の道のりは、私たちに、人間とは、芸術とは、そして大切な子どもとは、と大きな問いを残してくださったのでしょう。

西田堯先生ありがとうございました。

（『演劇と教育』2014年7月号）

第二幕

『乞食と王子』

『森は生きている』上海公演
――二泊三日の一人旅

昨年第三次訪中新劇団で北京に行った時、方掬芬さんのお宅で御家族と御一緒に心のこもったおもてなしを受けました。その時、方掬芬さんの中央児童芸術劇院が『森は生きている』（中国語訳『十二カ月』）の稽古に入ったというお話を聞きました。方掬芬さんが私と同じ〝みなしご〟で出演なさるのに加えて、文革以来初めて外国の戯曲を上演するというので皆さん張り切っていらっしゃるということでした。北京にいる間におけい古も拝見したいと思っておりましたが、どうしてもスケジュールが合わず北京をはなれました。その後、方掬芬さんから半年にわたる長い旅公演を続けているというお便りを戴きました。

どこかで観ることが出来たらと切に思っていましたところ、北京の戯劇家協会の趙尋先生、劉厚生先生から、上海で一月二六、七の二日間上演するので観にいらっしゃいとのお手紙を戴きました。同じ作品を、同じ演出家で、北京の中央児童芸術劇院と上海の福利会児童芸術劇院とが上演し旅公演を続けているのです。春節で賑わう上海で『森は生きている』を観ることが出来るなんて……。二五日、春節でお休みの中国大使館でビザを戴き、航空券を買い、二六日の朝乗客六名という上海行に乗りました。泊る所も、迎えに出て下さっているのかも判らず一人で税関を通り、ガラス越しに瞿麦さんのお顔が見えた時の嬉しかったこと。陽江飯店には、福利会児童芸術劇院院長、任徳耀さん、戯劇家協会上海分会の傳紅深さんが春節でお休みの所を、私のためにわざわざお出かけ下さいました。

午後二時開演の劇場には大人と子どもが半々位でしょうか、一杯のお客様です。春節の故か女の子の髪には大きな色とりどりのリボンが、何となくゆったりとしたはなやかな気分です。朝家を出て午後には上海の劇場で『森は生きている』を観ているなんて、外国に来たとはとても思えません。

二幕七場、二時間半の芝居です。原作は四時間以上なのをやっと三時間にしたのが私達の〝森〟です。相当に手を入れてありました。あの広い中国を旅公演して歩くのに便利なように舞台は簡略化されて作られ、森の十本余りの大きなもみの木は、人間が中に入ってくるくる廻しながら動かして場面が変わり、一切幕は使わず転換を見せながら芝居は進んで行きます。一人っ子が多くなっている中国で過保護で甘やかされているわがままな子ども達へのメッセージとして芝居を創ったとのこと。森と人間の関係がうすめられているように思われました。十二カ月の精が、一月と十二月はおじいさんですが、四月は女優さんで年齢不詳、五人が同じ長いドレスを着た女の役、あとの四人が男で同じ衣裳といった工合で、十二月、一月、四月の外は何月ということが判らないのです。このことについては子ども達から手紙が来て文句を言われてしまいましたと任徳耀さんがおっしゃっていました。四月が女優さんなのは、みなしごとの関係において男ではということだそうです。四月とみなしごのラヴシーン（ひたいへのせっぷん）などとんでもないと、学校の先生方が子どもを連れてこないだろうと、日本では考えられない事ですが……。

一九六五年初めて訪中した時、幻燈の技術の高さに驚かされました。ふわあっとした何とも言えない夢のある美しさが表現されていて感動しました。その幻燈を使って森の四季の変化が見られるであろうと期待しておりましたが幻燈はいっさい使われず、大変がっかり致しました。夏は火の精がバレエを、春は四月の精が蜂になって人間を刺して飛び交い、喜劇のタッチで森の部分を表現しています。宮殿とおばさんの家は、中国ならではのきめの細かいリアルなタッチの表現で、俳優さんのうまいこと。

二六、七日と二回観せて戴き、そのあと座談会を開いて下さいました。出演者全員にお目にかかりましたが、子役を演じる方々をはじめ殆どの俳優さんが四五歳から五五歳とのこと、演技力のたしかさにびっくりしたはずです。若い人が育っていないからとおっしゃっていましたが、若い人が多い日本の児童演劇の層の薄さを思うと私には羨ましい限りです。でも四季の変化をどのようにと幻燈への期待が大きかっただけに本当に残念でした。

一〇月末に演劇家代表団がお見えになるとのことですが、私達の〝森〟をぜひ観て戴きたいと思っております。どんなお話になるかとても楽しみです。すぐれた戯曲『森は生きている』と長いことお付き合いをしておりますが、何時になったらこれこそ『森は生きている』ですという舞台が創れるのでしょうか、道のりはけわしく遠いようです。美しい森の四季を幻燈でというのは私の夢なのでしょうか。いつか幻燈での美しい〝森〟を観せて下さいと任徳耀さんにお願いしてしまいましたが……。

北京の方掬芬さんの〝みなしご〟を観られなくて大変心残りです。二泊三日の貴重な中国一人旅でした。

（『悲劇喜劇』１９８２年７月号）

昆劇女優張継青さん
――夢に遊んだひととき

昆曲を観る訪中団に参加しないかとお誘いを受け、三月から四月にかけて舞台が休みだったのを幸いに中国に行って参りました。一九七八年には南京の江蘇省昆劇院附属の小さな劇場で一〇人の訪中団のために一日旅公演から帰って来て公演して下さり、その時の主演女優張継青さんの美しさにすっかり魅了されてしまい、ホテルに帰り夜遅くまで団長の尾崎宏次さんと興奮してお話をしたのを覚えております。一九八一年第三次訪中新劇団で南京公演があると聞いた時から、また張継青さんの舞台が観られたらと楽しみにしておりました所、同じ劇場で私達のためだけに公演して下さいました。一段とみがきのかかった『長生殿』の上品な楊五環を見事に演じた張継青さんがブルーの明りの中で輝いていました。次の日宴会で席がおとなりになり、筆談でお話する機会に恵まれました。今度も張継青さんの舞台を拝見することが出来たらと成田を飛び立ったのです。

昆劇を観に来るというグループは初めてとのことで、中国側はきめ細かいスケジュールで迎えてくれました。芝居の通訳では中国一と言われている瞿麦さんがついて下さったのです。上海で一晩泊り、列車で南京へ、その晩江蘇省昆劇院の劇場で張継青さんの『牡丹亭』を拝見することが出来ました。客席は私達だけです。明代に書かれたこの作品は劇団の代表作の一つであり、張継青さんの最も得意とする演《だ》し物です。昨年一〇月のイタリア公演で名声を博したと聞いていました。南宋の初め一五歳の美しい、聡明な少女杜麗娘が夢の中で逢った青年に恋いこがれ病気になり死んでしまいます。死んでも青年を探してさまよい、神の助けを得て生き返ることを許され、三年後夢の中の青年枡夢梅と会いめでたく結婚するという物語です。七場からなる芝居の一場遊園（花園に遊ぶ）、二場驚夢（夢におどろく）を見せて下さいました。道具は椅子と机だけ、照明も地明りに近いものです。俳優の肉体だけですべてが語られます。音楽伴奏は古典楽器の生演奏です。春の花園に遊ぶ杜麗娘、張継青さんはせりふとうたで花園の情景を舞台一杯に描き出し、乙女心を詩を引用して美しいアリアでうたい上げてゆきます。柔らかな体と手の指先の特有な動き、そして忘れることの出来ない目、春の景色と乙女心を上手に合せて、観客の想像力をかきたて一緒に舞台を創ってゆく手法には驚かされました。もやのかすんだ春景色が夢に結びついて行きます。二場は一人で三〇分語りうたいます。青年への熱い想いを、京劇でのあの高い声と違い、せりふからアリアへ移行する時低い所からごく自然にアリアへと入ってゆきます。オペラのアリアとちがい、心理描写を肉体そのもので表わしてゆくのです。なやましく優雅な手と体の動き、そして目と口、言葉では表わせないもどかしさです。私自身が夢に遊んだひとときでした。

京劇と昆劇の違いも判らない私達に次の日四時間お話を聞かせて下さいました。昆劇は元の末から明の初めにかけて蘇州に近い昆山という所で生れ蘇州で育ち、全国に広がっていったもので、一六世紀に改良がなされ、明の末から清の初めには素晴らしい繁栄をしました。曲も劇もなく昆腔《こんこう》といって雅楽に似たもので、その後曲が加わり、劇が加わり現在の昆劇になってゆきました。台本はその時代の文学者によって書かれていることが特徴です。北京に生れた京劇は昆劇の伝統を受けついで分れていったもので、地方劇と呼ばれる三六八種の芝居すべてが昆劇の影響を受けて発達したのです。京劇とは脚本がちがい、アリアのうたい方、リズムがちがうのです。昆劇の場合は詞（歌の文句は詩経からきている）が使われていて曲片《キョクハイ》といううたいの伝統によって詞がうたわれているのですが、京劇は板式と言ってリズムの変化によってうたわれます。わずかですがうたい方のちがいは判るようになりました。一番ちがうのは心理描写です。内面の表現の方法がちがうのではないでしょうか。

南京、蘇州、上海と学生のも含めて二〇本の昆劇を観ました。一九五六年昆劇の初めての北京公演では周恩来総理が蘭の花にたとえ〝王者の薫り有り〟とおっしゃったそうです。

今一番の問題は昆劇の民俗化ということ、どう現代に受けついでゆくかということで、昆劇のおかれている中国の現実を判ってほしいと『牡丹亭』は南京、上海、学生と三本同じものを見せて下さいました。演出方法が異なり上海は舞台も照明も派手に、現代的になっていました。五年間の養成期間で四〇〇種の作品を覚えるといった学校でのお話に、昆劇にかける中国の並々ならぬ思いを感じました。

清の時代昆劇の好きなお金持ちが建てた古典舞台を蘇州昆劇歴史博物館で観ることが出来ました。屋外にはたくさん舞台が作られていましたが屋内は唯一つです。能舞台と同じ三方から見る戯台（舞台）です。床から九〇センチ、間口五メートル、奥行六メートル、タッパ三メートルです。背中にすばらしいほり物のある黒檀の高い椅子にすわり、黒檀の机でお茶を飲みながら富める人達が、ちょうちんとかがり火の明りで夜の八時から明け方まで、……贅沢な雰囲気がそのまま残っていました。

最後に上海昆劇院の名女優、梁谷音さんの『爛柯山』の崔氏を拝見しました。狂って行く崔氏の状態を肉体の表現だけで演じる素晴らしさ、でも張継青さんの崔氏をどうしても観たいという想いにかられ、また中国に行く楽しみがふえました。

（『悲劇喜劇』1983年6月号）

上海昆劇大会
——一〇日間の旅での出会い

今年（一九八五年）もまた五月一五日から一〇日間、昆劇の旅に行って参りました。北京・南京・上海のコースでしたが、五月一四日から一〇日間〝上海昆劇精英展覧演出〟上海昆劇団による昆劇大会が行われるというので、急拠上海・南京・北京とコースを変更しました。出発三日前に電話が入り、一日早く一四日の初日に来てほしいとのことでした。上海を代表し、中国を代表する昆劇俳優の長老、今年八五歳になられる兪振飛さん、女性の団長華文漪さん、素晴らしい声の持主計鎮華さん、上海の誇るスターが初日に出演なさるからとのことなのです。けれども、六月末まで成田—北京間は一枚の空席もなく、二三人が変更などとてもとても、涙をのんで一五日に出発しました。

今度の旅には初めて北京の北昆（北方昆曲劇院）が加わりました。中国の旅はなかなかのんびりとはいかない毎日です。去年の夏に一人でふらりと行った時も、毎日食事の御招待で北京ではおいしい家庭料理の食べ歩きの一〇日間でした。中国の方達の、温かい、人をもてなす心は世界一素晴らしいと、行くたびに感謝しております。今度も初めての方達が故宮、万里の長城、その他の名所、旧跡に行っている間、お忙しい時間をさいて、ホテルに大勢の古いお友達が訪ねてきて下さいました。

朝、成田をたち、毎年泊っている錦江飯店に。古い古いホテルですが今年は中がきれいに改装されています。鍵についている四角なプラスチックの板を、部屋のドアを開けてすぐ左手の壁にある小さいポストに入れると電源が入るという仕組にはびっくりしました。お隣の尾崎団長のお部屋に夕方伺うと、暗い中で何か読んでいます。「電気がつかないんだ」とおっしゃって。初日から大笑いでした。

何度も上海に参りましたが玉仏寺は初めてです。文字通りビルマから迎えた玉《ギョク》で出来た仏様が二体あるというので有名なお寺です。この仏様は唇は赤く、目はダイヤモンドのような石が光を放って、門を入ると真中が庭になってコの字形の建物です。不思議なことに、お寺中どの部屋でもお坊さんが総出でお経をあげているのです。戯劇家協会上海分会秘書長蘇平さんのお話では、九二歳になるおばあさんが自分の病気の回復と長寿のために、一万元(一元=九二円)を寄附してお経をあげてもらっているとのこと、三日三晩寝ずにお経をよんでいるのです。蘇平さんも初めて聞く話だとびっくりなさっていました。

夕食をすませ、ぶらぶら歩いて五分、ホテルの隣りの上海芸術劇場で三晩一二本の昆劇を観ました。ノートをみると上海昆劇団の七十近いレパートリイのうち今回のを合わせて二一本を観たことになります。華やかな華文漪さん(女)の『牡丹亭』、計鎮華さん(男)の、しみじみと子どもへの愛情を歌いあげる『寄子』(子をあずける)、王子泉さん(女)の『擋馬』、相手役陳同申さんと、机一つをタテにして華やかな息もつかせない立ち廻りを見せます。梁谷音さん(女)の『朱買臣休妻』――上海では『爛柯山』となっています――張継青さんと全く違った芝居なのです。この四本は、今年も観ることが出来たらと期待をしておりましたのに、でも一二本全部が初めての演目でした。

『梁紅玉』で小柄な体で見事な立ち廻りを見せる武旦の段秋霞さん。女性とは思えぬ烈しい動きの中で全く息の乱れを感じさせずに、歌い、しゃべるという技術には圧倒されました。素顔の彼女は三七歳とは思えぬ少女の面影を残した実に愛らしい美女で、あのエネルギーはどこから出てくるのでしょう。オペラでいえばドラマチックソプラノの梁谷音さん、三日目の最後の演し物『借茶・活捉(お茶をもらう・生けどり)』では、美貌の閻婆惜というおめかけさんを演じます。張文遠という外の男性となれそめ、その結果御主人に殺され、死んでもその怨霊は張文遠にからみつき、揚句の果て彼の魂は吸いとられ死んでしまうのです。二人だけのドラマです。張文遠を演じる劉異龍さん、顔の真中を白くして、コミカルな中に悲しみをこめてぴたりと息の合った舞台は秀逸でした。梁谷音さんは『爛柯山』の時の狂おしい演技を思い出させ、なんとも華やかな舞台を創る女優さんです。裙子という白いプリーツの胴衣を手で蝶々のように広げて動くのです。昆劇の衣裳の中でも実に内面をよく表現している美しい衣裳です。黒の上に白、そして衿元から細く朱色がのぞいています。この細い朱色が見事に生きていました。団長の華文漪さんは四三歳、二〇人の主演俳優さん全員が上海戯曲学校を卒業し、三九歳から四三歳です。上海昆劇団は俳優さんが揃っていると、思いをあらたにしました。

上海で静養していらっしゃる曹禺さんは、奥様と御一緒に毎日昆劇を観ていらっしゃいました。宴会に招待して下さり、昆劇は国の宝ですとお話し下さったのです。去年は入院なさってお目にかかれなかった于伶さんがホテルにお訪ね下さいました。とてもお元気で、昆劇は宝物ですとおっしゃいました。そしてもう一人、陳白塵さんも同じことをおっしゃったのです。国の宝物をいつくしんでいらっしゃる三人のお話は、とても印象的でした。

いつお目にかかっても控え目で、決して御自分のことはおっしゃらない黄佐臨さんが、日本にいらっしゃった時ごらん下さった私の芝居『乞食と王子』が紀伊國屋演劇賞をもらったそうでおめでとう、とおっしゃって下さいました。本当に嬉しく胸が熱くなりました。黄佐臨さんにお会いするとあの穏やかなお顔の奥になんとも言えない悲しみがひそんでいるような気がして、私はいつも胸が苦しくなるのです。大好きな男性、上海福利会児童芸術劇院の任徳耀さんはチベットに児童劇団を作るお仕事でお留守で、素晴らしいラヴレターがチベットから北京に届いていました。

来るたびに伺っている戯曲学校はなんど来ても驚く、そして楽しい場所です。ドンゴロスで作った稽古用の衣裳を着ての男子学生の立ち廻りを見ていると、素晴らしい未来を感じさせてくれます。それなのに何と声のかぼそく不安定なこと、あの素晴らしい、美しい声が訓練され、作られていくのには、何年かかるのでしょうか。一〇歳から七年間の教育を受けている子ども達の、美しく輝いている顔、朝六時から夜九時までびっしりとつまった時間表を見て、皆うなっていました。四〇〇〇人の応募者から五〇人、生徒一人ひとりの家族構成、親の職業まで知っている校長先生、日本の俳優学校を思い出さずにはいられませんでした。

南京の並木の美しさは五月といわれています。中山陵への道は両側からのびたプラタナスの木々のトンネルを抜けて、おとぎの国への道を走っているようです。尾崎宏次団長はこの木が見たくて来たのだと、とても満足そうでいらっしゃいました。

今度の旅で、南京の張継青さんの舞台が観られなかったらと心配で心配で……戯劇家協会江蘇省分会と張継青さんに早くからお手紙を差し上げておいたのですが、南京駅のホームに張継青さんの姿を見かけた時には、本当に安心しました。ちょっとスマートになられ、お顔が変わったような気がします。今年も『朱買臣休妻』を観ることができました。私の大好きな黒とブルーの衣裳に白い裾子を広げて歌い踊る張継青さんを。あの小さな南京昆劇院の木の椅子に私達だけ二〇人が坐りました。夫、朱買臣に離婚を迫り、別れないでくれと夫が妻の崔氏に頼みます。彼女の複雑な表情、罵り唱う中に、夫への断ちがたい愛情が見事に私の胸に突きささってきます。そして高い、大きな強い声で「朱買臣」と叫ぶ、そのひと声の中に夫への愛があふれているのです。張継青さんの愛と憎しみの間のゆれに私は涙しました。赤い花の冠を頭にのせ、裾子を広げて舞うあの可愛い笑顔、今も頭にやきついてはなれません。どうしてこんなに、たしかに、私に、何かに涙させて下さるのでしょう。張継青さん、ありがとうございました。

北京では、少年文化局の姫燕如さんのお宅に、同じ文化局の罗英さん、中央戯劇学院の留学生の有沢晶子さんと夕食を御馳走になりに伺いました。中国は子どもの問題を政府があとまわしにするという話を、二人が強い語調で話して下さいました。罗英さんが人民日報に長文の投書をしたところ、胡耀邦さんの目に止まり明日会見するということになったのです。この二人の女性にはいつも圧倒されてしまいます。歌舞団の団長の御主人が傍で何も言わずにこにことお給仕をして下さるのです。この御夫婦が四人組時代のお話をなさる時、じつに穏やかに乞食同然だった生活を、どうして今まで生きてこられたのでしょうね、と笑いながらしゃべって下さるのです。不思議な方達です。

今回は尾崎宏次団長と御一緒に大勢の老朋友《ラオポンユー》にお目にかかることが出来て幸せでした。王府井《ワンプーチン》を散歩できなかったのが心残りですけれど。超寻さんがお体の工合が悪くお元気のないのが気になっています。南京の張輝さんが病院を抜け出して昆劇院に奥様といっしょに来て下さいました。一日も早くお元気になって下さい。

（『悲劇喜劇』1985年8月号）

上海人民芸術劇院『家』日本公演
――判りやすくすがすがしい話劇

九月五日サンシャイン劇場、初日に伺う。一時間前楽屋に。喬奇さん、江俊さん、なつかしい方々のお顔が。皆さん上気して落ち着かない様子である。一昨年の『茶館』の初日を思い出す。黄佐臨先生がお嬢さんをお連れになって、いつお目にかかっても変わらない優しい笑顔で再会を喜んで下さる。お嬢さんはテレビ局を一カ月お休みになってお父様に付き添っていらっしゃったとのこと。上海人民芸術劇院の第一団、第二団、第三団が一緒に芝居をすることは殆どないと聞いている。日本公演のためのベストメンバーである。一九八四年四月、上海でアメリカの劇団が公演した『家』がテレビで放映されていた。『家』を観た最初である。そのあと北京に飛び、『茶館』でおなじみの北京人民芸術劇院の『家』を観た。タッパのある、奥の深い首都劇場、三〇人もの大家族が住んでいる広大な「家」を思わせる舞台に圧倒されてしまった。サンシャイン劇場のせまい舞台ではとても、とても。黄佐臨先生はじめスタッフの皆さんの御苦労を思う。

高老大爺の喬奇さんの素晴らしい声は少しも変わっていらっしゃらない。何と快く響いてくるのだろうか。同時通訳の民藝の梅野泰靖さんは喬奇さんの親しい老朋友である。高克明の江俊さんは今は亡い劇団仲間の中村俊一が大好きだった俳優さんである。一九七八年、上海人民芸術劇院の稽古場で四人組時代の話をして下さった。具体的に話を伺うのは初めてであった。あの時の驚きと感動は忘れることが出来ない。机をたたいて眼鏡の下の大粒の涙を拭おうともせずに亡くなった友人のことを泣きながら話して下さった。舞台の江俊さんにあの時のお顔がだぶって仕方がなかった。

四幕、四時間の芝居を二時間半にした難しさを黄佐臨先生が書いていらっしゃるが、劇中の人物が一人も欠けることがなく、また見せ場を全部保っているのには驚かされた。第一場〝新婚の部屋〟は美しい中国独得の色彩の衣裳が大勢の登場人物によって舞台一杯に繰り広げられる、好きな場面の一つである。そして覚新、瑞珏の新郎、新婦が二人になってからの芝居は、古典の喜劇をふと思い出した。入水自殺をする鳴鳳を演じる宋憶寧さん、一九八二年に入団と聞いたが、お別れのパーティーでミニスカートで踊り歌い本当に若い。四人組時代を経てブランクのあった話劇の俳優達の悩みを一気に吹き飛ばすように、若い主なる役は全部一九八二年入団の人達である。優れたベテラン俳優達に支えられてのびのびと育っている人達。第四場〝梅芬を語り瑞珏を讃える場〟での梅芬、瑞珏の女性二人も一九八二年入団の俳優である。美しい二人のやりとり、優しく柔かく、こういう表現が今の私達の演劇にあるのだろうか、私にも出来るのであろうか、忘れてしまっている大切な物を思い出させてくれた印象深い場面である。どの女優さんを考えてもこの人でなくてはという、実に一人ひとりが個性あふれているのは何とも羨ましい。何人かの方々から『家』を観たというお電話を戴いた。中国話劇は初めてという方は、とても判りやすく、すがすがしい舞台で、どうして日本の芝居はごてごてとして判りにくいのでしょうとおっしゃっていたのが忘れられない。

北京人民芸術劇院の『家』を観た故であろうか、私は四幕の『家』を上海人民芸術劇院でもう一度観たいという想いをあれからずっと考えている。そしてタッパと奥行のある舞台でと思うのは贅沢なことなのであろうか。

楽日に観た友人がエピローグがカットされていたと話してくれた。どうしてなのか判らない。今度黄佐臨先生にお目にかかることが出来たら是非伺ってみたいと思っている。

お別れの日に、一九六五年第二次訪中団で〝かぐや姫〟を演じた伊藤巴子さんですね、と技術プランの李端祥さんがおっしゃる。あの時北京、南京、上海と現地で中国の子ども達が出演していた。私と踊りの稽古をして手をつないで舞台に出たのだ、六人ずつ一八人、あの時の子ども達はどうしているかなと中国に行くたびに思い出していた。その時の子どもの一人がこの人ですと奥様のメーキャップ師、日麗珠さんを連れてこられた。二〇年目の再会である。やっと会えましたと御主人と二人で私の顔をじっと見つめて、かぐや姫――ツーツークーニヤンと何度も何度も……。上海に伺う時はアルバムからあの時の子ども達の写真をはがして持って行きますと約束して別れた。上海人民芸術劇院の『家』はまたとないおみやげを私に持って来て下さったのだ。

（『悲劇喜劇』１９８５年12月号）

活気ある中国話劇界
――幸せな北京・南京・上海の旅

一一月一日、俳優座劇場での『かもめ』の公演を終え、翌日成田を発って北京に参りました。一年半ぶりの北京は車の列がつづき、あふれるばかりの人、人です。夕方のラッシュはのろのろと車が走り、以前より三〇分から一時間も早くホテルを出発することになりました。そのうえ一方通行、ユーターン、廻り道と不便になりました。

ここ何年間、いつ伺っても話劇のお客様が減りつつあるという悩みを聞いていましたが、首都劇場は満員のお客様です。水上勉さん、大庭みな子さんと御一緒になりました。若い人ばかり、それも二人連れの多いこと。『茶館』でおなじみの北京人民芸術劇院の演し物は、現代劇、作・錦云、演出・林兆华『犬じいさんの生涯』。主演は『茶館』に出ていらした林連昆さんです。いつ来ても奥行の深い、タッパの高い首都劇場は落ち着いた素晴らしい劇場です。犬を一匹食べるという賭をして土地を手に入れたことから犬じいさんという名前をもらった親を持ち、自分も犬じいさんと呼ばれている人の話です。

自分の土地を愛し、そこで農作物を作ることだけが何よりの幸せと生きていた犬じいさんの土地が、国家のものとなった日から、頭が狂ってしまいました。奥さんは犬じいさんの友人の所に逃げてしまい、息子は元地主の娘と結婚、そして再び土地が返って来ると、犬じいさんは平常に戻ります。息子はその土地に代々伝わっている立派な門をこわして工場を建て、新しい仕事をはじめることにします。犬じいさんにはとても理解できません。真暗な中でマッチをすり、紙をもやして放火をするのです、真赤な明りの中に立ちすくむ犬じいさん、八〇パーセントが農民という中国では四つの現代化は決してすぐには出来ない、一歩、一歩長い道程を歩いて行こうというのが作者の言葉になっていました。

北京人芸特有の真黒な舞台の正面に古い門がぼうっとかすんで見えています。言葉のわからない私にも林連昆さん演ずる犬じいさんの素朴な深い悲しみがひしひしと伝わって来ました。若い観客を一人でも多くという話劇の新しい方向は成功しているといってよいでしょう。干是之さん、藍天野さん、夏淳さんのお話を伺って、農民を愛し農民の中に入って農民の姿を書いていく新しい若い作家への期待の大きさを感じました。

それにしても北京人芸の技術の高さにはいつも驚かされます。いつ見ても風格というのでしょうか、他のどの劇団より一際優れていると感じるのは私だけでしょうか。座付のすぐれた作家、演出家を次々と生み出していった北京人芸の三五年の歴史、そして北京人芸だけが劇場・稽古場、そしてあらゆる部門が収容できる立派な建物をもっているということと無関係ではないような気がします。朝九時、稽古場では次の演し物、歴史劇『秦皇父子』の稽古を観せていただきました。藍天野さんの演出です。初日まであと一五日。すっかり出来上っていると思ったのも道理、もう二カ月も稽古をしているとのことでした。

中央実験話劇院では、魯迅逝去五〇周年記念公演『阿Q正伝』を観せていただきました。三日間公演をして観客が入らないので中止したとのこと、私達のために特別に公演をして下さいました。今でも阿Q帽をかぶって働いている人達がいる古い紹興の町は、私の好きな所の一つです。阿Qと紹興はいつもだぶって絵のようです。中国の若者が阿Qは遠い昔の人、出世できないばかな人と話していたのが気になります。

南京は町の真中に三五階建ての新しいホテル、金陵飯店に泊りました。アメリカ人と日本人の団体であふれているホテルは超近代的でいたれりつくせりです。回転レストランでお酒を飲みながら中年以上の人達で編成されているバンドに合せて、中国の方達が実に楽しそうにワルツを、そしてディスコダンスを。五月に日本にいらっしゃった昆劇の張継青さんはパリ公演を終えて静養中と伺っていましたが、とてもお元気で安心しました。日本で腫れてしまった足は膝の関節炎とわかって治療をしているとのこと、だましだまし舞台に立っていきます、と笑っていらっしゃいましたが……。パリは一カ月間で一六ステージ、とてものんびりと暮らしました。同時通訳も字幕も必要ないというフランス側の強い要望で解説書だけを出しました、とあの柔和なお顔で話して下さいました。日本での殺人的なスケジュールを思うと何と申し上げてよいのやら、それでも小さな劇場でもう一度日本公演が出来たらとおっしゃいました。

上海の人の多いことといったら北京以上、昼間は歩けない程です。去年『家』を日本で観せて下さった上海人民芸術劇院は、『呼出電話』という現代劇です。ここも若い人ばかりの満員の客席です。マンモス団地の一部屋が舞台に飾られ、下手に電話番のおばさんがいる小屋があります。かかってくるのも、かけるのもこの電話一つしかない団地です。この電話を通じて同じサイズの部屋の中での日常生活が何組かの夫婦の登場によって展開していきます。労働者から作家になった宇福先さんは新聞の三面記事を元にして芝居にするのが得意とのこと、まったく職種の違う夫婦の離婚が話題になってい る中国、舞台にも科学者の夫と商店で働いている妻の二人が登場していました。日本ではまったく聞かれなくなった知識階級という言葉がやたらに話題になります。クラシックの音楽会が大勢のお客様を集めているのも、知的であるということと関係があるようです。

もう一つの上海青年話劇団は『愛の形態』で、これも現代劇です。大学の先生と生徒が卒業論文の〝愛とは〟というテーマを語るなかで、年代の違う恋人、夫婦が何組も登場します。円形の構成舞台の上に真白い衣裳で統一された人達が七色の光の中で愛を語ってゆきます。そして地震という突発的な出来事、その時それぞれの二人がどうなるのか、なかなか斬新な舞台でした。愛とは、答は観客が考えて下さい、ということで幕が下ります。客席は女性、それも十代から二十代前半でしょうか。この二本の芝居の演出家にお会いしました。二人とも女性、それも三十代です。『愛の形態』の演出家は俳優を八年、演出を六年、足の長い美しい方です。次から次へと日本の状況について目を輝かせて質問を。実にはっきりと行動的なお二人と話をして中国も若い新しい女性の演出家がと……。中国映画祭にも二十代の監督、そして女性の監督が登場していましたが、話劇の世界も新しい曲り角にようやく、という感じを受けました。女性、それも若い女性が興味を持つ話劇、デートは劇場でとなればお客様は倍になるでしょう。

一九八一年第三次訪中新劇団で上海に向った時、上海人芸の『ロミオとジュリエット』を観ました。その後、交換会で一緒のテーブルになったロミオの兪洛生さんに、なぜラヴシーンが一つもないのかしらと質問しました。彼は話をそらして、何度聞いても答えてくれませんでした。『エクウス』を終ったばかりの彼に久しぶりに会ってその話をすると、よく覚えている、今は開放されて自由になったから、とおどけながらいろいろな形のラヴシーンを私を相手に演じてくれました。

お客様が少なくなっていくという話を長いこと伺っていたのが、若い人であふれている劇場、書き下しの現代劇、活気のある話劇界を感じて帰って来ました。でも私にとって中国の話劇は、老舎、郭沫若、曹禺、田漢、といった方々の作品が観たいといつも思うのは外国人の身勝手というべきなのでしょうか。そして開放ということがどんな方向に花開いていくのでしょうか。

年功序列の守られている中国では、これまではなかなか若い方達と話し合う機会がない苛立ちを覚えていましたが、今度の旅は若い話劇の方達と思う存分話ができて、幸せな話劇の旅になりました。

（『悲劇喜劇』１９８７年2月号）

中国を見つめることは日本を見つめること

――天安門事件のあとに

香港から列車にゆられて深圳に。イギリスの兵隊さんに見送られて線路を歩き、中華人民共和国の兵隊さんに迎えられ、一九六五年、国交が回復されていない中国に初めて足をふみ入れました。日本の中国大使館に長いこと勤務され、最近お帰りになった尹鐘雲さんが代表として国境を越えて迎えに来て下さいました。中国人のボーイフレンド第一号とおっしゃって今日まで長いお付合いの方です。第二次訪中新劇団の専用列車で四泊五日かけて北京に。成田を朝発てば夜は首都劇場で北京人民芸術劇院の芝居が観られるという昨今とは違い、長い長い旅でした。二五年も前のことです。

あれから何回中国に行ったことになるのでしょうか。昨年の天安門事件以来どなたにお目にかかっても、大変ですね、御心配でしょう、恐ろしい国ですね、当分行くことは出来ませんね……。皆さんどうしていらっしゃるのか。デモに出かけられたのだろうか、芝居は。皆さんのお顔がテレビの画面とだぶって眠れない日がつづきました。政治を抜きにして演劇人として中国の方とのお付合いをどのように解釈したらよいのか、この時ほど昔から言われてきたこのことばが頭から離れませんでした。皆さんとてもていねいに親切にもてなして下さるけど、誰一人天安門のことを聞かない、何を考えているのかまったく判らない――一番最近日本に来られた方のお話です。

何もが便利になりすぎてしまった日本から中国に入るとタクシー一つをとってみても苦労の連続、走ったり、あわてたりしても無理なこと、のんびりせざるを得ない毎日が何ともいえずのびやかなのです。とても贅沢なことだと言われるかも知れませんし、中国の方には申し訳ないことなのかも知れません。でもそう思うと矢もたてもたまらなくなるのです。

一九六五年の北京は美しかった。大理石の太い柱が美しい北京駅に降りたった時の感動は今も忘れることが出来ません。それがです。現在の北京駅のすさまじさ、人、人、人をまたいでようやくホームに行くことが出来るのです。中南海の地下の駅から乗り降りする政府の人達は、北京駅を見ることがないのでしょうか。あの美しい北京駅はどこへ行ってしまったのでしょうか。

スローガンの大好きな中国人です。人民公社、大躍進。晩婚晩育、利国、利民。百花斉放。功在国家、利在自己。先富起来。どれだけのことばを見てきたことでしょう。首都劇場のロビーのスローガンと写真がその時の中国を語っているようで見るのが楽しみの一つでした。今はどんなスローガンと写真が飾られているのでしょうか。『茶館』『駱駝祥子』『蔡文姫』『犬じいさんの生涯』『セールスマンの死』……数々の名舞台を観せてくれた首都劇場です。

一九七八年、日中平和友好条約がむすばれて最初の演劇訪中団の一員として一三年振りに北京を訪れた時のことを思いだします。文化大革命が終り、演劇界、とくに風当りが一番強かったのが話劇でした。北京、南京、揚州、蘇州、上海と、どの劇団の方達との懇談会にも必ず四人組の圧迫が熱っぽく外国人の私達に語られました。そして演劇界は花が咲いたように、舞台と客席の活力があふれるばかりでした。テレビがほとんど普及していなかったあの時代では、演劇が社会体制の中にがっちりと組み込まれて民衆の生き方に大きな影響力を持っていることのすごさにびっくりして帰って来ました。

文化大革命の時のようにはならないとしても、長い間かかって創り上げたものをこわし、また創り上げていく中国、南京で開かれた小劇場演劇フェスティバルでは、実験的な新しい芽が出て来ていたのに、天安門事件で一気にこわされているのではないかと心が痛みます。思想引き締めによってきっと検閲も……首都劇場の初日だけで二日目から上演が取り止めになった芝居の話も聞きました。

長い長い侵略されていた時代、そして内戦、解放、新しい国になってもまたまた、何が悲しいというと、となりの人間が信用出来なくなることですと目を真赤にして話してくれた話劇の俳優さん。中国を見つめることは、日本を、自分を見つめることに外ならないのだと痛いほど胸に突きささったのは、早坂久子作『雁の帰るとき——ある残留孤児の記録より』の上演のために内蒙古自治区に旅をした時でした。満洲って何ですかと聞く若い人達、南京虐殺なんて知らないよ、教科書で教えてくれなかったじゃないか、というせりふの飛び出してくる若い小劇場の芝居、さらにあの広い、広い中国に侵略していった恐ろしい日本、天安門事件のあと恐ろしい中国と言う日本人に何と多く会ったことでしょうか。私には恐ろしい日本が内蒙古の旅以来、頭にこびりついて離れないのです。

去年の一〇月、アジア一二カ国の人が甲府に集り、児童、青少年演劇国際シンポジウムが開かれました。アジアにおける植民地化の一翼を担っていた日本が戦後の経済侵略によって、特にテレビの子ども番組はすべて日本の質の低い作品が放映されており、それぞれの国の文化まで破壊していっているのではないかという報告、経済大国日本、先進国日本には国公立の演劇大学がなく、他のすべての国にそれがあったということ、これは大きなショックでした。天安門事件のあと九月に第二回芸術祭に招かれ戒厳令下の北京に行って来ました。日曜日の朝ゴルフ場へ向かう車は日本人ばかりでした。何事もなかったように。

思いをはせればはせるほど、中国は私に重くのしかかって来ます。日中演劇文化交流って何なのでしょうか。

（『悲劇喜劇』1990年3月号）

天津芸術学校・少年児童京劇芸術団の舞台

——沖縄のフェスティバルにて

一九九四年二月、沖縄でフェスティバルが開催されます。'94国際児童・青少年演劇フェスティバルおきなわ。日本で、いえアジアで初めての催しでしょう。沖縄市、具志川市、石川市、宜野湾市、北谷町《ちゃたんちょう》、嘉手納町《かでなちょう》、勝連町《かつれんちょう》、西原町《にしはらちょう》、読谷村《よみたんそん》、与那城村《よなぐすくそん》、中城村《なかぐすくそん》、北中城村《きたなかぐすくそん》の一二市町村で行われます。

沖縄には、すばらしい独自の芸能がたくさんあります。日常的にもうたい踊ることの大好きな沖縄の人たち。外国の方たちにとっては、未知なる沖縄。ヨーロッパから、アジアから、大勢の人たちが集まって、舞台を観合い、語り合い、うたい、踊る、そんなフェスティバルのようすがいまから見えるようです。

フェスティバルに招待される中華人民共和国からは、天津芸術学校の少年児童京劇芸術団が三七名ですばらしい舞台を観せてくれます。

北京から高速道路で二時間あまり、天津市の中央に天津芸術学校があります。一九五六年に創立され、京劇、評劇(注1)、昆曲(注2)、戯曲音楽、バレエ、人形劇、雑技、話劇、舞台管理を、六歳から一八歳の子どもたち一二五〇人あまりが、未来の専門家をめざして勉強しています。新芽が少し色づき、レンギョウが咲き乱れる三月の末、東京より暖かい天津に行ってきました。

「子どもたちは朝からメーキャップにとりかかって、お待ちしておりました」とおっしゃる校長先生のご案内で、八本、沖縄で演じる予定の舞台を観せてくださいました。京劇小品集の舞台です。

何もない舞台の袖には楽器を手に楽団の子どもたちが座ります。京胡(胡琴の一種)、月琴、小鼓、笛、ソナー(チャルメラ)、ドラなどの楽器です。ペキン・オペラの名で世界中に知られている京劇。「京劇を聞きに行く」というくらい、ファンはひいきの役者の歌を堪能するとのことですが、沖縄の子どもたちが初めてみる京劇に親しめるようにと、動きのある演じ物を集めてくださいました。立ちまわりの美しさと柔らかさにはうっとりします。大人の肉体ではとても表現できません。なんと言ったらいいのでしょうか。肉体がしなうと言うのでしょうか。そして媚びのないまっすぐな子どもたちの目。この子どもたちが大きくなったらと思うと、羨ましくちょっぴりねたましくもありました。それに、京劇独特のくまどりに色どられた、幼さの残る子どもたちの顔を見ているだけでも美しいなあと魅了されてしまいます。

先生方は一人ひとりの子どもたちについて、それはよく知っていらっしゃいます。おとうさん、おかあさんから始まって、ひいおじいさん、ひいおばあさんまで三代にわたって調査します。体形、声、環境。日本では一・声、二・顔、三・姿という舞台俳優への言葉がありますが、一・顔だと校長先生はおっしゃっていました。どきっとするくらいの美女が揃っています。

公演が終わって校庭でからだをぶつけあってあそぶ子どもたちは、舞台の子どもたちとはまったく違った子どもになっていました。学校の食堂の方たちがテーブルいっぱいに何種類ものお料理を作って待っていてくださいました。昔、皇帝しか食べることのできなかった、黒いお米の入ったおかゆを初めていただきました。

一九六五年に初めて中国に行ってからもう何回になるでしょうか。三三〇種あまりある中国の演劇のいくつを観たことになるのでしょうか。子どもたちの京劇は初めてでした。

沖縄の町を歩いていると、中国と往来していたころの時代が見えてくると言われるように、切っても切れない中国と沖縄です。天津の子どもたちは沖縄で何を見てくれるのでしょうか。とても楽しみです。

いま、沖縄の真っ青な海にあこがれ、たくさんの若者が海を渡ってあそびにいきます。全島どこを走っても海また海。真っ青な空と、赤いブーゲンビリア。

そんな沖縄市の真ん中に、美しく刈り込まれた芝生の広がる米軍基地はあります。海に面した小高い丘の城跡に立ったときのことでした。ござの上に小さな祭壇を作り、戦争で亡くなった人たちの霊を慰めるために、南の方角に向かって一心に祈っているふたりのかたに会いました。私たちは戦場となった沖縄を忘れることはできません、とつぶやくように話されました。

戦争の爪跡が深く刻み込まれたこの島で、子どもたちの平和な成長を願う、大人たちの思いを込めて、このフェスティバルは開かれるのです。

二度と戦争を起こしてはならないと、沖縄の新川秀清市長はおっしゃいました。「世界に広く目を向け、国際的な人間を、文化・芸術をからだいっぱいで享受できる環境を。このことが私たち大人に課された大きな責務です」と。

（注1）評劇＝北京より北の地方で行われている、大衆劇。
（注2）昆曲＝上海を中心に中国南部地方で行われていた高度な劇。知的な人が観るものとされている。昆曲をわかりやすく、庶民的にしたものが京劇。

（『月刊 音楽広場』１９９３年７月号）

韓国の三人の老俳優
――ソウル児童演劇祭で知り合って

航空便には珍しい縦長の和紙の封筒が韓国のソウルから届きました。今年の五月一日から二六日までソウルで開かれた第一回ソウル児童演劇祭に出席したときに出会った三人の老紳士の方々に（劇場街の喫茶店で偶然お会いしたこの三人は、韓国のいちばん古い現役俳優さんです）、私は東京に帰ってから「いつまでもお元気で」と、鶴を折って入れた手紙を出しました。そのお返事が届いたのです。

美しい和紙の便箋には「暑中お見舞い申し上げます。芸道乃同志、真心作りの鶴、そして祈念長寿の言葉、まことにありがたく厚くお礼申し上げます。まずはお礼かたがたに乱筆にて。草々」と。筆での美しい書面にはほれぼれしてしまいました。三人の署名も美しく何度も読み返しました。八〇歳をすぎていらっしゃる三人は、実は以前日本に住んでいらっしゃったのです。「千田是也さん、杉村春子さんはお元気か」とお聞きになり、「尊敬している日本の演劇人です」と話されていました。

飛行機で二時間で着いてしまういちばん近い国、韓国。いろいろな国でたくさんの芝居を観てきましたが、いちばん近い韓国なのに、行くのは初めてでした。誤解を恐れずに言えば、行くのがどうしてもこわかったのです。朝鮮との対立、戦争と、頭の中で私の韓国に対するイメージができ上がっていましたから。でも、百聞は一見に如かず、考えてもみなかったソウルでした。ソウルは山の見える、いいえ、山のある都市です。美しい緑があるのに車、車、というところは東京と同じです。

最初に観たのはニンビコンビ劇団の『ドンゲ、イヤギ、ドンゲ（トラとオニの話）』。民話を題材に伝統の楽器とリズムで、現代の新しい歌を創り出し、楽器を使い、うたい、踊り、演じてゆきます。生《き》成《なり》の木綿のお揃いの衣装で、韓国独特の太鼓を胸に下げ、両手で打ちながらの舞台は民族の香りでいっぱいでした。

五月五日は韓国も日本と同じ子どもの日です。どこも子どもでいっぱいでした。この日に観た七本の芝居のうち、五本は演劇祭に応募した一五の作品の中から選ばれた、優秀作品の舞台です。どれも幼児向けの作品ばかりでした。しかし、残念なことにどの舞台も、子どもをどうとらえているのかと、首をかしげてしまうものばかりです。人形劇、影絵、ぬいぐるみ、そして人間と、ごちゃまぜの舞台。まだ方向の見えていない状態であることが伝わってくる舞台でした。

韓国の児童・青少年演劇は、日本にも何回かいらっしゃっているソウル芸術専門学校の教授、韓国の演劇博士第一号の金雨玉さんの並々ならぬ努力で、生まれたと言っても過言ではないでしょう。アメリカで演劇を学び、ニューヨークで舞台に立っていた金雨玉さんは、一段低く見られている児童・青少年演劇をなんとかして水準の高いものにと働いていらっしゃいます。今回の演劇祭も総監督として、スポンサー探し、広告集めと何から何まで手がけられたそうです。まだまだ道は遠く、金雨玉さんのご苦労は続くのでしょう。

子どものための芝居のほかに、大人の芝居も観ました。児童演劇祭の公演の劇場と同じ劇場街のドンスン劇場で、演劇発展研究グループの公演、李康白《イガンペク》さんの『プゴテガリ（干したスケソウダラの頭）』を観たのです。地下劇場をそのまま地下の倉庫に見立てての舞台です。「人生の全体を把握できず、ごく小さな付属品のように生きざるをえない現代人の姿を、笑いと涙を交えて描いた舞台」とパンフレットに書かれています。倉庫に山と積まれている段ボールの箱の中にうずまるように生活をして、箱の整理に明け暮れる毎日が仕事のふたりの男性。ごく小さな付属品のようにとは何を言うのでしょう。ふたりの男性の怒りと悲しみが、笑いの中から伝わってきます。

スケソウダラの鍋は、韓国の庶民の食べ物のひとつで、スープがとてもおいしいそうです。大きな口を開けたスケソウダラが私たちに向かって何か言っているように見えました。韓国でいちばん人気のあるふたりの俳優が演じた舞台。その質の高さには驚きました。

大人の芝居はどれをとっても水準が高く、すべて創作劇、そして小劇場での公演です。若い男女でどこも満員でした。こんなに近いお隣の国の演劇のことを何も知らず、何も情報が伝わって来ないのはなぜなのでしょうか。

ソウルへの旅で三人の老俳優にお目にかかったことは、私の胸に深く、そして重く、何かを残しています。どうして戦争中に日本に来られたのか、日本で何をしていらっしゃったのか……。「こんどはいつソウルに来ますか。私たち三人は毎日、二時から四時までここでコーヒーを飲んでいますから、ソウルに来たら必ずいらっしゃい。また芝居の話をしましょう」。お隣の国に三人の新しいお友だちができた素敵な旅でした。

（『月刊 音楽広場』１９９３年12月号）

中国の旅の思い出
――なつかしい人たちとの出会い

上海の錦江飯店に泊る度に、小沢栄太郎さんが風邪をひいて寝込んでしまわれた部屋、信欣三さんが午前中は二日酔いのため、一度も起きていらっしゃらなかった部屋、中村たつさんと同室で滞在した部屋、いろいろな思い出がよみがえります。天井が高く、広々としたクラシックな錦江飯店は、何時来てもほっとします。

超過密スケジュールの旅の一日目、上海昆劇団に伺いました。稽古を見せて下さるとのこと。梁谷音さんが笑顔で迎えてくれました。団長の蔡正仁さん、道化役の劉異龍さん、大好きな計鎮華さんがいらっしゃらなかったのは残念でした。梁谷音さんのために新しく創られた『牡丹亭』の稽古です。一九八三年四月、上海芸術劇場で上海昆劇団の『牡丹亭』を拝見した時のことが想い出されました。三時間の華やかなスペクタクルな舞台、照明を駆使し、夢の場面ではスモークがたかれ、演奏は伝統楽器にチェロ、ヴァイオリンが加わり、西洋音楽かと思われる場面がありました。杜麗娘を演じたのは、今はアメリカに亡命してしまわれた当時の団長、華文漪さん、恋人、柳夢梅は女優の岳美緹さんがきりりとした好青年を演じたのが印象的でした。そして南京、江蘇省昆劇院の小さな稽古場で、机と椅子だけの、張継青さんの『牡丹亭』を、つづいて江蘇省戯劇学校昆劇科の一五歳の少女の演じる『牡丹亭』を……三種の『牡丹亭』を拝見したのです。その時梁谷音さんの舞台は『朱買臣休妻』を計鎮華さんと。何て愛らしいドラマチックな女優さんと思ったことを覚えています。この時の何もない簡素な舞台での張継青さんの『牡丹亭』の姿は、私にとって忘れられない舞台になりました。

張継青さんとは対照的な女優さん、梁谷音さんが新しい挑戦を『牡丹亭』で試みるのでしょう。相手役は、団長の蔡正仁さんです。黒いブラウスに黒いズボンの素顔の梁谷音さん、まだ出来上っていないとのことですが、演奏も一応ついて。衣裳の下にかくれていた梁谷音さん、特に足の動きにはおどろきました。足を交差して、クラシックバレエに似た足の置き方、そしてひざをちょっとまげて腰をおとすのです。あの美しい、あでやかな衣裳をまとっての立姿からは想像も出来ない足さばきです。それに何て強い集中力の持続でしょう、川口敦子さんが「どうしてあんな声が出るのでしょうね」と耳もとで。その声を聞きながら東京での公演『潘金蓮』を想い出していました。武松に言い寄る梁谷音さん扮する潘金蓮が、一脚の椅子にもたれているだけの官能的なシーン、正面に椅子を持って出て来て、その上に立ってスダレをかけるシーン、椅子と机だけの単純な舞台での梁谷音さん、俳優だけの舞台でした。

花の精を演じる大勢の若い俳優さん、稽古着とは思えないまちまちの恰好、ハイヒールあり、ウォーキングシューズあり、これにはおどろきました。途中で後ろを振り返ると、自分の出番が終った若い人達は一人も残っていません。梁谷音さんの稽古を何故見ないのでしょうか。

上海昆劇団の倉庫を改造したレストランで夕食を御馳走になりました。国家からはお給料だけという状態のなかで、劇団の経営はかなり大変のようです。どの劇団も副業を始めました。一番収入の多いのは流行歌手、五分間で五〇〇〇元を稼ぎます（一元は日本円で一八円から二〇円）。三時間で六〇元の劇団の人達。でも、私達にはお給料が国家からきちんと戴けるなんて、夢のまた夢です。

上海、南京、安徽省の合肥《ゴウヒ》、黄山《コウザン》、杭州、紹興と、もり沢山の強行軍の旅の初日、果して無事に終えられるかいささか心配でした。次の朝、暗いうちに起きて上海駅に。何時来ても列車は超満員です。ガイドブックには上海から南京四、五時間とあるように、車掌さんに聞いてもはっきりしないのは中国ならではでしょう、六時間近くかかってのんびりとした玄武湖のほとりの南京駅に。劇作家、南京大学教授陳白塵さんのお見舞に伺いました。文化大革命のあと、尾崎宏次さんと御一緒に南京でお目にかかった時のことは忘れられません。木下順二さん、山本安英さんの近況をお聞きになり、文革の迫害のなかで日本の芝居の資料、プログラムを疎開させ、奥様が大切に保管していらっしゃった時のお話をなさいました。文革の御苦労でおやせになったといっても、肩幅が広く、どっしりとした大人《たいじん》の風格そのものの方でした。奥まった陳白塵さんのお宅の門まで、お嬢さんが出迎えて下さいました。

きちんと背広にネクタイの陳白塵さんは杖をつかれ、ベルベットの中国服の小柄な奥様と御一緒に私達を待っていて下さいました。心臓病で危篤状態からようやくお元気になられた陳白塵さん、何と小さくなっておしまいになったのでしょう。胸が痛みます。この次南京に伺う時も、お元気な陳白塵さんにお目にかかりたいと祈りながらお別れしました。

夜のお食事で張継青さんに久しぶりにお目にかかりました。これ、覚えていらっしゃいますかと、私がプレゼントしたハンドバッグをちゃんとお持ちになって、若い人の『牡丹亭』を指導していますとおっしゃっていました。来年は昆山で昆劇フェスティバルが開かれるとのこと、張継青さん、梁谷音さんの『牡丹亭』の競演が拝見出来るかも知れません。『朱買臣休妻』の『痴夢』で真白なひだのあるスカートを広げて、美しい丹頂鶴を想わせるあのすてきなシーンがまた拝見したいと申し上げました。一九六五年から中国に通って、大きな幸せは昆劇に会えたことでしょう。

南京から合肥まで高速道路で三時間、合肥から黄山のふもとの町まで空路一時間、黄山からマイクロバス六時間で杭州へ、杭州から紹興までマイクロバスで二時間、杭州から列車で上海まで五時間かかりました。最近にない大変な旅でしたが、遊びの旅は実に楽しく、心豊かな毎日でした。初めての合肥、そして黄山、また新しい中国に会えた旅になりました。黄山市の中心、屯渓《トンケイ》、新安江《シンアンチャン》のほとりのホテルは、四国の四万十川を思わせるゆうゆうとした美しい流れを見下し、中秋の名月を眺めるというすてきな夜でした。真白な壁に、黒い瓦の明代の民家が残り、『茶館』の舞台を思わせる宋代の面影をとどめる老街がつづく街並は、今度の旅の一番のロケーションでした。黄山から杭州までのバスの六時間も、明代の民家を模しての白壁に黒い瓦の農家が点在し、あきることのない道のりでした。

尾崎宏次さん、倉橋健さん、菅井幸雄さん、三人のおやさしい紳士と、川口敦子さん、そして八〇パーセント中国人の、北京留学六年の経歴をもつ有澤晶子さん、山には登ったことがないとおっしゃる方々が黄山に登ったのです。山水の名勝として名高い黄山とは、七二峰から成る山々の総称です。ホテルからバスで二時間、登山口から日本製のロープウエイで一気に一〇〇〇メートルまで。すばらしい好天気に恵まれ、恐ろしい程の絶壁の岩から下を眺め、山水の名勝を見ながら、二番目に高い一八四一メートルまで歩きました。最高峰は二〇〇〇メートルです。驚くべきは登山口から頂上まで、全山石段が作られているのです。現在も重い石を竹ざおにつるし、一枚ずつ運んでいました。これも中国ならではでしょう。

どういうことなのでしょう、今でも山に登ったという感触が全くないのです。八分で一〇〇〇メートルを登ってしまうのです。あと二路線の日本製のロープウエイが完成すると、二〇〇〇メートルまで何分で行くのでしょうか。この次は下から二〇〇〇メートルまで歩きたいと思っておりますが。

何よりもこの旅の特徴は、行く先々でなつかしい方達にお目にかかることが出来たということです。旅は人なのでしょうか。すてきな方達と御一緒の毎日、そしてすてきな方達との出会いでした。

(『悲劇喜劇』1994年1月号)

名作『馬蘭花《マーランフォア》』と任徳耀さん
――私の中国への思いのはじまり

上海に来ています。一九六五年に初めて空港に降り立ったときから建物は三回建て替えられたでしょうか。昔の原野の中の面影は、いまはどこにもありません。

中国福利会児童芸術劇院名誉院長の任徳耀さんが、長いこと入院していらっしゃると伺って、お見舞いに飛んで来ました。中国福利会児童芸術劇院は日中戦争中に作られた文芸工作隊の児童隊から始まった、中国でいちばん古い劇団です。子どものための舞台を創り続けています。

一九五六年三月、北京で開催された第一回演劇コンクールで、任徳耀作『馬蘭花《マーランフォア》』が上演されました。そしてさまざまな賞を獲得。この作品は中国の各地でいまも上演され、任徳耀さんの、いえ中国の代表的な作品のひとつになりました。一九五八年八月、私たちの劇団がこの『馬蘭花』を創立五年、九本目の子どもの舞台として上演しました（訳・宮川晟《あきら》、演出・中村俊一、音楽・間宮芳生）。このときから、劇作家・任徳耀さんとのおつきあいが始まりました。もう四〇年近くになります。

「馬蘭花」は日本では紺菊と呼ばれている菊のこと。茎が濃い紫色、葉がのこぎりの刃のようなかたちで、秋に青みをおびた濃い紫色のかわいらしい花を咲かせます。この「馬蘭花」に寄せて伝説物語が創られ、古くから語られてきました。

どんなに苦しくつらいことでも、自分の力ではねのけて、幸福な生活を作り上げていこうとする勇気と知恵にみちあふれた若者「馬蘭」が主人公です。そして、働き者で心の優しい娘「小蘭《シャオラン》」。

この舞台のいちばんの魅力と特徴は、陽気でひょうきんなかわいらしい動物たちと、奥深い山の森の中の植物が登場することです。魔法の力は、まじめに働く人たちだけにしか現れません。魔法の力は働く人たちの知恵と努力によって、自分たちの手でつかまえることができるのだと伝えています。

一九六五年、劇院の稽古場に初めて伺いました。広い敷地の芝生に囲まれた美しい庭。バルコニーのある建物には、いくつもの稽古場、劇場、倉庫、宿舎……。目を見張り、驚き、うらやましく思いました。

その後、文化大革命の間、任徳耀さんの消息がわからずどんなに心配したことでしょう。そして、やっと中国の新聞で名前を見つけ、お元気なことがわかりました。あの忌まわしい時代、劇院の中に一歩も足を踏み入れることができず、長い竹ぼうきで広い庭を掃除させられていたとのこと。真っ白な髪になってしまわれた任徳耀さんに、文化大革命後お目にかかったときのことを思い出すと、いまでも涙があふれます。人間って何なのでしょうか。同じ国の人間同士が憎みあい、殺しあうなんて。

日本に来られ、『森は生きている』『乞食と王子』と、私の舞台を観てくださり、ぜひ中国で上演したいとおっしゃった任徳耀さん。私たちの台本を訳して公演、いまでも続いて上演されています。

新しく建てられた病院で、任徳耀さんにお会いしました。いつお目にかかっても、相手を気遣い、笑顔で話をされる任徳耀さん。大勢の人の後ろに立って、決して前には出ていらっしゃらない任徳耀さん……少しもお変わりなく。

時代が変わり、国からの助成がカットされ、劇院の建物は半分をカラオケとダンスホールに貸しているとのことです。三〇〇人ほどの劇団員をかかえての、苦しい経営なのでしょう。私が舞台が忙しいと話をすると、「なんとうらやましいことだろう。テレビに、映画に、そのほかのアルバイトに忙しく、舞台に立つのを嫌がる俳優ばかりになってしまって」と。

日本との戦い、中国革命、文化大革命、そして現在の経済優先の中国と、長い長い道のりを歩いてこられた任徳耀さんです。私の中国への思いは、任徳耀さんを少しでも理解したいということからはじまったのかもしれません。

「書きたいことがたくさんあるから、一日も早く退院したい」と、子どもたちへの思いを話してくださいました。


（『月刊 音楽広場』１９９５年６月号）

ジョン・ラーベ『南京の真実』
——私の大好きな南京で何があったか

南京は美しい都市です。南京は緑の町です。南京は私にとって忘れる事の出来ない大好きな場所です。天国への道と私達は言っているように、すずかけの木のトンネルの中を孫文のお墓のある中山陵への道は、何時いっても美しく何とも言えない安らいだ気持ちになります。

一九三七年一二月南京陥落、あの日、日の丸の旗をふりながら小学校から皇居まで旗行列に行きました。夜は母と一緒に提灯行列を見にゆきました。日比谷通りは沢山の人の持つ提灯の美しい明り、きらきらと光り昼間のような明るさでした。二・二六事件、一九三六年二月二六日、母と妹と大雪のなか車に乗り避難する途中、武装した兵隊に銃剣を突きつけられました。この二つは小さい心にやきついて忘れることのない絵なのです。

南京で何時もお世話下さる文化聯合会の姚志強さんが東京にいらしてお食事を御一緒した時、ジョン・ラーベというドイツ人の書いた『南京の真実』という本が出ましたが御存知ですか、と。今まで何回南京に伺ったでしょうか。南京事件についてのお話は、一度もどなたからも伺ったことがないのです。全くの第三者が書いた本ですから、これで日本も南京事件はなかったとは言えないでしょう、と。

一九六五年初めて中国を訪問し、南京では一人で外を歩かないようにと注意があったのを思い出しました。同行して下さった江蘇省話劇団の女優さんの御両親は日本人に虐殺されたということも。おろかな私はあの時何を考えていたのでしょうか。六〇年たった今、ジョン・ラーベが書いた一九三七年九月二一日から、一九三八年二月二八日まで約六カ月にわたる日記、編者として全面的にかかわった歴史学者、作家そして中国大使を務めたエルヴィン・ヴィッケルトの文章で構成されている『南京の真実』。二五歳から三〇年間、中国で生活したジョン・ラーベ、南京市の電話、発電機、医療機器を供給しているジーメンス社、南京支社の責任者として働いていた時代に遭遇した時の日記なのです。

上海から船で四週間から六週間、そこから鉄道でドイツに向うと書かれている時代。普通の平凡な一人の海外勤務ビジネスマンの日記は、毎日の出来事を克明に記し、一日に二回も三回も書かれている日が何日もあるのです。一九三一年から首都になった南京に日本軍の攻撃が始まり、すさまじい爆撃の中、アメリカ人、医師、大学教授、宣教師の人達が南京安全区国際委員会を作り、ジョン・ラーべが代表となり、城壁の中、あるいは外に中立地域を設置、万が一砲撃された時の非戦闘員の避難所を作ったのです。二里四方の国際難民区に二五万の人達が生活しました。一九三七年九月二一日最初の日記には「アメリカ人やドイツ人の多くはすでに南京を去っていった。自分にとってどうしても目をそむけることの出来ない道義的な問題がある。私の使用人や従業員そして三〇人はいるその家族にとって頼みの綱はご主人《マスター》、つまり私しかいないのだ、たとえどんなにつらい事になろうとも彼らの信頼を裏切る気にはなれない。この国は三〇年という長い年月、私を手厚くもてなしてくれた。今その国がひどい苦難にあっているのだ。金持ちは逃げられる。だが貧乏人は残るほかない。行くあてがない。資金もない。虐殺されはしないだろうか。救わなくて良いのか、せめて幾人かでも、それがほかでもない自分と関わりのある人間、使用人だったら」と。

神に祈り、ユーモアあふれるジョークをとばし、信じられない環境の中で精力的に働き、怒り悲しむラーべの姿。彼の日記には虐殺の生々しい現場報告、悲惨な結果が語られ、その原因については何も踏み込んでいません。ナチの党員であったラーべは、ヒトラー総統が力を貸して下さるように神に祈った。君や、われとひとしき素朴で飾らない人と。ヒトラーを信じ何度も手紙を書き長い上申書を出し、でも一度もヒトラーからの返事はありません。私の生れ育った時代、あのきらきらと光り、昼間のような提灯行列の時代、歴史を知ることへもっともっと深く入り込んで下さいと、ジョン・ラーべは私に語りかけてくれたような気がしてなりません。

中国映画『南京一九三七』を観ました。つらい映画でした。正視出来ませんでした。でも戦争を知らない呉子牛監督の歴史を見つめる目は中国の新しい息吹を感じさせてくれます。難民区に日本兵が乱入し女子を強姦してゆく中で生れた子どもは〝南京〟と名づけられ、新しい時代に巣立って行く子ども達が鼓弓の美しい音色にのせて歌います。「南京よ泣かないで、子ども達よ泣かないで、舟よ走れ、お月様に会ったら口づけを、太陽に会ったら今日は」。鉄かぶとをかぶりがっしりとした体格のジョン・ラーベが今生きていたら何と言うのでしょう。

第一級の資料といわれるラーベの日記は見事に背後にある歴史をうかび上らせてくれました。修復され、公園となった南京の城壁は何事もなかったように美しい姿を見せています。昆劇の張継青さん、俳優の張輝さん、田漢さんの娘さんの田野さん、今は亡き陳白塵さん、何時伺っても優しい笑顔で迎えて下さる南京、私の大好きな南京です。

（『悲劇喜劇』１９９８年８月号）

江蘇省京劇院日本公演
――昆劇『痴夢』ほかの名舞台

江沢民中国国家主席の日本訪問が大きく報道されている同じ日に、江蘇省京劇院の公演を観ることが出来ました。

浜松町から羽田空港行きモノレールで一つ目、天王洲アイルで下車。水辺に建つホテルもあるビルの中の劇場「アートスフィア」、ちょっと早めに行って散歩するのが楽しみな場所です。とくに女性にとって。いろいろな飲食店、すてきなお店が並んでいるのですから。オーストラリアのシドニーに似ていて私の大好きな場所です。

京劇をご覧になったことがありますか。京劇はペキンオペラとも呼ばれ、二〇〇年余りの歴史をもつ伝統劇です。チベットを除いて中国全土の各省、市に京劇団が存在しています。

私が京劇に出会ったのは東京です。名優梅蘭芳の舞台、四〇年以上前になります。『貴妃酔酒』の梅蘭芳の美しさに圧倒されたことを覚えています。歌舞伎と同じように男性だけで演じられていた京劇最後の女形と言われた名優です。

あの広い中国に生まれ育った伝統劇は三〇〇を越すとも聞いています。中国の庶民に親しまれている京劇は、アマチュアの京劇団をたくさん生み出しました。宴会で素晴らしい声を聞かせてくださる方が大勢いらっしゃいます。

京劇は舞い、唄い、語ると言います。そして日本人の大好きな『孫悟空』ではダイナミックな立ち回りで観客をわかせるのです。

舞台芸術の全てを見ることが出来ると言っても過言ではないでしょう。そうです。私たちは舞台を見ると言いますが、中国では「聞く」というのです。フランスでもそのように言うと本にも書いてあります。中国の劇場では、目をつぶって聞いているお年寄りをたくさん見かけました。

江蘇省京劇院のある南京は、京劇の先生であると言われている四〇〇年の歴史をもつ伝統劇、昆劇の生まれた土地でもあります。今回も演目の中に昆劇の演じ物が二つもあるのが、私の興味をそそりました。

『孫悟空大鬧《ダイトウ》竜宮』。孫悟空が意にかなった武器を求めて、東海の滝宮へ来て滝王と戦います。孫悟空をはじめ、舞台狭しと立ち回りを演じます。孫悟空は二八歳の周天さん。若くなければできない孫悟空です。

『痴夢』。これは昆劇の代表的作品で、梅蘭芳以来の名女優と言われている張継青さんの演じる舞台は、一九八六年日本で上演されていました。『朱買臣休妻』という題目の中での夢の一場面。私の大好きな作品で、張継青さんの演じる甘美な舞台を想い出しただけでも胸がどきどきしてくるのです。その名舞台に京劇の龔蘇萍さんが挑戦なさったのでしょう。

朱買臣の妻、崔氏は貧しい生活を嫌い、夫を捨て再婚しますが、新しい夫は暴力亭主。そこへ前夫が役人試験に合格し、立派になって帰ってくるというのです。崔氏を再び妻に迎え入れようと使いの者がやってくる……。ゆれる女心。気がつけば、うたかたの夢を見ていたのです。ひとりで演じる舞台です。

『遊街』。これも昆劇で拝見しました。仲の良い兄弟が別れ別れになり、兄の武大郎はひとりで焼餅を商って暮らしています。そこへ虎を打ち倒した英雄が帰ってくると聞いて、商売をほって見に行くと、その英雄が弟の武松だったのです。めでたし、めでたし。

この武大郎は小男なのです。腰を屈めたまま歩く京劇の基本動作「矮歩《アイブゥ》」で演技するのです。足を上げたり、バック転をしたり、信じられない演技です。小さな子どものような背丈になるのですから。

そして鼻のところを白くした三枚目のメーキャップをして。

中国古典劇は衣装、顔の隈取り、小道具、持ち道具など、すべて約束事があるのです。それが分かるともっと舞台が面白くなるのでしょう。それにしても武大郎を演じる徐孟珂さんが二〇歳というのにはびっくりしました。

最後を飾るのは、神話物語『八仙瓢海』。八人の仙人と美しい金魚の精との戦いが、激しい立ち回りと武器を使った目の覚めるような集団技で演じられます。

そして失敗の許されない秒を争う技を見せてくれました。古典劇には生の演奏でなくてはならないと言われるように七人の楽団員が、管弦楽器、打楽器、司鼓、月琴とあの特有な音を演奏してくれました。

客席は深いため息をついたり、私の横のご夫婦は「広い国なんだなあ」「こんなに奥が深いのか」「すごい国なのだなあ」とおしゃべりが聞こえてきました。総勢二五〇名もの俳優がそろい、国立の戯曲学校を卒業したエリートたちの集団なのです。その国を理解するには文化、芸術を学ぶことが一番良いと言われていますが、ぜひ京劇をご覧になっていただきたい。おとなりの中国を理解するためにも、そして、そこから少しずつ奥へ入っていくと、思ってもみなかった中国が現れてくるのでは……。

（『月刊 クーヨン』1999年2月号）

過士行作『棋人──チーレン』日本公演

──林兆華演出の衝撃的な問いかけ

色々な国のたくさんの劇場で、演劇を観よう、音楽を聴こうと旅を続けていますが、アジアの大きな国と思っている私たちの国日本の文化の、何とお粗末なと思う今日この頃です。その日本にオペラハウスが出来たのです。京王線初台駅下車、新国立劇場。オペラハウスと、演劇ホールは中ホールと小ホール、三つの劇場があります。

今日は小ホールでの公演です。四百少しの客席でしょうか。催し物によって舞台も客席も自由につくれるスペースです。

『棋人──チーレン』、作／過士行、演出／林兆華、翻訳／菱沼彬晁、美術・照明・衣装／易立明。中国の現代劇作家、中国の演出家・スタッフが日本の俳優と共につくった舞台です。大道具、小道具、衣装、中国で制作、日本に運ばれてきました。

何雲清《ホーユンチン》は稀代の囲碁の名手。六〇歳の誕生日に「これまでの人生は何だったのか。大事なものがたくさんあったはず。私はそれをどこになくしてしまったのか」と、勝負に明け暮れた日々を振り返り、自分の人生に疑問をもち、もう碁は打たないと宣言するのです。

若い頃の恋人司慧《スーホエ》は囲碁に耽溺する何雲清と別れ、新しい配偶者との間に息子司炎《スイエン》をもうけます。彼は天才棋士となり、母親は何とかして囲碁の世界から息子を遠ざけたいと思うのですが……。彼は現実世界、人間的感情に興味がなく、母親が禁止する囲碁にしか興味がありません。

何雲清の碁仲間でもある医者の聾子《ロンツ》は司炎を診ているのですが、司炎に効く薬は囲碁しかないと何雲清をそそのかし、何雲清は禁を破って、司炎と最後の対局をするのです。「若者はこの老木に火をつけた。火はすべてを燃やし尽くすまでおさまらない」。

結果は何雲清の勝利となり、敗れ去った司炎は碁の将来を断たれ、自殺するのですが、その魂は何雲清と司慧の前に現れて語るのです。「死んだのは有限の命。自分の碁は死ぬことはない」。

演出の林兆華さんが書いています。「生命や人々の企ては、すべて無から有へ、そして有から無へと壮大な滅亡の過程をたどります。私が舞台の上で立ち上げようとするのは、この過程なのです」。

平土間が舞台となり、コの字形に客席がつくられていました。鉄製の輪をつなげた網、俳優たちがそれをつり上げて家をつくります。床も鉄、一本立っている木も鉄、書物も鉄です。火を使って碁盤を燃やす、そして最後にはすべてが崩壊するという舞台。実験演劇といわれる舞台が展開します。

舞台の両脇には、これも北京から運んで来た鉄製のポップコーンをつくる物がおかれ、火を入れて、ひとりの俳優さんがずっとぐるぐると回しているのです。いきなりすごい音がして、ポップコーンが舞台に散乱しました。床に散らばったポップコーンを俳優は口に入れながら芝居を続けるのです。ポップコーンをつくっているとは思ってもみなかったので、びっくりしました。

消防団のひとがホースを持って突然登場して消防訓練を。まだあります。赤い風車を持った女性を先頭に、白い杖を持ったひとたちが歩いてきます。視覚障害者の観光団です。林兆華さんは「これは北京の日常です」と事もなげにおっしゃっていました。

こうしたあそびの中に、演出者の痛烈な風刺が表れているのではないでしょうか。ポップコーンのすごい音は、天安門事件。消防団の訓練は、「芸術の自由の火を消してしまう」など、など……。

演出の林兆華さんは、中国一と言われる北京人民芸術劇院に所属している演出家です。北京の目抜き通りにある立派な首都劇場が人民芸術劇院の劇場です。リアリズムの優れた舞台を次から次へと創り出してゆく伝統ある劇団にあって、林兆華さんの舞台は実験演劇、風刺劇などと呼ばれ、現代中国に対する文明批評とも捉えられる、衝撃的な舞台を創りだしていく演出家なのです。

人生とは何か、人間とは何か、演劇とは何かと観客に問いかけながら、私にとっても強い衝撃を与えてくれるのです。

動きとせりふが一致していない、対話をしていない、こころの中のつぶやきを表現する。何から何まで違う舞台なのです。

「演じていないかのような自然な演技で存在しろ。演劇的な演技がどれほど虚偽的なものか」と林兆華さんはおっしゃるのです。

私という人間を、私という人間の魅力をどうやって役を通して表現していくのかなどと考えてしまいました。何となくわかっているように演じている。もっと破裂してほしい。

演技するとは、どういうことをいうのかと、いまさらながら頭を抱えてしまったのですが。

中国の演劇は、お隣りの国なのに日本と全く土台が違うのではないか。ヨーロッパに近いのでは、とも……。また、中国演劇の魅力が林兆華さんを通して大きくふくれ上がってきたようです。背が高く、物静かなすてきな林兆華さんのどこからあのエネルギーは生まれてくるのでしょうか。


（『月刊 クーヨン』1999年9月号）

劇団サンウルリム『ゴドーを待ちながら』日本公演

——柔らかな美しい韓国語

不条理演劇の旗手といえば、日本では別役実さん。たくさんの作品を生みだしています。アイルランド生まれ、フランスでの作家活動のサミュエル・ベケット、イギリスのハロルド・ピンター、アメリカのエドワード・オルビー……、一九五〇年代フランスを中心に登場した前衛演劇は、「不条理演劇」と呼ばれています。

——それまでの戯曲がもっていた物語や対話、人物の性格や心理などを否定し、ことばの解体へ向かった。意味の崩壊した世界のなかにいる人間の孤独、不安、喪失感などの原型的イメージを劇的体験の核心に据えた。その表現のために一貫する筋や行動、意味のあることばが破壊されたのである——と書物に書かれています。

サミュエル・ベケットの代表作、いえ、不条理演劇の代表作と言われている『ゴドーを待ちながら』。韓国の劇団サンウルリム、東京・高円寺セシオン杉並ではじめての来日公演です。一九六五年ソウルでの初演から、韓国での評判はもとより、フランス・アビニョン演劇祭、ベケットの生まれ故郷ダブリン演劇祭で高い評価を受け、「アジアのゴドー」と賞賛された舞台です。

舞台の真ん中に葉も落ち、枝ばかりの貧相な枯れ木が一本。やぶれた洋服の放浪者ふうの男がふたり、ひまつぶしのために思いつくまま他愛のない会話や、意味のない行為を次から次へと繰り出しています。ふたりはゴドーという人物が来るのを待っているのです。ひたすら待つだけの芝居なのに、面白く、おかしく、淋しく、退屈することがありません。エストラゴン――安錫煥《アンソクファン》、ウラジミール――韓明求《ハンミョング》、息の合ったすばらしいコンビです。ちょこまかとチャップリンのように歩きまわり、西洋の道化のように動きます。計算され、みがきぬかれた演技は一分のすきもありません。四角の舞台をどこから眺めても美しい絵になるのではないかと思わせる、何もない空間を俳優だけで見事に美しく創り出しているのです。

ただ延々とひまをつぶすだけの演劇であることによって、『ゴドーを待ちながら』は俳優が舞台上に存在することの意味を根底から問い直すのではないでしょうか。ただひたすらゴドーを待っているふたり。そこへポゾーとラッキーという奇妙な男が現れ、演説をし、何とも奇妙なダンスを。ふたりが去るとひとりの少年が、ゴドーは今日は来られないが明日は必ず行く、と伝言を告げた。美しい月が出て一瞬にして夜になり、ふたりは「じゃあ、行くか?」「あー、行こう」と言いつつ並んで動かない……。

二幕では枯れ木に青い葉が二枚ついています。何も変わりません。目が見えなくなったポゾーと、口がきけなくなったラッキーが現れて、やがて去り、また少年が現れ、ゴドーの話を伝えます。結局ゴドーは来ません。夜になりふたりは自殺を試みようとしますが、ひもが切れて死ぬことも出来ません。「じゃあ、行くか?」「あー、行こう」と言いながらふたりは並んで動かない……。この繰り返しが永遠の反復を暗示して幕がおります。

一九五三年初演では何も起こらない演劇を上演してくれる劇場を見つけるのが大変だったと書かれています。ゴドーは誰かとベケットに尋ねると「知っていたら作品の中に書いたでしょう」と答えたという有名なエピソードがあるように、「ゴドー」とは何なのでしょう。ゴドーはゴッド、神という説があるとのことですが……。

劇団サンウルリムが三〇年の間に一一回も再演を重ねているゴドー。韓国の人々にとってゴドーとは何なのでしょうか。五〇年近く世界中で上演され続けているゴドー。すばらしい「アジアのゴドー」に会うことできて幸せでした。柔らかく、美しい韓国語のひびきがいまも聞こえてきます。

カーテンコールに演出の林英雄《リムヨウウン》さんが舞台に上がられました。劇団代表、韓国演劇協会会長、韓国芸術院会員と韓国を代表する演劇人でいらっしゃいます。「必ず来ると約束し、その都度、その約束を守らず、明日は必ず来るということばを伝える『ゴドーを待ちながら』。それを信じて待つ舞台上の人物同様に、私も皆さんもゴドーを待つひとびとです。三〇年の長い長い道のりを経て日本に来ることができました。近くて遠い国日本が、近くて近い国になった喜びでいっぱいです」と、美しい、正しい日本語で話されました。すくっと立って日本語を話す林英雄さん。何故でしょう。胸打たれました。

戦禍のサラエボでスーザン・ソンタグさんが地元の多民族の俳優とともにろうそくの灯りのもとで上演した『ゴドーを待ちながら』。世界中の人々がゴドーを待っているのでしょうか。日本にとって、私にとってゴドーは何なのでしょうか。ゴドーを待っているひとはいまいるのでしょうか。


（『月刊クーヨン』2000年2月号）

現代劇『非常麻将《まーじゃん》』と京劇『宰相劉羅鍋』

――歴史と現代の見事な融和

すばらしい北京新空港に降りました。とても中国とは思えない美しさ、そして立派なこと、おどろきました。一九六五年、はじめて降り立った北京空港は広い、広い砂漠の中にある石のがっしりした建物でした。飛行機を降りて歩きます。そして建物の台の上に乱雑に並んでいる荷物を取りました。広い、広い飛行場の周りを見ると、軍隊の建物に囲まれていました。その後できた二つ目の飛行場が去年までの空港です。何となくうすよごれてきた、ひと、ひと、ひとの空港でした。でも中国にとってはすばらしい空港だったのでしょう。今度の新しい空港は駐車場もきれいに整備されました。迎えの車で、これも新しい高速道路を走ります。何でも「お金、お金、それも高くなって」と、いつも通訳をしてくださる叢林春さんが話してくださいました。中国戯劇学院（国立演劇大学）に、日本の演劇のこと、そして私の俳優の生活を話してくれとのことで、重い腰を上げて北京に来ました。ひとりで来た北京ではのんびりとした毎日です。街を歩き、お店を眺め、お友だちと会い、東京では決して味わうことの出来ない時間をすごします。宿は蒋介石の別荘だった四合院《しごういん》を改造した小さなホテルです。

大学での授業が終わって、ゆっくりと食事をして芝居をと……、でも東京とちがって、数える程しか芝居がないのです。観光用の京劇は毎晩あるのですが……。国の仕組みが変わり、市場経済に移行しつつある中国、その波を演劇の世界も、もろにかぶることになり、昔のように国家丸がかえの時代はすぎ去りました。中国の演劇関係者は何もかも自分たちでやらなければ舞台はつくれないとおっしゃいます。私たちにはそれが普通なのですが……。

「お金さえ集める力があれば」と、若いひとたちはありとあらゆる所からお金を集め、舞台をつくりました。作・演出／李六乙『非常麻将《まーじゃん》』。首都劇場――〝北京の銀座通り〟、王府井《ワンプーチン》通りにある北京人民芸術劇院の小劇場です。ここも建国五〇周年を機に、内部を全部改装しました。「北京人芸」と呼ばれているこの劇団は中国一の劇団として世界にとどろいています。テレビで評判になった『大地の子』のおとうさんを演じた朱旭さんは「北京人芸」の有名な俳優です。「北京人芸」の小劇場は、実験の場として、新しい芝居を上演してきました。舞台になる小さなエリアをぐるりと囲んだ客席は、二〇〇人くらいでしょうか、満員の若いひとたち。俳優は男性三人、演出家も俳優も三十代。「麻将」は四人でするもので、舞台の三人はあとのひとりを待ちながら、おしゃべりして舞台は進行してゆくのですが……。椅子、机、中国茶のセット、何もかも高級感にあふれ、すてきなものばかり。三人の俳優の何と魅力的なことでしょう。日本の俳優は背広が着こなせないとよく言われますが、三人のダンディな着こなしにはため息が出ます。中国の演劇も新しい道を歩き出したのでしょうか。若者が不条理演劇の舞台に熱中しているのですから。

有名な天安門の通りを東に行くと、新しく出来た京劇専門劇場、長安大劇院があります。京劇『宰相劉羅鍋』――せむしの劉宰相――「北京人芸」のトップの演出家林兆華さんの演出とあっては観ないわけにはゆきません。いまをときめく新劇の演出家が京劇の演出をなさるのですから。清朝の乾隆帝の時代のお話です。おむこさんを探す囲碁の上手な美しい女性は次から次へと候補者と碁を打ちます。「せむし」の劉さんも候補者のひとりです。話は単純なのですが、まず舞台装置、大きな舞台に本物かと思わせる古い中国様式の建物が建ち、場面によってその屋台を動かしてゆきます。京劇特有の色彩豊かな豪華な衣装。たくさんある京劇団から選りすぐった俳優が揃いました。休憩なしの二時間一五分。舞台を動かしてゆくひとたちは、お揃いのグレーの衣装を着て、一糸乱れず転換をしてゆきます（京劇と言えば、いちいち幕をしめて転換をしてゆくのですが）。現代演劇の転換よりももっとドラマチックな転換と言っても過言ではありません。群舞の踊りはまさにモダンダンスかと思われました。衣装も、豪華な主役のひとたちとは違い、グレーと黒、赤茶と黒といった具合に、京劇には考えられない色を使っています。この群舞によって、より一層京劇特有の色彩の美しさがうかび上がってゆきます。京劇のすり足の歩き方が一切使われていないのにはおどろきました。見事な新しい京劇の舞台でした。最後に「せむし」の劉さんがおむこさんになるのですが、あっという間の二時間一五分でした。

長い歴史を持つ京劇と、新しい現代劇が見事に融和する、こんなに大きな力がある中国です。お金がない、観客がいないと嘆いてばかりいないでください、と申し上げたくなりました。心底こころの広い、優しい、大勢の中国のひとたちをこころから感動させる演劇をつくってくださいと祈らずにはいられません。

（『月刊 クーヨン』２０００年５月号）

広州国際小劇場演劇祭・宮本研『花いちもんめ』
——祖国・民族とは何なのか

わたしが初めて中華人民共和国の土をふんだのは、まだ国交が回復していない一九六五年五月でした。東京から香港、そして列車で深圳へ。そこからは国境整備のイギリス兵と中国兵のいる線路の上を歩いて。出迎えの中国の方が待っている中国領に、生まれて初めて歩いて国境を越えました。総勢一〇〇人近い訪中新劇団の旅公演が始まりました。深圳から北京まで、三泊四日のお召し列車です。団長はいまは亡き滝沢修さん、杉村春子さん。北京、南京、杭州、上海、広州と、三カ月で四本の舞台を上演する旅は、わたしの人生にとって大きな意味を持つことになりました。わたしの出演する舞台は、若林一郎作『かぐや姫』のかぐや姫。なにもかも初めての中国。天安門の広い通りが、「美国《アメリカ》打倒」と書いた横断幕でうめつくされていたのが、最初のおどろきでした。

あれから何度中国を旅したのでしょうか。去年、中国からお手紙をいただきました。広東省、広州で開かれる、国際小劇場演劇祭とシンポジウムのための作品と人間を選んでほしいとのことでした。宮本研作、稲岡正順演出、溝口貴子さんのひとり芝居、『花いちもんめ』を上演していただくことになりました。溝口貴子さんが長いこと上演し続けている舞台です。たくさんの優れた戯曲を書かれた宮本研の作品の中で、中国のことが書かれたものです。舞台関係者一〇名、応援団一〇名、総勢二〇名で広東に出かけました。わたしにとっては一九六五年以来の広東です。宿舎もあの時と同じ東山賓館ですが、町中きれいに掃除され、ごみひとつ落ちていません。町を美しくする運動が始まったとのこと、中国ならではと感心しました。

中国全土から一三本の作品が上演され、外国の作品は『花いちもんめ』一本。ホテルも中国の演劇人で大変なにぎわいのなか、なつかしい大勢のお友達に会うことが出来ました。

『花いちもんめ』の上演会場は、河のほとりに建つ新しい小ホールです。劇場の周りのしゃれた美しい眺めは中国にいることを忘れてしまいそうです。天井から麻色の布をつるすだけの舞台装置、衣装も小道具も、手分けして日本から手持ちで運びました。舞台関係者一〇名の方たちは皆、中国は初めてです。若い照明係の石島奈津子さんは、目を輝かせて仕事に散歩に、実に精力的に動いていました。中国にすっかり魅せられたとのこと、とてもさわやかで、わたしまでうれしくなってしまいました。

舞台は、開拓団として満州に渡り子どもを生み育てた、ひとりの母親の物語です。敗戦の日からふたりの子どもをかかえての逃避行が始まります。母親は重病の息子を助けるため、幾ばくかのお金と引き替えに娘を中国の農家に預けるのです。小さな女の子が何もかもわかって母親を無視し、別れてゆくこのシーンでは、字幕の助けもあって中国人の観客たちも涙していました。息子の命は結局助からず、母親だけが日本に帰国します。娘は四一年後、残留孤児の調査団とともに訪日し、母親を探し求めるのですが、母親は名乗り出ることができません。何もかも捨てたのです。そう、日本という国を捨てたのです。四国を巡るお遍路さんの姿で語られてゆきます。

あの中国侵略戦争で日本の庶民が受けた大きな苦難の体験として、そして中国との関係で日本人が直視しなければならない歴史的真実として、人間として生きる価値について、多くのことをわたしたちに考えさせてくれる貴重な作品です。でも、日本人の受けた傷だけを語ることが、相手の中国人の人たちにどのように受け取られるのか、心配もありました。

しかしわたしたちを接待してくださった、黄心武さんはこう言われました。「作品は、単に数十年前のひとりの日本人女性が受けた苦しみだけではなく、あの母親が筆舌に尽くしがたい幸酸をなめた地、〝祖国〟とは何なのか〝民族〟とは何なのかと、問いかけてくるのである。こうした概念は彼女にとって、もはや意味を失ってしまったのである。それはわたしたち、ひとと生まれたすべてのこころに深く記されるべき痛みと悲しみである。この痛みと悲しみを受け止めることが、舞台の観客としてひとつの戒め、ひとつの啓発を見出すことになるだろう」。

大勢の方たちから好評の言葉をいただき、何よりの日中演劇交流ができました。百の議論、百の演説ではなく、ひとつの芝居の持つ力に、改めて感動しました。

広東は冬なのに上着のいらない暖かさです。美味な広東料理を食べ、そして中国の優れたたくさんの舞台を観ることができました。

四〇年ぶりに訪れた広東、新しい友人たちが出来たことが、何にもましてうれしいことです。

（『月刊 クーヨン』２００１年５月号）

中国江西省・民間伝承芸能「儺舞戯《ナブギ》」
——演劇の源流をたどる旅

北京から飛行機で二時間三〇分。江西省の省都、南昌《ナンショウ》へ。そこから車で、頭を天井にぶつけてしまうほどのがたがた道を五時間、小さな村落へ着きました。

稲作（二期作）、みかん、蓮の栽培。広い田んぼと蓮の池のほかには何もありません。長方形の石を並べた迷路のような道に、額を寄せ合うように、二四五戸一〇二一人のひとたちが住んでいます。馬も牛も一緒です。水は井戸からバケツでくみ上げています。もちろんガスはありません。

小さな子どもたちが地面に座り、蓮の実の殻をむいていました。この地方特産の小さなみかんの木が、どの家の周りにも植わり緑色の美しい実がたわわに実っています。食べるのにはまだ早いのでしょう。地面に落ちたみかんを拾い、ひとつひとつむいているのも、小さな子どもたちでした。皮が漢方薬の材料になるとのこと。その昔この小さなみかんは、皇帝だけが食べることができたそうです。

村のまん中に「儺神廟《なしんびょう》」という、小さな廟が村を代表するように建っていました。村人にとっていちばんたいせつな場所です。

夕方になって、村人たちが畑から帰って来ました。村中の大人も子どももぞろぞろと儺神廟に集まって来ます。周りの高いところにもひとがいっぱいです。日本から来たわたしたちふたりのために、民間伝承芸能、儺舞戯《ナブギ》（ノーシー）がはじまるのです。

中国江西省南豊《ナンポウ》県石郵《セキユウ》村は、中国文化省が〝儺舞戯の郷〟と命名した土地のひとつです。この儺舞戯は周・漢代の魔除けの儀式が伝わったものとされ、石郵村の儺舞戯は最も良く保存されています。「儺」とは本来、疫鬼を駆逐する儀礼を指し、仮面を用いた儀礼、あるいは仮面劇そのものを言います。演目ごとにそれぞれ物語があり、登場人物は一二人。八名の「伯郎」と呼ばれる役者、銅鑼や太鼓の打楽器奏者三名、リーダー一名、全員男性の農民です。廟の中にはロウソクがともされ、天と地のあらゆる神への礼拝からはじまります。正面には、ちいさな人形が飾られています。地面に座って祈りの言葉を唱える八人、それを、押すな押すなと言いながら真剣な顔で見つめる子どもたち。みな裸足の、日本では見られない、実に素朴な子どもたちです。二、三歳の子どもたちの興味いっぱいのまなざしに感動しました。

最初の人物は右手にノミ、左手にオノをもって登場。厄をはらい、祭壇を清めます。演目は『儺公儺婆』。にこやかに笑っている翁（おじいさん）、媼（おばあさん）の面をつけ、赤ん坊を懐に抱き、ふたりで踊ります。親子の情を表し、情緒豊かな、ほほえましい、踊りです。この土地の鎮守さまの化身、子授け、子孫繁栄の神と解説してくださいました。ふたりが口づけするシーンでは、観客みなの顔がほころんで、仮面のもつ魅力にあらためて驚きました。

次に『鐘馗酔酒』。鐘馗さまと二匹の鬼が、ジャンケンあそびをしてお酒を飲む、なんとも滑稽な踊りです。八つの場面から成る儺舞戯は、楽器が入り、さらに爆竹、花火が打ち上げられるのです。わたしが、いちばん興味深かったのは周りの子どもたち。

途中何カ所か、子どもたちが参加する場面があるのですが、その場面をいまかいまかと待つ真剣な顔、喜々として飛び出して行く顔。わたしの傍らの大きな目をした三歳の坊やは、それは上手に一緒におどるのです。土の上で、小さなスペースで、村人全員が一緒に夢中になる、素朴で豊かな時間でした。毎年春節の元旦から一六日までが公演日とされていますが、役者はまず、よその村の一軒一軒を訪問、祖先の位牌の前でおどり、一五日に自分の村に戻って、夜また、村の一軒一軒を訪れるのです。たいまつを手に、子鬼を引き連れ、ひと部屋ずつ順に厄払いをする様子は、厳粛で神秘的だと聞かされました。

わたしたちのための儺舞戯は約五〇分間。終わるころに雨が降り出しました。子どもは蓮の大きな葉っぱをカサ代わりに、雨の中を飛び跳ねていました。

儺神廟は、儺の祭りを行い、神像（聖像）仮面を納める場所です。廟の入口の両面に文字が刻まれていました。「国の儺なるかな　すなわち大儺なり」「戯（娯楽）に近けれども、真の戯に非ず。何となればすべて神に捧げるものなれば」。もちろん漢文です。

石郵村は遠いところでした。ブタの血のかたまり、ヘビ、スッポン、野草、キツネだかタヌキだか……、それに六〇度以上のお酒、毎日めずらしい食事をした旅でした。ひろい中国には、食べ物も演劇も、日本では決して味わうことのできないものがたくさんあるのです。きっとまたいつか、演劇の源流をたどる旅に出かけることになるのでしょう。

（『月刊 クーヨン』２００１年11月号）

英若誠さん追悼
――『セールスマンの死』での新しい出発

北京人民芸術劇院の俳優で翻訳家でもある英若誠さんが昨年一二月二六日、北京の協和病院で帰らぬ人となられました。この一〇年間肝臓がんで闘病生活を送っておられました。北京に行く度に病状を尋ね、一時は大変痩せられたがとてもお元気になられたと伺っておりましたのに……。享年七四歳でいらっしゃいました。老舎作『茶館』の日本公演で〝あばたの劉〟を演じられた英若誠さんを覚えていらっしゃいますか。沢山の出演作品で私が一番興味を持ったのはアーサー・ミラー作『セールスマンの死』のお父さんウイリー・ローマンです。

文化大革命の間、一〇年以上にわたって八つの模範劇以外は上演を許されなかった時代が終り、北京人芸院長曹禺さんと英若誠さんがアメリカに行き、作者のアーサー・ミラーさんに演出を頼んだ舞台です。今では外国から演出家を呼ぶことは少しも珍しくはないのですが、一九八〇年代にそれも中国がアメリカから演出家を呼んだのですから。

「北京で『セールスマンの死』をやれると考えるなんて、ましてやアーサー・ミラーを演出に呼ぼうなどと、曹禺と英若誠は気でも狂ったのか」と台湾の新聞はいろいろと書き立てたそうです。英若誠さんは「これは別の意味でのプロパガンダだと考える人がいるかも知れない。しかし私自身の関心は純然たる芸術的なものです。この作品はいろいろな点で私達が抑えてきた従来の形式を破るものであり、わが国の劇作家に新しい領域を切り開くものだと思う。もちろんウイリーを演じるのはうれしい。俳優なら誰でもそうでしょう」と。

一九八三年五月北京首都劇場、『セールスマンの死』。朱琳さんのリンダ、朱旭さんのチャーリィ、二〇年前の魅力ある舞台が目にうかびます。

一九八七年、早川書房から倉橋健訳『北京のセールスマン』が出ました。一九八三年稽古初日、三月二一日から初日の五月七日までの四八日間、自作の演出、指導にあたったアーサー・ミラーの克明な日記をまとめたものです。この一冊で英若誠さんの俳優として、いえ、人間としてのすべてが写し出されているのには驚きました。

一月九日北京人芸の稽古場で、彼が愛したモーツァルト『レクイエム』の流れる中、追悼式が開かれたとのことです。三年半の農村への下放を〝われわれのホロコースト〟と呼ぶ英若誠さん。『セールスマンの死』は英若誠さんにとって、中国演劇界にとって新しい出発だったのでしょう。合掌。

（『悲劇喜劇』２００４年４月号）

第三幕

『森は生きている』

憧れのレニングラードへ

——青少年劇場との出会い

九月二〇日から二六日まで、国際児童青少年演劇協会（ASSITEJ＝アシテジ）の第八回世界大会が開かれました。ソヴィエト演劇、特に青少年演劇にくわしい、人形劇団カラバスの主宰者でいらっしゃる大井数雄さんが連れていって下さるとのことで、新潟から二時間、ハバロフスクへ、そして八時間、モスクワに。一カ月近い旅をして来ました。

初めてのソヴィエトは何もかも珍しく、ハバロフスクの建物が中国の建物にそっくりなのには先ずびっくりしました。モスクワでの会議を終え、夜行列車の「赤い矢号」のコンパートメントで八時間、レニングラードに。長い間大井数雄さんからお話を聞いていたレニングラード青少年劇場を訪ねるのが今度の旅の私の大きな目的でした。青少年劇場ということで殆どの日本人が素通りしてしまうのでしょうか、大井数雄さん以外の方からお話を伺ったことがありません。

一九二二年、俳優・演出家のアレクサンドル・ブリャーツェフが創立し、一九六一年、七八歳で亡くなったあとを継いで、一九六二年から現代ソヴィエト演劇のもっともすぐれた演出家の一人、ズィノーヴィ・ヤーコヴレヴィチ・コロゴッスキイが首席演出家として殆どの作品を創っていらっしゃいます。五十代の後半でしょうか、すらりとした長身を紺の背広に包み、大きな優しい目をした魅力あふれる男性です。「ここには教育者のように思考できる芸術家と、芸術家のように感受できる教育者が結合されなければならない」。とてもとても私には、と先ずびっくりしてしまいました。

朝一〇時、遠くにフォンタンカ運河の見えるピオネール広場に一九六二年建てられたレニングラード青少年劇場の玄関に、コロゴッスキイさんが待っていて下さいました。何のかざりもないのに実に豊かな劇場です。劇場のすべての人達の写真がロビーに飾られています。階段式客席を持つ半円形の舞台は実にゆったりと奥が深く何と見やすいことでしょう。舞台では一二時開演のけいこをしています。舞台の裏にある古めかしい六人乗りのエレヴェーターでコロゴッスキイさんの部屋に通されました。現在三〇のレパートリーがあり、一シーズンに六つくらいの新作が並ぶといいます。昨晩と今日の午後、夜と三つの演《だ》し物すべて創作劇であり、三つの演し物に同じ俳優さんがずらりと出演しているのには驚かされてしまいました。青少年劇場という名前ですが、日本ならすべての作品が大人向けとなっているのではないでしょうか。子どもには本物を、技術水準の高い物をと言っている日本の状況が何とも恥かしく、ソヴィエトの演劇水準の高さと、日本での青少年演劇とは何であるかを考えさせられてしまいました。

少年、少女を演じる女優さんは皆四〇歳をこえているとのことですが、その方達が見事に大人を演じる、それも実に魅力的な女性になるのです。〃トラヴェスチー〃少年役を演じる女優、劇の中心的な役を演じる能力を持ち、しかも身体的にもきびしい制約がある。青少年劇場のレパートリィは、一般のドラマやコメディの劇場よりも幅広く、ありとあらゆる意味で俳優に対する要求は非常に高く、広い。その上「子ども達のためには、大人達のためとおなじように演じなければならない――しかし、ただ、よりよく」（スタニスラフスキー）という原則的要求もあると、コロゴッスキイさんのお話でした。

大変評判を呼んでいる『記憶』の舞台には圧倒されました。ナチと闘った人達のいろいろなエピソードで構成された作品です。客席に突き出ている半円形の舞台をフルに生かした装置はどの芝居を観ても道具といった形の物でなく、舞台一杯の輪のパイプに取りつけられた目の粗い紗幕を上げおろしして形を作っていきます。装置が何かを語りかけてくると言ったら良いでしょうか。

郵便配達の女性がありとあらゆる困難を乗り越えて前線からの息子の手紙を老夫婦のもとに届けるのです。たどりついた彼女は寒さと飢えで倒れてしまいます。何もしてやることの出来ない老夫婦は雪をとかし、家具をこわしてまきを作り、湯をわかして暖めてあげます。舞台の奥のスポットの中で裸身の女性がお湯をかぶります。七色にきらきらと紙吹雪が湯となって落ちて来ます。そして老夫婦は大切に大切に真白いシーツで彼女をくるむのです。人間って何と素晴らしいのでしょう。七色にきらきらと輝く紙の温かいお湯の美しさと真白なシーツ。涙があふれて仕方がありませんでした。優しく、温かく、そして甘く、美しく、戦争の悲劇の中で人間を見失わない人達。私は椅子から立ち上ることが出来ませんでした。今日の貴女はどうしてそんなに淋しそうな顔をしているのですか、とコロゴッスキイさんがおっしゃいました。いつも元気な私が全く違う顔をして劇場から出て来たのでしょう。そしてコートを優しく私の肩にかけて下さいました。

大井数雄さんが長い間おっしゃっていた通り、レニングラード青少年劇場との出会いは、私の心の中に大きな火をともしてくれました。人間を愛して止まないコロゴッスキイさんとの出逢いと共に。

（『悲劇喜劇』１９８５年１月号）

伝統と文化の継承
――ホノルル児童・青少年劇団『さよなら、サモア』

まだ寒い東京をたって、ホノルルへ行ってきました。朝早くホテルにつくと早速、ゴルフ場のクラブハウスで行われたホノルル児童・青少年劇団の公演へ出かけました。観客は、スクールバスに乗ってやって来た、小学校四、五、六年生の子どもたちです。何カ国の子どもたちがいるのでしょうか。日本人と思われる子どももいます。きれいな広いフリースペースの真ん中にじゅうたんが敷かれ、そのまわりに子どもたちが座りました。

演目は『Tofā Samoā（さよなら、サモア）』。これは、一一歳の少女シーラとその兄タヌーがサモア島からホノルルへ引っ越すところから話がはじまります。ホノルルでの新しい生活の中で、サモアに残った兄妹のおばあさんが聞かせてくれた思い出や民話で、子どもたちが人種的なプライドや文化遺産に目覚めるさまを描きだしていきます。

私たち観客は、この芝居を観ながら、家族や祖先のつながりがどんなに大切か、また、伝統や文化遺産の中に培われているプライドが、困難に出会った時、どんなに私たちの支えとなることかをいつのまにか理解していました。

実は、私は、伝統と文化、そしてそれらをどう子どもたちに渡していくかという話し合いを、何度かしてきています。アジアの人たちとの会議で韓国の方が「私たちの伝統と文化は全部壊されてしまった」と発言なさった時は非常にショックを受けました。伝統と文化をどう受け継ぎ、どう残していくのかは、それほど難しい問題なのです。それを『さよなら、サモア』は、一時間の芝居の中で、この問題をわかりやすく楽しく、みごとに子どもたちに投げかけてくれました。

この芝居は、六人の俳優がすべての役を演じています。名古屋で二年間英語の先生をしていたという、おばあさん役の方は、サモア出身。一一歳の少女シーラ役の方はフィリピン系の移民の小柄な方。お兄さんのタヌー役の方は日系四世。ほかに、金髪の女性はニューヨーク出身。私と同じ名前の伊藤さんは中国語もできる日系の男性。小錦の弟さんかと思うほど太って歩き方もそっくりな男性は、おばあさんが沖縄の出身でご自分は小錦と同じ島の出身とのこと。何と多様な人たちでしょう。それぞれが違う文化の中で生きてきた人たちだからこそ、伝統と文化、そして子どもの問題をここまで浮き彫りにできたのだと思います。

そして、もう一つ私が驚き、感心したことは、この六人の俳優全員が四年制国立大学の、演劇コースを卒業していました。大学の四年間で、演劇の基礎をしっかりと学んできたはずです。経済大国といわれながら、日本に国立の演劇大学はありません。これはたいへん珍しく、そして情けないことです。何の訓練も受けず演劇のエの字もわからない人が、突然、舞台に立ってしまうのですから。子どもたちの前に立つ俳優の仕事の大切さを考えると、いてもたってもいられなくなります。

翌日、お昼をいただきながら、劇団の代表であり責任者のジェーン・キャンベルさんと、演出家のパメラ・スターリングさんにお話を伺いました。ふたりとも女性。ジェーンさんはこの道二〇年のベテラン、パメラさんはシアトルから二年前にここホノルルにいらっしゃったそうです。

劇団はホノルル空港近くの倉庫街の倉庫を、上手に改造した立派な建物を持っていました。衣装、小道具、大道具の制作現場まであります。なんともうらやましいかぎり。劇団専属の俳優は七人。事務関係の方は一五人。コンピューターと電話に囲まれて働いているのが印象的でした。七人と一五人、私たちには考えられないうらやましい比率です。この比率ならば、俳優は芝居に専念することもできるでしょう。私たちの劇団は、俳優六〇人に対して事務八人なのですから。

しかし、アメリカもよいことばかりではありませんでした。ホノルル児童・青少年劇団は、非営利劇団として、国・州・市の助成金と、あとは企業からの寄付（マクドナルドの名前がトップにありました）で活動しているのですが、公共の助成金は、財政が苦しくなるとまっさきにカットされてしまうそうです。ジェーンさんのお金集めの苦労は、やはりたいへんなものでしょう。

子どもたちを前に優れた舞台を創っている人たちが、自由の国アメリカでも低い評価しか与えられないとは何ということでしょう。もちろん日本での私たちの仕事も同じです。何とかしなくてはという思いを新たにしたのでした。

ハワイに来ることは、まずないと思っていましたのに、美しい緑とお花の咲乱れるホノルルで、優れた舞台を観、同じ仕事を持つ女性たちと話ができたことは、本当に幸せでした。劇団の名前入りのブルーのTシャツとパールハーバーの絵はがきをいただいて、ホノルルをたったのでした。

（『月刊 音楽広場』1992年6月号）

メルボルンで観た子どもたちへのオペラ
——素敵な『月の戦車』

南半球の国、オーストラリア。いまは秋、紅葉の真っ盛り。各地で観た、たくさんの芝居の中からメルボルンで観たオペラの話をしましょう。

メルボルンはヴィクトリア州の州都で、シドニーに次ぐ大都会です。古い建物の残る美しい町の真ん中に、オーストラリアが誇るビクトリア・アートセンターがあります。そこは、コンサートホール、ドラマシアター、バレエシアター、実験劇場、展示場がある、芸術の殿堂です。私が訪れた時は、オペラシーズン、『トスカ』『フィガロの結婚』『ドン・カルロ』『コシ・ファン・トゥッテ』『ホフマン物語』『ローエングリン』が、日替り公演で上演されていました。

その公演を行っている劇団の一つである、ヴィクトリア州立オペラ劇団の若い人たちによって、子どもたちへのオペラが郊外の学校で上演されると伺い、朝早く車で出かけました。

会場に着いたのは九時。九時半の公演を前に、ピアノを弾く方も含めて五人の出演者が、体を動かし、声を出していました。

さて、五歳から一二歳までの子どもたちへのオペラが上演される会場は、図書室。真ん中に木の細い坂道が作られています。装置はこれだけ、幕も照明もありません。

演目は、アイスランドのヴァイキングの伝説からとった民話をもとにして創った『The Moon Chariot 月の戦車』です。お父さん、男の子、女の子の三人が、寒い山の中に住んでいます。ヴァイキングになりたいと毎日剣の稽古に励む男の子。いつか世界を回りたいという夢を持つ女の子。お父さんは男の子に向かって言います。「お父さんは、昔、ヴァイキングだった。剣を持って戦った。でも二度と戦争には行きたくない。子どもを決して戦争にやらない。だからこうしてお百姓になったのだ。だからどうか剣を捨ててお百姓になってくれ」と。

実は、お父さんは、戦争に行ったとき、魔法使いからおもしろいお話がたくさん入った箱をもらっていました。その箱を開けて話を聞いているとおもしろすぎて働くことができなくなるから、雪が降ってくる前に働いておきなさいと、お父さんは箱を隠しています。ところがある日、女の子が世界を回りたいという夢をお月様に話すと、お月様は「男の子と一緒にお話の箱を探しなさい」と言うのです。やっと、探し当てた箱をふたりで取り合っていると、箱があいて中にはいっていたお話が全部逃げていってしまったのです。

「お話を閉じ込めてはいけません。世界中の人たちにお話を」と、お話は空からきらきらとちりばめられて降ってきます。「どこの国でも、誰でも皆、自分のお話を持っています。人に話すことのできるお話、新しいお話、さあ、自分のお話を探しに行きましょう……」。どこからか、そんな歌声が聞こえてきて、舞台は終わりました。

何と素敵な声でしょう。子どもたちはうっとりと床に座って聞いています。図書館の小さな空間が素敵な声と一緒に空に飛んでいくような五〇分の舞台でした。

舞台が終わってそのまま子どもたちとの話し合いが始まりました。「どうしてオペラが好きなの？」「どうしてそんなによい声を持っているの？」「ボクもオペラ歌手になれるかな？」「ピアノが上手に弾けるのはどのくらい習い事をしたらいいの？」「衣装は誰が作るの？」……次から次へと質問がとびかいます。一つひとつ、丁寧に俳優たちは答えていました。うしろにいる先生たちのうれしそうな顔。子どもたちがはじめて出会う素敵な人間の声。日本の子どもたちにも出会いがあったら、と思わずにはいられません。子どもだからこそ、「本物まがい」ではなく「本物の本物」をと思うのは、ぜいたくなことなのでしょうか。

私が観たのは、初日から四日めの公演とのことでした。合計三〇〇ステージの巡回公演が計画されているそうです。その数の多さにも驚きましたが、私たちでも朝早くから声を出すのはつらいのに、朝・昼二回のオペラ公演。これも驚きでした。

ところで、会場になった学校には、四四カ国の国籍の子どもたちがいると、先生から伺いました。「自分の国とちがう国」というものが、この学校の子どもたちにとっては、少しも違和感なくとらえられているような気がしました。

日本人にとっての「外国人」という考え方とは、まったく違っているようです。たくさんの国の文化が溶け合う学校で行われたオペラ公演。そういえば、このオペラの男の子を演じたのは、北京オペラから留学しているという中国人の方でした。

本当に楽しく、素敵な五〇分でした。子どもたちのうっとりした目が忘れられません。豪華なホールでなくても、本物のすごさは、どんな豪華なオペラを観るより、珠玉のように大切なものを子どもたちにとどけています。

日本の子どもの文化、芸術のあり方を考えざるを得ない、オペラのひとときでした。

（『月刊 音楽広場』１９９２年８月号）

フライング・フルーツ・フライ・サーカス
――「偉大なる田舎」の子どもたち

サーカスと聞くと胸がおどります。大きなテント、ジンタの音、ひらめく旗。そして、旅から旅へと家財道具を積んで一家で移動して歩きます。ちょっと、もの悲しさをただよわせて。

私も時々サーカスの旅をします。新潟では「新発田サーカス」を、アメリカではサーカス博物館の写真の中に、日本人の女性を見つけ出してびっくりしたこともあります。中国や、ロシアにも旅したことがあります。

何度観ても、人間の体の美しさ、極限の技術、手に汗握る楽しさが何とも言えません。でも、動物のサーカスはどうも……こわい。人間だけのサーカスが大好きなのです。

九月一六日、オーストラリアのメルボルンから山を一つ越えたアルブリイの村でサーカスの初日があくので、来ないかとのお便りが届きました。ちょうど稽古の合間の遅れた夏休みです。メルボルンまで一〇時間、飛行機に乗りました。地球の裏側メルボルン、いまは初春、花が咲きはじめたばかりの寒いメルボルンでした。

そのメルボルンから一二人乗りのプロペラ機で四五分、「偉大なる田舎」といわれているアルブリイにつきました。空気のおいしい何とのんびりしたところでしょう。一〇日間降り続いた雨で芝生がずぶずぶになった公園の真ん中に、大きなテントが。どろのついた長靴のお客様の長い列。千人あまりでしょうか。半分の五〇〇人は出演している子どもたちの関係者とのこと。会場は超満員です。

実はこのサーカス団「フライング・フルーツ・フライ・サーカス」は子どものサーカス団なのです。アルブリイの劇団が一九七九年、この近辺の一八の地域の子どもたちを集めて始めたのが、はじまりです。集まった子どもたちの上達は素晴らしく、志望者は増えるばかり。そこでとうとう、一九八七年、集まった子どもたちのために、州立の学校を作ることになりました。六歳から一三歳の子どもたち、八学年五六人が現在の生徒数。去年は入学試験の合格者が一〇人、今年は五人。先生六人で学業の授業を行い、放課後がサーカスの授業です。

三〇人の出演者と、子どもたちを支える二三人の大人たち。いよいよ「フライング・フルーツ・フライ・サーカス」の始まりです（テントの中は寒くて寒くて……。ホテルのバスタオルを二枚、ひざにかけて客席につきました）。

手に汗握る、空中ブランコの男の子の、地上に降りた時の自信に満ちた美しい顔。八歳の女の子は、燕尾服を着て「レディス　アンド　ジェントルメン」と挨拶。そのたびに同級生の応援の声が元気に飛び交います。八歳の細い華奢な男の子の玉乗り、その真剣な顔のかわいいこと。ガールフレンドでしょうか。前列の女の子と目があってニコッとしたとたん、落ちそうになって……。何とも言えません。自転車の曲乗りと、お兄さん、お姉さんは小さい子どもを助けて、実に優しく協同の作業を展開してゆきます。寒いテントの中がこんなに暖かくなるなんて。子どもたちの生き生きした、自信に満ちた顔が忘れられません。

オーストラリアではサーカスは芸術としてきちんと認められています。アデレイドで芝居の演出をなさっていたチャールズ・パーキンソンさんは、ここで指導を始めて三年目、子どもたちのサーカスのとりこになっているようです。技術が高いだけでなく、演劇的にみておもしろいサーカスを創っていきたいと話してくれました。プロを目指す子どもたちを育てるのですか、という私の質問に、即座に「ノウ」と答えが返ってきました。「文化、演劇に興味を持ち続ける人間を育てるのです。いまはオーストラリアに一つしかない学校ですが、どこの学校でもこの程度のことができるとよいと思っています」と、パーキンソンさん。

協調性と健康が入学の大きなポイントだという入学試験に受かった子どもたちが、ここで学び、できる子どもができない子どもに教えたりする。そうすることによって、お互いが心身共に変わっていく。そして技術だけでなく、安全性を重視することも覚えてゆく……。そんなふうにパーキンソンさんはおっしゃっていました。

子どもは素敵です。でも、そういうことを乗り越えた美しさが「フライング・フルーツ・フライ・サーカス」にはあるのです。文化、芸術を子どもたちの教育の中でどのように扱っていくのか、子どもをどのようにとらえてゆくのか。「偉大なる田舎」の「フライング・フルーツ・フライ・サーカス」

は私にたくさんの贈り物をくれました。

次の朝の新聞の一面には、玉乗りの坊やの写真がのり、真の芸術は小さな田舎から生まれると書かれていました。「僕は子どものとき、フライング・フルーツ・フライ・サーカスにいたのですよ」と誇らしげに話してくれる運転手さんのタクシーに乗って、小さな小さな空港に向かいました。


（『月刊 音楽広場』１９９２年12月号）

ロシア国立ペルミ・バレエのガラ公演
――思い出と重ねた完璧な舞台

東京・渋谷、東急文化村オーチャードホールはあふれるような人、人、人……。ロシア国立チャイコフスキー記念ペルミ・バレエのガラ公演の始まりです。何も飾られていない大きな舞台に、人間だけが躍動するガラ公演。『ショパニアーナ（ショパンのピアノ小品をもとにしたバレエ作品）』『海賊』『眠りの森の美女』『くるみ割り人形』『ジゼル』と、舞台はバレエの名作が繰り広げられています。

ほとんど男女ふたりの踊り。あくまで柔らかく、あくまで強く、あくまで美しく。なんと優雅な舞台。なんと人間の身体は美しいのでしょう。完璧という言葉は、この舞台のためにあるのではないかと思われるほどです。

何もなくなってしまったかのように伝えられるロシアの、ペルミ・バレエは、以前にもまして美しい舞台を観せてくれました。「どんなに体制が変わっても私たちの舞台は変わることがありません」と、自信を持って言い、踊る芸術家たち。

一九九一年、私はひとりで、モスクワ経由でペルミに向かいました。

一〇〇年以上の歴史を持つ、ペルミ・オペラ・バレエ劇場で上演される『マダム・バタフライ』の稽古で、日本のことを教えてくれないか、というお便りに、生来の弥次馬根性が刺激されたのです。

ペルミ市は、モスクワから約一二〇〇キロはなれたウラル地方にあり、かつて、モスクワを追われシベリアに流刑された人々が必ず通った道、シベリア街道沿いにある工業都市です。私が到着した時、ペルミは、一面の銀世界。厚く凍った氷の上を歩いているようです。零下三〇度の日もありました。軍事基地の関係で最近まで外国人立ち入り禁止区域であったこともあって、ホテルもホテルとは名ばかりの宿で、食堂もありませんし、とにかく寒い。部屋の中でもコートを着ているほど。

さて、氷の上を歩いて二〇分（氷がなければ、一〇分で行ける距離なのですが……）。町の中心、広い敷地の中に美しく建っているペルミ・オペラ・バレエ劇場に着きます。一八七八年創立、初期には主としてオペラが上演されていましたが、一八二九年にはバレエ団が正式結成され、やがてオペラ・バレエ劇場となりました。数あるレパートリーの中でも、チャイコフスキーの作品を特に大切に保存している劇団です。

稽古は一〇時から二時まで。オーケストラが入っての稽古です。驚きました。まったく日本のことがわかっていないのです。高いハイヒール、手には木で真四角に作ったうちわ。天女のようなかつらに、衣装は国籍不明、長いたもとに長い裾を引き、ホーチミンサンダルのような履き物。おもちゃのような日傘。日本は遠い遠いところだったのです。何から始めてよいやら……。それでも、歩き方、座り方、おじぎと、熱心に稽古しました。

稽古が終わると、まっすぐ宿に帰り、日本からカバン一杯に詰めて来た食料をひとりで食べるという毎日でした。なにしろ、町には何も売っていないのですから。寒い部屋から見える向い側のデパートは、朝七時、行列が始まります。そうして一日がかりで一枚のセーターを買うのです。私など一〇分も立っていられない寒さの中、長い長い行列で、老人が多いのには胸が痛みました。

ところが、こんなにも物のない町なのに、オペラもバレエも劇場は毎晩満員のお客様なのです。もちろんお客様はペルミ市民。私も『くるみ割り人形』『白鳥の湖』、オペラは『オテロー』『トスカ』と雪の中を通って観たのですが、外国人はたった一人ドイツの方にお会いしたきりでした。

日本についての「稽古」を終え、ペルミをたつ私に、ペルミ・オペラ劇場総裁のミハイル・アルノポリスキーさんが、お礼だと、四〇〇〇ルーブルの紙幣の束をくださいました。その気持ちはありがたいのですが、私にとっては紙屑同然。買うものはないし、それに、持って帰ることもできないのですから。そこで、そのままモスクワにいる日本人のお友だちにプレゼントしました。喜ばれたことと言ったら……。

そんなペルミでのことを思い出しながら観る、オーチャードホールの舞台の美しいこと。あんなに何もなかったペルミで、よくこんなに美しい衣装を……。あの寒さと困難の中で、よくこんなに素敵な舞台が……。そして、モスクワから遠くはなれた土地で、こんなに最高の芸術が……。と不思議にさえ思います。いまさらながら、ロシアの伝統のすごさと、芸術と文化が「日常」のこととして人々の中で育っていることを羨ましく思いました。

アルノポリスキーさんはオーチャードホールのロビーで「皆待っているから、またペルミにいらっしゃい。モスクワまで迎えに行きましょう」と明るくにこやかにおっしゃいました。

(『月刊 音楽広場』1993年2月号)

民衆の中に根付く芸術
――ロストフ国立青少年劇場から招かれて

マイナス二五度のロストフに行ってきました。ロストフ国立青少年劇場から招待を受けたのです。モスクワ・シェレメチボ空港から、雪道を車で一時間以上走って、ブヌコボ空港に。そこからさらに一時間三〇分のフライトで、黒海に面したロストフに着きました。

夜の一一時三〇分。耳がちぎれそうに寒い空港では、三人のかたが花束をもって、タラップの下で待っていてくれました。ロストフ国立青少年劇場の総監督ニコライ・アレキサンダー、芸術監督ボロージャ・チギショフ、そして通訳のビタリー・ボクダノフ。彼はロストフでただ一人の日本語の話せる人で、モスクワ国立国際関係経済大学の五年生。学校のあるモスクワから、かけつけてくれました。三人が案内してくださったホテルは、暖房のきいたお湯の出るホテルで、ほっとしました。

朝、一六階の部屋から見えるドン河は凍っています。モスクワより食料が豊富なロストフと聞いていましたが、大好きなバターにヨーグルト、ハムにきゅうりの朝食は、なかなか豪華。ホテルだからでしょうか。

ロシアの学校は週五日制です。土曜日の朝一一時の劇場は親子づれで満員。『宝島』の舞台です。登場人物は九人の男性。船の中だけで演じられます。私も少年のジムを演じたことがあるので、とても懐かしく拝見しました。あの長い物語を、たいへんコンパクトにまとめてある感じがします。

演出家のチギショフさんは四十代の、まるで若い少年のようなかた。八年前に一〇人の俳優さんとともにこの劇場に迎えられて、今日まで首席演出家として、数々の舞台を創ってこられました。教育的、政治的な舞台ばかり上演していたロストフ国立青少年劇場に、新しい風を吹き込んだのです。

ずっと年上の総監督アレキサンダーさんもチギショフさんをたいへん信頼しています。見ていても羨ましい限り。経済的な責任を負うアレキサンダーさんとチギショフさんとの名コンビがこの劇場を輝かせているのでしょう。

その日の六時からは、『プガチョフ』を観ました。ロシアの人たちが小学校の頃から皆暗記して親しんでいる、有名な詩人エセーニンの詩を、戯曲にしたロック・ミュージカルです。男性九人で演じられていました。『プガチョフ』はピョートル三世と女帝エカテリーナの時代の話です。私がペテルブルクで買い求めた指輪にもピョートル三世が描かれていたほど、ロシアでは有名なピョートル三世。ロシアの人たちには子どもの頃から親しんでいる話なのでしょう。ロックの歌にのってそれは熱狂的な舞台でした。観客はほとんどが高校生です。歴史の背景がわからない私にとっては非常に難解な舞台でしたが、子どもたちの反応を見ていると、もう夢中という感じでした。

その日はお芝居がはねてから、凍ったドン河に浮かぶ船のレストランでイクラとキャビアをごちそうになりました。シャンペン、アルメニアコニャック、ウオツカ……。お酒を飲んで体を温めなければ、お星様も凍ってしまいそうな夜でした。

翌日は、客席が二〇〇のスペースで『ムハ・ツュトーハ（はえ）』の舞台。はえがパーティーを開くのですが、くもが糸を投げてじゃまをします。背の高いくもは、頭をゴムの帽子でおおい、黒いロングコート。そして口からはき出す糸はピンクの毛糸。くもにつかまったはえは客席に向かって助けを求め、とうとう客席の男の子が舞台に。そして、男の子がくもをやっつけます。喜んだはえは「結婚して」と。彼は真っ赤な顔をして照れていました。

この舞台も詩によって構成された脚本をもとに、ほとんど即興で演じていきます。俳優と一緒に演じた男の子の素敵なこと。楽しい舞台でした。

さて、夜の舞台は『犬たち』。一〇匹の犬たちの世界を通じて、人間とは何か、社会とは何かと、客席に迫ってきます。犬たちの中にヤマモトという名前の犬がいました。「日本という国はすばらしい。たくさんのネズミがネコに服従しているそうだ」と犬たちは話します。人間にだまされるな、犬たちのパラダイスはどこだ、その小さな入口を開け。でもどこにもいかれない。ロシアの、そして日本の社会を考えさせられる舞台でした。

この日二月一四日は、一九四三年、ドイツがロシアに攻め込んできたのを追い返した日です。その戦いに生き残った方々を一二〇人招いて、感謝のパーティーが劇場で開かれました。主催者は総監督のアレキサンダーさんです。「平和なこれからのロシアを守るために、戦争を忘れてはならない」とおっしゃるアレキサンダーさんの言葉が忘れられません。

困難な状況の中で、優れた舞台を創り出していくロシアの芸術家たちのエネルギーに脱帽です。芸術が本当の意味で、民衆の中に根付いているロシアは健在でした。

（『月刊 音楽広場』１９９３年５月号）

キューバで観たミュージカル『モモ』

——アシテジ世界大会に参加して

ロシアから帰って四日め、また成田を飛び立ちました。ロサンゼルスで乗り換え、メキシコシティーで一泊。遠い国、キューバのハバナに着きました。ここは、夏です。美しい街路樹、広い道路、スペイン風の家並が続いています。

ところが、この風景からは窺い知れない情勢がキューバにはあったのです。車は少なく、走っている車といえばどれも廃車寸前。交通機関はバスだけ。「鈴なり」とはこういうことを言うのでしょうか、バスの窓にぶらさがっている人、人。よく何ごともなく走っているものだと感心するほど。町の中で人が大勢集まっているところは、バスの停留所と配給所。一時間に一本のバスを待ち、すべてのものが配給制ですから配給を待って並ぶ人たち。ホテルの外国人専用のドルショップ以外は一軒のお店もありません。石鹸、紙は泊まったホテル以外では見ることがありません。これはソ連崩壊で石油の供給がなくなったために起きたことです。石油がないということがこれほどまでの影響を与えるのかと驚きました。地元の方は、「五年先に海中油田ができるので、それまでの辛抱です」とおっしゃっていましたけれど……。

そんな、キューバのハバナで、第一一回アシテジ（国際児童青少年演劇協会）世界大会が開かれたのです。三四カ国、約一五〇〇名が集まりました。

国立劇場での開会式は、国立民族芸能アンサンブルの公演で始まりました。真っ白な木綿に美しいレースが飾られた民族衣装の女性たちの静かな、そして激しいラテンのリズムの歌と踊りには圧倒され、からだが自然と動いて踊らずにはいられなくなり、私も舞台に上がって踊ってしまいました。

世界大会の開催中、芝居も毎晩九時からたくさんの劇場で上演されました。ふだんは電力が少ないため、映画館も劇場も土曜日と日曜日しか開いていないのに、連日上演してくださったのです。

夜、劇場にいくのも、帰るのもたいへんなことでした。デンマークのグループはホテルまで一時間三〇分、歩いてきたとのこと。アメリカのグループは歩いたものの、疲れて道端に休んでいたところに救急車がとおりかかったので、一三人乗せていただいてホテルに帰ったとのことでした。毎日そんな話題に事欠きません。

そんな中で、ミヒャエル・エンデ作『モモ』が上演されていると聞いて、小さな劇場に駆けつけました。五月から私の劇団でも『モモ』が再演されるので、どうしても観なくてはという思いで客席に座りました。上演されたミュージカルの『モモ』は男女ふたりの俳優が、舞台で帽子・衣装を着替え、ギターを弾いてうたい、踊っての舞台でした。モモを演じる女性は、太った大きな方でしたが、モモってこんな人だろうと思えるような、のんびりと豊かで、大らかな俳優でした。私の劇団の『モモ』は、四六もの役がある、大掛かりな舞台です。あまりの違いに戸惑いました。

劇場の入口に素敵なポスターと写真があったので、いただきたいとお願いしたところ、ポスターは手描きのため一枚しかない、写真も貼ってあるほかにはないとのことです。それでも、貼ってある写真の五枚の中から三枚をはずして、私にくださいました。町のなかにはポスターもビラも、一枚もなかったのです。

会議は連日、朝九時から国際会議場で始まります。英語、フランス語、ロシア語が飛びかい、熱気のこもった一週間でした。中でも、「舞台で俳優が子どもを演じること」の討論は、たいへん興味深いものでした。子どもを演じるのに、なぜ過剰な演技になるのか。演劇を教育の問題として行っていないか。人間を理想的なものとして描いていないか。子どもを知的能力のあるものとして見ていないのではないか。子どもは子ども自身で内的な素晴らしい世界を作ることができるということを忘れてはいけない。など、一つひとつの問題を各国共通の問題として話し合えたことは、大きな収穫でした。キューバの逼迫した状況の中、最低水準の生活の中で、演劇は文化を育てる大切な仕事だととらえ、民衆の文化が育っていくような状況を作るために演劇は何をしたらよいのか、と真剣に問いかけるキューバの人たち。だからこそ、ここで世界大会が開かれたのでしょう。

日本の半分の面積、人口一一三〇万人のキューバ。旅行者として歩けば、ハイビスカスの美しさに見とれ、メキシコ湾で泳ぎ、ヘミングウェイが泊まって仕事をしたオールド・ハバナを散歩する優雅な休日になることでしょう。しかしそれでは、一日ひとり一個のパンが配給されるキューバの人たちの日常はまったく見えてきません。

世界がこんなに不平等なのは何故なのでしょうか。それでも潑剌と子どもの演劇を創り、子どもたちを、演劇を、語る。遠い遠いキューバの旅は、胸がきゅっと締めつけられる思いを残す、たいへん疲れたものになりました。


（『月刊 音楽広場』１９９３年６月号）

たったひとりの人形劇団モネゴイル
——沖縄でのフェスティバルにて

沖縄市を中心に一二市町村が主催して、二月六日から一三日まで「ギムジナー・フェスタ'94国際児童青少年演劇フェスティバルおきなわ」が開かれました。

先の戦争では、日本の中で沖縄だけが戦場になりました。長い、長い苦労の日々を経験した沖縄で開かれる、日本で初めての、アジアでも初めてのフェスティバル。沖縄市長の新川秀清さんがおっしゃった「平和なくして、文化も芸術もあり得ません」の言葉が重く私の心に残っています。

中国、韓国、オーストラリア、デンマーク、スウェーデン、ロシア、アメリカ、ドイツ、スイス、イギリスからの参加。そして国内の作品は、沖縄で創られた伝統芸能の作品のほか三十あまりの作品と、大きな、はなやかなフェスティバルです。学校で、保育園で、市民会館で、公民館で、大勢のお客様が観てくださいました。

今回は外国から来た舞台の中で、いちばん小さな舞台をご紹介しましょう。デンマークの田舎の公立図書館の小さなスペースで行われているたったひとりだけの人形劇団、モネゴイル劇団。デンマーク最初で、唯一の、一歳半から四歳までの幼児向けの専門の舞台を創る劇団です。私が初めてデンマークで観たときは、お母さんに連れられたあかちゃんと、ゆりかごで眠っているあかちゃんといっしょでした。小さな子どもたちが生まれて初めて出会う演劇を創り続けているハネ・トローレさんは、お連れあいと、一歳の男の子と、ベビーシッターの女性との四人で沖縄に来てくださったのです。

開演一〇分前、それはうれしそうに子どもたちが入ってきました。とびはねたいのを我慢しているといった感じの子どもたちを見ているだけで、私までうれしくなってしまいます。

ハネ・トローレ作・出演『にじのいろ』。小さな美しい人形劇の始まりです。空の虹を見ていたら、あれ、色が足りないよ、青、黄色、緑、赤、気球に乗ってさがしに行こう。海や野原に色をみつけに行きます。ギリシャ神話『オデュッセイア』にヒントを得た作品です。あざやかな美しい色彩と音楽がすてきな舞台。ハネ・トローレさんは赤と白の横縞のTシャツ姿。少女のお人形さんと、お揃いのスタイルです。両手で人形を使い、せりふをしゃべり、歌をうたいます。どうやって音楽のテープのスイッチを入れるのか、ふしぎでなりません。棒使い、手使いの人形を使いわけ、さがす虹の色にあわせて舞台の色を変えていきます。大きな目のあるお化けのような木、紫色の魚、可愛い動物たち。女の子が気球に乗って飛んでゆく舞台は、私もいっしょに空を飛んでいるように思えてきました。

子どもたちは声をあげて笑い、楽しそうに観ています。遠い国から来てくれた人形劇に子どもたちは大変な興味を持っているようすです。舞台が終わると、子どもたちからトローレさんに可愛い花束がプレゼントされました。トローレさんの「ありがとうございました」の日本語にびっくりしたようすです。出入口にすすんだトローレさんは、会場を出る子どもたち一人ひとりに握手をして、七色のリボンの束を手渡してゆきます。子どものひとりが「サンキュー」と言うと、みな「サンキュー」と言いながら会場を出てゆきました。

今回のハネ・トローレさんの公演は、朝九時と一〇時三〇分の二回、二日間の公演でした。北中城《きたなかぐすく》幼稚園二一一名の園児全員が、この舞台を四組に分かれて観ました。ほかの公演だったら全園児がいっしょに一回の公演を観るということになるでしょう。そこを、ハネ・トローレさんは、最大人数を五〇人にしてほしいとおっしゃって、一歩もゆずりませんでした。幼稚園の先生方は、なぜ五〇人でなくてはいけないのか、たくさんの子どもたちに観せたいのにと、ふしぎに思いました。でも観終わったあとには「子どもは五〇人とおっしゃったことが、よくわかりました。子どもといっしょに観るって、楽しくてすてきですね」と。

子どもたちがいるところ、どんな場所にも出かけて行って舞台を創る、ハネ・トローレさん。子どもと同じ目線で舞台を創っていらっしゃるハネ・トローレさん。舞台が終わると、桜の咲く芝生に座り、すっかりお母さんになって、次の回までの休み時間を坊やとあそんでいました。

子どもたちにとって、生まれて初めての演劇との出会い。その出会いのために心をこめた芸術の種を蒔き続けていきたいと、ハネ・トローレさんはおっしゃいます。一九九二年、そのユニークな幼児向けの演劇活動に対して、子ども図書館賞と賞金三二〇〇ドルがハネ・トローレさんに贈られました。

（『月刊 音楽広場』１９９４年５月号）

俳優たちは子どもを演じていない
――デンマーク演劇祭での経験

成田を発ってモスクワまで一〇時間。モスクワから二時間三〇分でコペンハーゲンに。アンデルセンの生家のあるオーデンセまでは、コペンハーゲンから二時間三〇分の列車の旅。オーデンセから車で三〇分、バルト海に面した農業と漁業の美しい町、グラムスベルグに着きました。デンマーク演劇祭が行われている町です。

七〇劇団、四五〇〇人、四〇〇回公演、一週間の演劇祭。国と地方自治体から全額助成があり、劇団参加者の宿泊費・食費・交通費は演劇祭が負担。そのうえ午前中の公演は子どもたちのための演劇、昼と夜は一般の演劇と、どれも無料で観ることができるのです。なんともうらやましい限り。

演劇祭の期間中、月曜日から金曜日までは各地の学校、保育園、図書館で上演され、土曜日と日曜日は、全劇団がグラムスベルグの町に集合して、一挙に二〇〇公演が行われます。これには、全国から教師・図書館員を中心に二万人以上の観客が集まります。彼らは、いろいろな芝居を観て、子どもたちに観せる芝居を決めているのです。ホテルの宴会場では「児童青少年演劇は芸術になりうるか」という討論集会が開かれました。教師と演劇人がいっしょになっての討論会です。また、演劇祭の期間中〝ティータイム〟と称して毎日五時から事務局で合評会が行われました。これは一般の人も自由に参加できるのです。活発な意見を聞いていると、その国の文化のありようがうかびあがってくるから不思議です。

さて、そんな中のひとつ、バオゴウ劇団の女優と男優のふたり芝居『となりどうし』は子どものための舞台です。この芝居は、舞台の真正面奥にトイレ、上手がキッチンとベッドがある女性の部屋、下手は大きなひとり用のソファと電気スタンドのある水夫さんの部屋が。それぞれのドアがトイレに平行に向かって建っています。中年で独身のふたりはお隣が気になって仕方がありません。ドア越しに耳をすまして相手が帰って来るのを待ちます。女性がお料理を持って男性のドアを叩く日もあります。問題はトイレ。朝、同時にドアを開ける、気まずい空気が流れて、男性が先に。ロールのガラガラという音がして次に女性が入ると、紙がない。ボール紙のロールの空を捨てて、トイレの上に登って紙を取って。これが毎日なのですからたまりません。

それぞれの部屋でのひとりごとは美しい旋律でうたわれます。これが相手をなじるひどい言葉とのこと。あまりに美しいメロディとふたりの歌声に圧倒され、ひどい言葉で相手をなじっているなんてとても考えられません。

平土間で演じられた五〇分の舞台は、文句を言いながらふたりが仲良くなっていく過程が実に楽しく、美しい舞台でした。小さな子どもたちから中学生まで、子どもたちのうれしそうな笑い声。最後にふたりが仲良くなると、立ち上がって手を上げて喜んでいました。大人への舞台と言っても不思議ではないのに、デンマークでは、子どもへの舞台なのです。

日本では考えられないことですが、「ひどい舞台もぜひ観てください」と言われて観た舞台もありました。その公演中、観客の高校生たちが、ひとりだけ笑っている大人を何度も振り返って、軽蔑をこめて見ているのです。そして、終わったと思ったら、皆、手も叩かずに走るように帰っていきました。

また、いくつかの違う劇団から優れた俳優たちが集まって〝プロジェクト'94〟という名前で公演した舞台『私たちが歩く（さまよう）この地球』も観ました。この地球でいま起こっている人種紛争の話です。登場人物は六人の子ども。でも、俳優たちは誰ひとりとして子どもを演じてはいません。この国に「子役」という言葉はないのでしょう。俳優は大人の姿のまま、登場人物の子どもになります。無理に子どもの格好をしたり、子どもっぽく話したりしません。

国の違う子ども六人がさまよって歩く姿。ユーゴスラビアの、ボスニアの、ザグレブの映像が私の頭をよぎります。地声を生かした美しい歌声が胸をしめつけます。舞台と観客がひとつになって、客席の子どもたちの緊張した息づかいが聞こえてきました。

現実を一緒に考えていく舞台、拍手をすることを忘れるほど舞台にひきこまれている子どもたち。

を観ました。

「子ども」のとらえ方が、根本から違うのではないかと思わずにはいられない、いくつかの優れた舞台を観ました。

私の大好きな男優、灰色の目をしたハンスさんに「なぜ、子どもの前に立つのですか」とうかがいました。するとハンスさんは、灰色の目をくるくると長いこと動かし、一点を見つめて「お客様が〝大人〟とか〝子ども〟とか、いちども考えたことがありません」と、それは恥ずかしそうにおっしゃいました。私たちは「子どものために」と言いすぎているのではないでしょうか。

（『月刊 音楽広場』1994年8月号）

演出家コロゴッスキイさん
――サンクトペテルブルクの演劇の行く末

一九八四年、ちょうど一〇年前の九月、第八回アシテジ（国際児童青少年演劇協会）世界大会がモスクワで開かれました。その、初めてのロシアの旅に、今は亡き大井数雄さんに連れて行っていただきました。大井さんはロシア語と人形劇の専門家で、私の劇団の公演のためにロシアの芝居を翻訳してくださったかたです。

一カ月間滞在し、何本芝居を観たでしょうか。モスクワ芸術座、タガンカ劇場、プーシキン劇場。オペラ、バレエ、サーカス。オブラツォフさんの中央人形劇場、マールイ劇場。ソヴィエト演劇の高度な演技技術と舞台機構を駆使しての舞台。どの舞台もすばらしく、演劇王国ロシアを堪能した毎日でした。

その中でも、レニングラードから、アシテジ大会のためにモスクワに来て上演したレニングラード青少年劇場（レンチュウス）の『バンビ』は圧巻でした。日本ではディズニーの映画で有名な『バンビ』の原作はドイツのフェリクス・ザルテンの小説で、世界中で読まれている温かく、美しい名作です。鹿のバンビの、誕生から、母性愛・人間愛のもとに成長していく姿を、森の中での動物たちとの生活の中で描いてゆきます。

鳴りやまないカーテンコールにこたえて、客席からかけ上がった、演出家のズィノーヴィ・ヤーコヴレヴィチ・コロゴッスキイさんのうれしそうな姿は、今でも忘れることができません。俳優を愛し、信じてやまない笑顔でした。

大井数雄・弘子ご夫妻とは古くからの友人のコロゴッスキイさんは、その当時、レニングラード青少年劇場でトップの専任演出家として活躍中でした。私たちは、夜行特急〝赤い矢〟に乗ってレニングラードに伺い、毎日青少年劇場に通いました。

コロゴッスキイさんの作品はどれを観てもすばらしく、また大井数雄さんが私に観せたいとおっしゃっていた舞台を観ることができ、充実したレニングラードの日々でした。

あれから何度レニングラードに伺ったのでしょうか。ボリショイドラマ劇場、マールイ劇場と、レニングラードの優れた俳優の多くが、コロゴッスキイさんの教えを受けた生徒であることも知りました。

それが、どうしたことなのでしょう。ある日、コロゴッスキイさんがレニングラード青少年劇場を追われたというニュースが入ったのです。なぜ、どうして……。体調もくずされ、お連れあいのダニリーナさんも、心痛のあまりご病気とのこと、驚きました。

あれからどうしていらっしゃるのか、気になっており、公演の合間のお休みに、レニングラードから地名が変わった、綿毛の舞う白夜のサンクトペテルブルクにとびました。

コロゴッスキイさんは、サンクトペテルブルク大学芸術学部の責任者になられ、若い俳優を育てる毎日を過ごされ、元気でいらっしゃいました。真っ白な髪に、ご苦労のほどが伺われて胸が痛くなりました。国からの援助がすべて断ち切られた中での活動のお話を伺うと、長い歴史を誇るサンクトペテルブルクの演劇の行く末が案じられてなりません。

コロゴッスキイさんが「ここが、市が援助してくれている唯一のものです」とおっしゃる、港に近い大きな建物の一部分のフリースペースで、大学の二年生・二人による舞台を拝見しました。一〇年前に初めてお目にかかったときとまったく変わることのない、エネルギッシュな愛情あふれる生徒への指導は、うらやましい限りです。この人たちが五年間の教育を終えて舞台に立ったときのことを考えると、日本の演劇教育の貧しさに言葉がありません。

ロシアと外国の作品、動物についての小説を、コロゴッスキイ作・演出で、学生が演じます。ツルゲーネフ、スタインベック、トルストイ……。『群れ』『最初の愛情』『恐怖と敵意』『ジャングルの法』『侵入』『勝利者』『結婚の縁』『らくだの子』『献身』『父たち』『馬の夜間放牧』『ライオンと小犬』。

せりふはひとつもありません。肉体的表現だけです。装置もありません。学生の演じる動物は、動物なのに、なんと人間そのものなのでしょう。ペンギンのお父さんたちが卵をあたためているシーンのなんと愛情深く美しいことでしょう。コロゴッスキイさんの作品には、どれも人間への、子どもたちへの限りない優しさが満ちあふれているのです。

生徒たちとの話し合いが終わると、一二人が、さっと立ち上がり、私へのプレゼントですと、ロシア民謡のコーラスが始まりました。コロゴッスキイさんのうれしそうな顔……。お元気になられ、仕事を始められたコロゴッスキイさんにお会いできて、幸せでした。

「生活は苦しく、治安も悪く、大変な毎日ですが、どんなに苦しくても、自由に演劇の創造ができる世の中になったことは、あの精神的に苦しかった時代を思うと、夢のようです」。コロゴッスキイさんが、別れ際に空港でおっしゃいました。

（『月刊　音楽広場』１９９４年10月号）

ストックホルム「国境のない演劇祭」

——国のありようが違う

デンマークのオーフスで開かれた演劇祭を終えて、五月一日、コペンハーゲンから雪景色のストックホルムに着きました。

いつも泊めていただく、小高い丘の上のバルブロ・コッテさんのお宅へ。世界一美しい町と皆さんがおっしゃるように、古い建物が保存されている町並みは、のんびりと豊かに、いつ行ってもほっとする町です。

二二の島からできているストックホルムは、メーラン湖とバルト海を結ぶ水路に面し、どこに行っても水に出会う町です。バルブロ・コッテさんのお宅も入り江に面し、船の行き交うのを眺めながらお茶をいただきました。

長い冬を過ごす北欧では、どこに行っても家の中に緑があります。バルブロ・コッテさんご自身が「私は名人」とおっしゃるように、たくさんの植物がきれいに手入れされ、どのお部屋にも春を呼ぶお花が。そして何よりのおもてなしは、たくさんのろうそくをともしてくださることです。

チルドレン・シアターのコンサルタントという政府機関のお役人のバルブロ・コッテさんとお友だちになったことで、私の子どもへの舞台芸術の考え方が大きく広がっていきました。

美しいストックホルム、居心地の良いお宅、それにもましてバルブロ・コッテさんとのお話が魅力で、毎年伺ってしまうのです。

ストックホルムは地下鉄に乗ればどこへでも行けます。郊外まで三〇分、リクス・テアトルンへ。演劇工場、いえ、演劇王国といったらよいのでしょうか。演劇を創るすべての部門が四階建ての大きな建物に入っています。美術、照明、衣装、音響、かつら、小道具、宣伝、そして劇場のすべての機構を備えた稽古場が六つ。何もかもここで創ることができるのです。

そして、一年間に五〇本の芝居が創られ、全国に巡演に出かけるというシステム。このリクス・テアトルンは国立の施設なのです。大人の演劇、子どものための演劇、障害者のための演劇、バレエ、他文化の人たちへの演劇、フィンランド語の演劇（フィンランドからの移住者がいちばん多い）と、六つの劇団があります。これらの施設を見て、ただただ、ため息が出るばかりです。

私が訪れたのは、毎年五月に開かれる演劇の専門家のためのフェスティバル、「国境のない演劇祭」の開幕の日でした。ドイツ、インド、デンマーク、ノルウェー、フィンランド、アフリカの人たちが参加していました。

「国境のない演劇祭」。このタイトルから何をイメージしますか？　私は、人間を大切にする何ともいえない優しさと温かさを感じ、胸がきゅうっと熱くなりました。

開催期間中、六つのフォーラムが開かれました。「演劇で戦争を語るべきか」「観客に向かって自分を解放しよう」「ドイツ人はなぜユダヤ人を差別したのか」「子ども自身によって創る演劇と教育の関係について」「外国人の見たスウェーデン人とは」「倫理観について」。どれをとっても大変興味深いものばかりです。

リクス・テアトルンの広い玄関の脇に大きなバスが止まっていました。実験的に作ったトラック・シアターです。制作した方が案内してくださいました。

受付、トイレ、楽屋、そして客席が三〇席の、動く劇場です。客席はスライド式になっていて、走るときには小さくなります。日本円にして四八〇〇万円かかったとのことです。

このトラックシアターで、どんな山奥でも、子どものいるところへ行けるのです。一年間の研究のあと、台数を増やしていくとおっしゃっていました。

先進的な福祉国家の首都ストックホルム。何がこんなに日本と違うのでしょうか。ため息の出る、子どもたちへの舞台芸術のありようの違い。演劇だけの問題でなく、国のありようがまったく違うのでしょうか。

何よりも人間を大切にする、それが福祉の問題であり、演劇の問題、とくに子どもへの舞台芸術の問題となるのでしょうか。私は何を学び、何をしたらよいのでしょうか。

私の大好きなパンを売っているお店がなくなってしまったので、「今日はどうしても同じパンを探してくる」と、コッテさんは出かけられました。私の好きなパンを「巴子ブレッド」と名付けて、いつ伺っても、朝食に用意してくださるのです。そしておいしいハムにチーズ。

のんびりと豊かに、あたたかく私を包み込んでくれたストックホルムでの毎日でした。

（『月刊 音楽広場』1995年8月号）

北欧への旅

——人間とは何か、子どもに問いかける二つの舞台

ストックホルムから海岸線を北へ特急列車で五時間、サンズバルの駅に降りたったのは、夜の一一時四〇分。うす暗い駅前のタクシー乗り場の長い行列を横目で見ながら、明かりの消えた広い、淋し

い道をホテルまで歩くことにしました。何て冷たいのでしょう。ロシアのモスクワより、もっと上に位置するところです。

翌朝一〇時、市の中心に建つサンズバルシアターでの公演『ドルフィン』を観に出かけました。世界で、日本公演で高い評価を受けた国立劇団ウンガリクスの作品『小さな紳士』の紳士役をなさったトービヨンさんが演出する新作『ドルフィン』をぜひ観てほしいとのことで、はるばる出かけてきたのです。

一八九四年に建てられたサンズバル劇場、豪華で美しい三階までの五〇〇の客席があります。どこにいってもひとの少ないスウェーデン、まして地方の町サンズバルです。そこに素敵な劇場がきちんと保存され、今も生きていました。

開演三〇分前だというのに客席には、ひと一人いません。舞台も何も用意されていない様子、暗くてよく見えないのです。時間を間違えたのでしょうか。

「舞台へどうぞ」という声がして、おそるおそる舞台へ。奥行きのある舞台の奥の方に、小さな、真四角な劇場がつくられているのです。緑色に黒い模様のカーテンで三方を囲い、客席の小さなベンチはカーテンと同じ布でつくられています。

開演一〇分前、小学一年生が五二人、舞台の上を歩いてきてベンチに座ります。カーテンが閉じられると、子どもたちはぴたりと静かに。サキソフォンと、大きさの違ういくつもの貝を吹くミュージシャンが、子どもたちを見つめながら演奏を始めました。舞台も、俳優も、ミュージシャンも何もかも子どもたちの手の届くところにあるのです。

『ドルフィン――あるイルカの物語』。イルカと人間のお話です。と言っても人間のこころの問題と、孤独についてです。

イルカに会ったことがあるという女性ミリアムが登場します。彼女の影はイルカの形をしています。そして、ラブラドールの海岸を泳いでいたと話を始めます。そこに迷子のイルカがやってきて、お母さんとお父さんが自分を探していると言うのです。両親がどんなに自分を愛してくれていたか、親子三人でどんなに仲良く暮らしていたか、しかしそれも、お母さんが自分よりも可愛がっている弟が現れるまでなんです、と。二人はいろいろなことを話し、幸福になります。やがて別れがやってきます。新しく見つけた友だちを失うことになる二人。彼らはお互いの影を交換すれば秘密の友だちとして、ずっと一緒にいることができると話します。影って何でしょう。そして孤独って。

イルカは人間の言葉を理解できる生き物だと言われます。イルカと人間、二人だけの五〇分の芝居を、一年生の子どもたちはどう受け止めたのでしょう。

国立ウンガリクス劇団の芸術監督モニカスパルビーさんがおっしゃいました。「子どもは五歳までに大人と同じ感覚すべてを身につける」と。芝居が終わって帰る子どもたちの一人が私に手を振って「ヘイ・ドウ（じゃあ、またね）」と言ってくれました。

お隣のデンマークでも何本かの芝居を観ることができました。

小さな体育館での公演『おばあさんのタンスの引き出し』。ここにも階段式のベンチがつくられています。体育館で床に座ったり、教室から自分の椅子を持ってくるという日本とは大きな違いです。

死んだおばあさんの部屋を片づけに、兄妹がやってきます。一人暮らしをしていたおばあさん。どうして、おじいさんと別れたのか。タンスの中から出てくるいろいろな物でおばあさんの生活が浮かび上がってきます。ナチに協力するおじいさんと別れ、ナチに追われているユダヤ人を屋根裏部屋にかくまっていたことも。二人の俳優がユダヤ人と兄を、おばあさんと妹を、その場で演じ分けてゆきます。決して子どもらしく演じることはありません。なのに、子どものこころがひしひしと伝わってきます。日本では子役という言葉が、子どもを演じる俳優の呼び名になっていることを思うと、「子ども」をどうとらえていくのか、という問題が大きく浮かび上がってきます。

コントラバス一台が舞台の袖で美しいメロディを奏で、その中で「ナチは憎むが、人間を憎んではいけない」と言うおばあさんの言葉が胸に響きます。

ほとんどの舞台が五〇分くらい。歌や踊りもなく、ドラマの中身は濃いものばかりでした。なにが日本と違うのでしょうか。夢のある楽しい舞台を子どもたちにと言い続けてきた私たち。子どもの、いえ、人間のこころの中をえぐり出し、人間ってなんだろうと鋭く子どもに向かい合う北欧の舞台。小さな子どもたちにこうした舞台を観せることができる環境が存在するということは、大人が人間をどう見るのか、子どもを子どもとしてではなく人間としてとらえていく、人間を大切にする社会・国家の在りようではないのかと考えざるを得ません。

私たちのつくる舞台は何なのかと、思い続けることになった北欧への旅でした。

（『月刊 クーヨン』1996年7月号）

アントニオ・ガデス舞踊団『アンダルシアの嵐』

――自由を求めて戦う

恋い焦がれているアントニオ・ガデス舞踊団にまた会うことができました。一九八六年、八七年、八九年、九一年、九五年、そして九七年、六度目の出会いです。

一九九一年、日本での舞台を最後に引退すると聞いたときの驚きと悲しみは今でも忘れることができません。九五年の復帰公演に、私たちは狂喜したのです。

二月のある日、アントニオ・ガデス舞踊団『アンダルシアの嵐』、新宿文化センターにて。満席の客席には、「アントニオ・ガデスの追っかけです」とおっしゃる方もいらっしゃいました。

アントニオ・ガデス舞踊団は、男性舞踊手でもある演出・振付家アントニオ・ガデスがひきいるグループ。束縛されることを最も嫌い、自由を重んじるスペインの人たちのスペイン舞踊フラメンコは烈しく、美しく、哀切を帯び、見る人たちの心をゆさぶります。

『ドン・キホーテ』のセルバンテスと並んで、黄金世紀のスペイン文学を代表する大家ロペ・デ・ベガの戯曲『フエンテオベフーナ』をバレエ用に脚色したのが『アンダルシアの嵐』です。幕が上がると一五世紀後半のアンダルシア地方の村、農民たちが等身大の農具を手に働いているところからドラマがはじまります。

権力にものをいわせて美しい娘ラウレンシアを自分のものにしようとする権力者の横暴に対して、

恋人、父親そして村人たちが抵抗し、打ち砕き、人間の尊厳を守り抜く農民たちの戦いを描く舞踊劇なのです。日本でいう、百姓一揆のドラマなのです。

アントニオ・ガデスは「何かを言うために踊る」と評されるように、明せきなメッセージが私の胸に響いてきます。

ゆるやかに、のんびりと美しい農民たちの歌と踊り、それが権力者との戦いでは、あの床を踏みならすステップが一段と激しさを増し、すさまじいまでの緊張感をひきおこすのです。それに加わるあの手拍子が何とも言えないすがすがしさを私たちに伝えてくれるのです。

照明、衣装、音楽、どれをとってみても観客へのメッセージがはっきりと読みとれるのですから……。結婚の場の美しさ、ラウレンシアの表情は何と喜びに満ち溢れているのでしょう。また、娘たちが真っ白な大きなシーツを広げ、川で洗う場面の美しい色のコントラストと動き。結婚の白、シーツの白、白の美しさが目に焼きついています。

一転して娘たちは引き裂かれたドレスに乱れた髪で集まり、誰もが権力者の暴行の犠牲になる可能性があったことを暗示する群舞の迫力。どの場面をとってみても、こんなにストレートに、私たちに真正面から挑んでくる舞台は、今の日本にはもう無くなってしまっているのではないかと思えてなりません。

還暦すぎとは思えない若々しく、みずみずしいアントニオ・ガデスのあの手、いえ肩から指先までの動き、そしてあご、何と美しく魅力的なのでしょう。言葉では、とても表現することはできないのですが、大好きなのです。

私たちの演劇には言葉があります。大切な言葉を体全体で表現することがどんなに難しいことなのか。アントニオ・ガデスの舞台には言葉がありません。それなのに言葉が伝わってくるということは、踊るということを超えた表現になっているのでしょうか……。

権力に立ち向かう村人たちに農具を渡し、これを武器に使うようにと女たちは言うのです。遂に権力者は殺されました。誰が殺したのか、白状するようにとの声に、村人たち全員が「私です、私です、私です」と答えるのです。

緊張感がとけ、元の静けさが村に戻ってくると、武器は再び農具となり、幕開きと同じように村人たちは畑に出て、農作業を始めます。

何時も楽しく笑っている舞台が観たいとおっしゃる方が増えてきた今日このごろ、何が本物か偽物か区別ができなくなってしまった現在、アントニオ・ガデスの舞台は真っ当で、日本人が欲するような笑いもなく、少し暗く重いのかも知れません。でも、あの感動は、あの満ち足りた心が騒ぐ興奮は何なのでしょう。

アントニオ・ガデスの舞台写真を撮っていらっしゃる高橋昇さんが、「美し過ぎる、激し過ぎるのだ。でも美し過ぎる悲しさにまた会いに行こう」と書いていらっしゃいます。

鳴り止まない拍手のなかで幕が上がると、劇中の場面が活人画で再現され、この見事さと言ったら、客席は驚嘆のため息に包まれました

スペインの生んだピカソ、カザルス、セゴビアと同じように、人間の自由を抑圧するものとのあくなき戦いに挑むアントニオ・ガデス。恋い焦がれている私にとって、この次は何時お会いできるのか

と、今からその日の舞台を夢見ているのです。

アントニオ・ガデス舞踊団に出会うことの出来た喜びをひとりでも多くの人にわかっていただきたいと……。


(『月刊 クーヨン』1997年5月号)

フィンランドの演劇事情
――生活の一部になっている文化・芸術

四月中旬、ヘルシンキは雪です。成田から一五時間の長旅。現地時間夜の一一時三〇分、バンター空港にヘボシエンカ劇団の代表キルシュさんが、あざやかなローズピンクのコートに身を包み、車で迎えに来てくださいました。

大西洋上のアイスランド共和国につぐ世界最北の国がフィンランドです。地図で見ると、ロシアのサンクトペテルブルクのおとなりに位置しています。深い雪の森の奥にはサンタクロースが住んでいるとのこと。日本よりわずかに小さめの国に人口は五〇〇万人。

長いこと、スウェーデンの一州として存在し、そのあと全土がロシアに統治され、当時の首都トゥルクからロシアに近いヘルシンキに首都を移します。「我々はもはやスウェーデン人ではない、さりとてロシア人にはなりたくない、かくて我々はフィンランド人である」と一九世紀の北欧史には書かれてありますが、一九二〇年にはロシア革命に乗じて独立を宣言、フィンランド共和国が誕生したのです。旅に出る楽しみは、その国、その場所を勉強することから始まるのです。

次の朝、土曜日だからでしょうか、食堂ではロシア語が飛び交い、親子連れでいっぱいです。ヘルシンキは国際列車シベリア鉄道の終着駅です。週末をヘルシンキで、と大勢のロシア人が来るとのこと。

タクシーに乗って二〇分。白樺林の中に建つヘボシエンカ劇団へ。二二年の歴史を持つ人形劇団です。木の国にふさわしく、一〇〇人劇場、人形や道具の造り場である仕事場、事務所と三つの平屋は美しい木造建築。白樺林と雪の中、おとぎの話の国に来たのでしょうか。壁もカーテンも真っ白なロビーには、かわいい椅子に色とりどりのクッション、そして春を呼ぶ花々。防寒着を脱ぎ、長靴を脱いで、はだしの子どもたちは大喜びです。

事務所棟の広い応接間、ここも何もかもが白で統一され、雪の白樺林が大きなガラス窓から見えます。太陽を見ることの少ない日々、平均気温の最高が七月の一七・八度というフィンランドでの白は、日本で見る白とは全く違った色でした。

午前九時三〇分開演。演目『走るかもしか――フィンランドの民話』。観客は四、五歳の子どもたちが一〇〇人。午後一二時開演。演目『ロジーナと騎士――俳優二人による実験舞台』。観客は小学三、四年生一〇〇人。あっという間に舞台を変えて、二回の公演です。

キルシュさんの最初の言葉が「ヘボシエンカ劇団は非営利です」でした。今、日本では民間営利N

ＰＯ法案が国会に提出され、議論の真っ最中です。各政党から出るむずかしい法案を見ただけで憂鬱になる私にとって、キルシュさんのお話は何と判りやすく、明快なのでしょう。

一〇人の劇団員で一年間に三〇〇ステージの仕事をこなしていきます。国から二六％、市から三一・五％の補助があり、あとの残りの四〇％強が自分たちの売るチケット収入とのこと。日本の演劇状況とはまったく違います。このすてきな建物も、市から無料で提供されているのです。

フィンランドには、国立演劇大学は一つ。そこを卒業して、劇団に就職します。俳優は毎年二〇人くらい卒業しますが、大変な就職難とのこと。たった二〇人でです。考えられますか。

毎日どんよりした空、小雪が舞っています。やっと真っ青な空が顔を出した午前中、海辺のフリーマーケットへ。野菜、果物、魚、肉、衣服、靴、ないものはないといった感じで、それもよその国のものまであります。少し高級になるのでしょうか、食料品が中心の、体育館のような大きな屋内マーケットがひとつ。「いくら」に目のない私は、二〇〇グラム・三八マルカ（約一〇〇〇円でしょうか）で買い、ホテルの窓の外の天然冷蔵庫に置いて、毎日パンにたっぷりのせて。美味でした。

フィンランド全土にひとつしかない、新しくオープンしたオペラハウス、ここも真っ白が基調です。広い、広いロビーの一枚ガラスの向こうの海辺の景色を眺めながら、お茶とケーキをいただいて、ロイヤルボックスへ。オペラ『ドン・ジョバンニ』の初日です。スーツの男性、美しく着飾った女性、三〇〇〇人の客席は立錐の余地もなく。しかし悠々と、華やかに、そして何ときちんとした観客なのでしょう。みなさま、女性には腕をかして。

地方から貸し切りバスで来る観客も大勢とのこと。ひとつしかないオペラハウスなのですから。

生活の一部になっている文化・芸術。国そのものの違いをいやというほど感じさせられます。音楽に酔いしれた、すてきな夜でした。

能、狂言、歌舞伎の話をしてくださいと、たくさんの俳優さんからいわれました。そして、日本で勉強したいとも。遠い日本を、この人たちは、どのようにとらえているのでしょう。

雪の中、春の訪れの知らせのように、クロッカスの花が咲きかけているヘルシンキをあとに、コペンハーゲン、オーデンセと空の旅を、そして列車でデンマークのスヴェンボーに。

毎年うかがって五年目になる演劇祭。今年の開催地は大好きな港町スヴェンボーです。駅のホームには大切なお友だちクラウスさんがいつものように出迎えてくれました。

（『月刊 クーヨン』1997年7月号）

モスクワ・芝居の旅

――ユーゴザパド劇場『どん底』を観た幸せ

お正月の三日、成田空港は気持ちのよいくらいすいていました。何年ぶりかのモスクワ行きです。

かつて、ソ連からロシアに変わるあの時のモスクワに、留学中のお友だちを訪ねて滞在していました。赤の広場の前にあるモスクワ名物のひとつ、グムデパートには何も売っていませんでした。二階の片すみの靴屋さんの店先に、粗末な布のサンダルが乱暴に並べられていたのを印象的に覚えています。地下鉄の入口には、家にある物、自分でつくった物を手に「買ってください」と叫びながら、女性たちが一列に並んでいました。その時、求めた手づくりの鍋つかみが二枚、いまでもキッチンに下げられています。テレビで、新聞で報じられた当時のモスクワは、混乱してひとりで歩くこともできないこわいところ、という印象をわたしたちにもたせてしまったようです。

一時間遅れで成田を出発したアエロフロートの機内には二〇人の乗客しかいません。ロシア旅行は人気がないのでしょう。ゆったりとした機内で一〇時間、モスクワに着きました。

一週間芝居を観るモスクワへの旅。目指すはユーゴザパド劇場。

『真夏の夜の夢』『どん底』『検察官』『ハムレット』……、ユーゴザパド劇場は世界でもっともレパートリーの多い劇場として、ギネスブックに載っているのです。シェイクスピア、チェーホフ、ゴーリキー、イオネスコ、カミュなど、四〇本以上のレパートリーを持っています。

赤の広場を目の前に見る、美しい窓からの眺めが飽きることのない巨大ホテル「ロシア」からバスで三〇分、国道沿いの高い、大きい団地の地下劇場へ。半地下の倉庫を改造してできた劇場です。客席は百二、三十でしょうか。

今年は暖かいというモスクワでしたが、つるつるに凍った道は零下一八度という日もあり、耳がちぎれそうでした。滑らないようにして暖かい劇場に入ると、コートと帽子をクロークに預け、小さなビュッフェでワイン、お茶、お菓子をいただきながら開演を待ちます。

一九七四年に創立されたユーゴザパド劇場は、素人のアマチュア劇団としてはじまりました。創立からだひとり、プロの演出家ベリヤコーヴィチさん以外はほとんどが素人の俳優たちでした。

ロシアでは演劇大学で五年間の養成を受けていないと、一般的にはプロと言わないのです。演劇大学は常にモスクワ大学以上の難関で、平均三〇〇倍にもなるとのこと。

それがいまや素人の俳優に、演出家ベリヤコーヴィチを慕って続々と入ってきたプロの俳優たちが実にうまく調和して、ユニークな劇場に成長したのです。なかなか切符が手に入らず、寒いなか、「何とかして」と早くから人々が集まっていました。日替わりの舞台、日本では考えられません。それも七時開演、毎日三時間三〇分の舞台です。

ゴーリキーの『どん底』はすてきでした。去年は日本で二本『どん底』の舞台を観ましたが……、こんな異様な『どん底』ははじめてです。地下のコンクリートがむき出しになって、太い柱が真ん中に突き出ている裸舞台。薄暗い、闇に近い舞台を斜めに横切る形で二段の長い木のベッドが平行に三台。そこで生活する俳優は全員白の衣装、小道具はひとつもなし。この劇場は、どの作品も道具は何もないのが最大の特徴です。天井からのスポットライトの輪の中に立ってせりふを。正面を向いて、闇の中の人物と話したり、闇に向かってのことばを。ときどきロシアの歌と足を踏みながらのおどり。うしろではブルーの光の中で白い衣装が右に左に揺れています。監獄か、軍隊の兵舎のように統制が取れた中に一人ひとりの人生が見事に浮かび上がって、私の胸を打ちます。

ユーゴザパド劇場の『どん底』は人間の深いこころ、いえ精神のありようを私にプレゼントしてくれました。演技をしているのではない。私の目の前で、俳優たちは人生そのものを生きていました。私のこころを激しく揺さぶった『どん底』に会えて幸せでした。

劇場の好意に甘えて、毎晩手づくりの食事をいただいてから、深夜ホテルに帰りました。

何もなかったグムデパートには、あふれんばかりの美しい品物があふれ、すてきな毛皮に身を包んだ人たちでいっぱいでした。「政治なんて、もうどうでもよい。今日を精一杯生きるのです」とおっしゃるモスクワのひとたち。そして演劇王国ロシアの名にふさわしく、モスクワの六〇ほどの劇場(オペラ・バレエも)が毎日満員になり、一日三万人、毎月約九〇万人のモスクワっ子が芝居を観ているのです。ソ連時代の華やかな劇場がまた戻ってきたのでしょうか。生きるということにどん欲なロシア人、生きている人間が演じる舞台が大好きなロシア人。長い伝統を誇るロシア演劇を生み出していく力をかいま見たモスクワでの一〇日間、またモスクワに行くことがたのしみになりました。

(『月刊 クーヨン』1999年4月号)

『おじいちゃんの口笛』

——作者ウルフ・スタルクさんと広渡常敏さん

スウェーデン・ストックホルム、市の中心を表すガラスの塔が立つ広場に面して市立劇場、そのとなりのホテルに三週間滞在して劇場通いをしたのがスウェーデン、北欧とのお付き合いの始まりでした。スウェーデン、デンマーク、フィンランド、ノルウェー、いつ伺っても、きらびやかではない胸につきささる舞台にめぐり会えることの幸せで一杯になって帰ってくるのです。

ホテルの近くの大きな書店に寄るのも楽しみの一つです。スウェーデン語は全く判らないのですが、そこで出会ったのが個性的な、何とも温かい絵が描かれている絵本『おじいちゃんの口笛』でした。もちろん題名も読めないのですが買ってしまいました。一九九五年ほるぷから出版されて初めて読むことが出来ました。ウルフ・スタルク作、アンナ・ヘグルンド絵、菱木晃子訳『おじいちゃんの口笛』。

八月の暑いさなか、たった三日間の公演は、東京演劇アンサンブルのブレヒトの芝居小屋。広渡常敏脚本・演出、林光音楽、岡島茂夫装置、西田堯舞踊。芝居小屋の名にふさわしく冬寒く、夏暑い東京演劇アンサンブルの常打小屋、なかなか味のある小屋です。何度開いてもあきることのない絵本『おじいちゃんの口笛』が舞台になるのですから何としてでも観ないわけにはいきません。

短く、簡潔に書かれている文章、そして大きな比重をしめている絵、絵によって読者は想像力を広げてゆく絵本の魅力、その絵本を脚色してゆく作業、どんな舞台になるのか……。

ドラムかんに板をのせたシーソーで、七歳のぼく・ウルフが、ぼくの友達・ベッラにおじいちゃんの話をしています。お父さんみたいに決しておこらないおじいちゃん、会う度に五クローネおこづかいをくれるおじいちゃん、お父さんとは断然違うおじいちゃん。考えて良いことと、考えてもしようがないことがあるんだって、おじいちゃんがそう言ったよ。ウルフの話におじいちゃんのいないベッラは「おれもおじいちゃんが欲しいよ」。ウルフが「おじいちゃんを手に入れられるとこ知ってるよ」と。知らないおじいちゃんが沢山いる老人ホームにおじいちゃんをたんけんして、ベッラのおじいちゃんを探しに赤いばらを一本持って出かけて行きます。

奥さんに早く先立たれ、二人の息子は戦争にとられ一人ぼっちの老人、にわかおじいちゃんになってくれたニルスさんと、好奇心旺盛な、優しい二人の少年とのお話。

奥さんにプレゼントした上等な絹のスカーフで凧を作る、口笛を上手に吹いて長いこと歌ったこともなかった若い頃の歌を歌う。ニルスさんのお誕生日を野外で、怖い、怖いグスタフソンさんの庭に忍び込み、桜の大木に実ったサクランボを盗む。芝居小屋の天井にとどかんばかりの桜の大木、暗闇のなか懐中電灯の明りで三人は枝に腰を下し、たわわに実ったサクランボを食べるのです。「ありがとう、わたしはうれしいぞ、サクランボにもありがとう、おいしいよ、木の上から降りたくないなあ、まるで天国にいるみたいだ」。おじいちゃんは子どものように言うのです。

おじいちゃんの恋人ですかと子ども達が言う、小学校の先生だったトーラおばあちゃんと二人、正面に並んですわって暗い教室にうかびあがる美しいシーン。高い天井からたれ下っている布に雨(水)がきらきら光って、雨ごしに二人の顔が。「わたしの人生には何もない。人間としてやりたいこと、実現したいと思ったことがないわけじゃない。だけどだ、あきらめて忘れてしまっていたんだ。それがだ、孫というものが出来たら、一遍にわたしの中に蘇ってくるようなんだ、おそまきながら……」。そして、人生の最後の夜空に美しい花火を打ち上げて、おじいちゃんは旅立ってしまいました。

〝老い〟や〝死〟を無邪気な、好奇心旺盛な少年の視点で温かく、決してセンチメンタルにならず、すがすがしく書かれた絵本から、舞台は見事に大きく、新しい広がりをみせ、私を心地よく感動の世界に引き入れてくれました。ウルフ・スタルクさん、広渡常敏さん、年を重ねたお二人の人生に対する思いが切々と伝わってくるのです。人間って良いなあ、そして芝居って良いなあ……。入江洋佑さん扮するニルスおじいちゃんの口笛、しぶい歌声、林光さんのすてきな音楽にのって……。
〽ヨハンナ口笛が吹けるかい／貧しさなんか怖くはないといったじゃないかこの俺に
——口笛——あの夜のきみをいつの日までも。

（『悲劇喜劇』１９９９年12月号）

スウェーデン、デンマーク演劇の旅
——舞台での新しい発見

四月、平均気温四度というスウェーデンのストックホルム、アーランダ国際空港に久しぶりに降り立ちました。

国立ウンガリスクス劇団芸術監督モニカさんが赤いばらを持って迎えに来てくださいました。いつお目にかかっても優しく私を包み込んでくださる大切なお友だちです。毎日追われるように暮らしている私にとって、体の力が抜けてゆったりとした日々がはじまるのです。

ヨーロッパの果てにある人口の少ない北国は、近代的で美しい場所です。私ひとりでなく、児童青少年演劇関係のひとたちが、北欧の国々を訪ねて、日本での私たちの仕事について語りたいと願っていたことが、やっと第一歩を踏み出すことが出来た旅になりました。

一八世紀に創立され、今日まで文化の中枢的役割を果たしてきた王立オペラ劇団、王立劇団は現在も美しい入江のほとりの王立劇場で上演しており、世界的に有名です。私たちが訪ねたのは、演劇の普及と水準の向上のための演劇センター「リクス・テアトルン」。一九三四年、国立巡回劇団として生まれました。一年間に五〇作品が創られ、国内の大小三〇〇〇会場で年間約二〇〇〇回の公演、観客数は三〇万人とのことです。市の中心から地下鉄で三〇分、広々とした場所にこれまた広い「リクス・テアトルン」の建物があります。

成人劇団、児童青少年劇団ウンガリクス（一九六六年設立）、手話劇団、多民族劇団（国内在住の多民族向け）、バレエ団クルベリ（一九六七年設立）、六部門で構成されています。舞台芸術を創るためのすべての施設が「リクス・テアトルン」にあります。何から何まで。

最近「リクス・テアトルン」に副理事長として迎えられた若いトーマス・リレビクさんにお話を伺いました。もと財務省の役人とのこと。「天下りですか」との私の質問に、「リクス・テアトルンの皆に来てくれと頼まれて財務省を辞めました」とおっしゃいました。「私は政治家ではありません。芸術の熱烈な愛好者です。芸術の決定はしない。すべてが順調に働くようにする。これが私の仕事です」。愛情あふれるお話に、私たちは皆ため息ばかりついていました。すみからすみまで案内をしてくださったのは、スウェーデンのシェイクスピアと言われている劇作家トールビヨン・ヒエルムさん。

一九六〇年から七〇年代にかけてスウェーデンの児童青少年演劇は質・量ともに画期的な飛躍をとげ、実質的にはスウェーデン演劇全体をリードする力量を蓄えました。それ以来多くの経済的、芸術的な困難を抱えつつも、高い水準を維持しています。そして国際的評価も高いのです。国が、スウェーデンどこへでも、質の高い文化への機会均等を目指して巡回する劇団を作ったのです。私たちとは何という違いでしょう。

次の日の朝早く小さな劇場にサーカス芸の俳優の一人芝居を観に行きました。一年生から三年生の子どもたちが先生に連れられて来ています。驚いたのは一クラス二〇人くらいの子どもたちに先生が三人なのです。それもお年を召した男の先生、女の先生、そして若い女の先生。先生から何の注意もなく自由に劇場での時間を満喫している子どもたち……。教育に力を入れると言っている現在の日本、何に力を入れるのでしょう。

スウェーデンからデンマークのコペンハーゲンに。バスで二時間、オイサート演劇学校に。フィヨルドの美しい海辺の静かな町に四年前に新しく出来た学校です。広い病院の中の約一〇〇年前の二棟の建物を美しく改造して作られました。三〇名の寄宿舎があり、客席二五〇の劇場は新しく建設されたとのこと。すべてのプロの演劇人のため、児童青少年演劇の分野でより高度な上級の訓練を行う新しい施設なのです。

年間を通じて、短期あるいは長期のコースを、個人または劇団単位で受けることが出来ます。その理想はデンマークの演劇の水準を高めること、そして演劇のあらゆる分野の優秀な専門家や教師が集って創造的な計画を相談できるような場にしたい、と校長先生は話してくださいました。デンマークの児童青少年演劇の歴史は三〇年ほどと比較的新しい、でもその質の高さには何時伺っても感動するのですが、私たちにとって夢のような訓練学校です。劇作家の養成もはじまり、一七〇人の応募者の中から四人が勉強をはじめたのです。

デンマークではたくさんの舞台を観ましたが、いつもは英語のあらすじをうかがってから劇場に行くのですが、今度の旅ではあらすじを一切見なかったのです。想像力と感性、そして集中力、ことばが判らないのに舞台を観るということの新しい発見があったのです。子どもはもしかしたら、このように舞台を観るのではないかとも思いました。

色とりどりの花がいっせいに可愛いらしく咲きはじめていました。スノードロップス、つまりまつゆき草、何て可憐な優しい花なのでしょう。このままずっと北欧に住みたいと皆が異口同音に言うのは何なのでしょう。人間を大切にする優しさなのでしょうか。

（『月刊 クーヨン』２０００年７月号）

モスクワ劇場めぐり

——「生きる」ことの意味を問いかける

成田空港を発ってしばらくすると、日本海を越えてシベリアの上空に来ます。高度一万メートルから見下ろす広漠としたシベリアの風景、雪と氷におおわれ神々しいまでに。ことばでは言い表せない眺めは、何度見ても圧倒されます。

一〇時間のフライト後、モスクワ・シェレメチボ空港に着きました。国内線に乗り換えて一時間二〇分、ペテルブルクに。二年ぶりのロシア、今年はとても暖かいとのこと、マイナス四度です。トルストイの『アンナ・カレーニナ』、ドストエフスキーの『罪と罰』にも出てくる、ネフスキー大通りに面した二年前に出来た新しいホテルに着いたのはもう真夜中でした。毎晩劇場に通う芝居三昧の一〇日間のはじまりです。

第一日目はキーロフ劇場、いえマリインスキー劇場と革命以前の名前にもどったオペラ・バレエ劇場です。日本でも話題になっている指揮者、そして芸術監督のゲルギエフさんの劇場です。品のよい銀色と淡いブルーで統一された客席一七〇〇、一〇〇年以上前に建てられた美しい劇場。演し物はショパンの小品にミハイル・フォーキンが振付した『レ・シルフィード』(ロシアでは『ショパニアーナ』と呼ばれているそうです)。一九〇八年、マリインスキー劇場初演、ロマンティックバレエの傑作。このときの舞台にパブロワ、ニジンスキーの名前が書かれていました。ショパンの小品ですから全体を通した筋書きはありません。白いチュチュの花形バレリーナの一人舞台。ワルツに合わせての群舞と、華やかなすばらしい技巧の舞台でした。バレエ作品のなかでの代表的な舞台とのこと。ロシアの旅の初日にふさわしい、美しいすてきな舞台でした。

ホテルに帰るとロビーで待っていてくださったのが、わたしの大切な、大好きな演出家ズィノーヴィ・ヤーコヴレヴィチ・コロゴッスキイさん。俳優を大切にする、そして愛してやまない子どもたちへの演劇に携わる第一級の演出家でいらっしゃいます。たくさんの優れた俳優がコロゴッスキイさんのもとから巣立って行きました。そのことが評価され、ロシアの偉大な演出家、俳優教育の師に贈られる賞として世界中に知れわたっている、モスクワ芸術座のケー・エス・スタニスラフスキー賞をもらわれたとのこと。お茶でお祝いの乾杯をしました。いつお目にかかっても柔らかく、新鮮に舞台の話をしてくださるのです。ペテルブルクにうかがうのは七六歳のコロゴッスキイさんにお目にかかりたいから、と言っても過言ではありません。

モスクワはクリスマスの商品を買うひとでいっぱいです。雪が茶色にどろどろになって歩きにくいこと。ロシアはタクシーがありません。道路に出て手を真横に上げて、車が止まってくれると値段の交渉をします。ＯＫとなればドアーを開けて乗るのですが、旅行者にはとてもそんなことは出来ません。わたしはひとりでモスクワの有名な地下鉄に乗って雪の中を出かけました。深い、深い地下鉄。乗り換えにはちょっと緊張しますが、ジロジロと周りを見ながら歩く毎日は何とも楽しく、外国旅行ならではの楽しさです。

モスクワ芸術座、マールイ劇場、タガンカ劇場、ボリショイ劇場、サーカス、中央人形劇場と国立の劇団、劇場が四〇以上もあります。今度行ってびっくりしたのは、エトセトラ劇場、ユーゴザパド劇場、ポクロフカ劇場。客席は六〇人から一〇〇人、客席と舞台が同じく平面。最前列のわたしと同じ目線の高さの俳優の口の中まで見えてしまいそうです。国立の小さな劇場、集団がたくさん生まれたのです。

チェーホフの短編『人物たち』『黒衣の僧』『三人姉妹』、ゴーゴリの『検察官』、シェイクスピアの『冬物語』『真夏の夜の夢』、どの作品も新しい演出で上演されています。質の高い、目を見張るすばらしい舞台でした。長い伝統と演劇教育の確かさ、そして生身の人間の芸術はわたしに「生きる」ことの意味を問いかけてくるのです。

どこの劇場でも、ご夫婦で、親子で、恋人同士でと、雪の中、劇場に出かけるのが日常になっているロシア。日本では決して劇場には来てくださらないであろう方たちが、おしゃれをしておふたりで……。劇場には男も、女も、お年寄りも、若者もそして小さな子どもたちもいっしょに、なのです。次から次へと起きる困難の中で、芸術が、演劇が、人間にとって欠くことの出来ないものになっている。劇場に足を運ぶのが日常になっているロシアの力強さには脱帽です。

日本からの旅行者が本当に少なくなったとのこと、モスクワの旅行社の方の話です。ロシア語を勉強する学生が少なくなったとのことも。

魅力的なロシアの演劇。この次はいつレニングラードに、モスクワに。帰る日はマイナス一五度。雪がしんしんと降っていました。

（『月刊 クーヨン』２００1年3月号）

静岡芸術劇場でのリトアニアの『マクベス』
――抑圧への抵抗と怒り

新幹線で静岡へ。東海道本線に乗り換えてひと駅、東静岡駅に。近代的な新しい駅の前は、広々とした芝生の公園です。日曜日のためか、ちいさな子どもたちが元気よく飛び回っています。

静岡県舞台芸術センターが、日本平の舞台芸術公園で活動をはじめて五年目を迎えます。舞台芸術公園には、野外劇場や屋内ホール、駅前の四〇〇席の静岡芸術劇場があります。芸術監督には静岡県出身の演出家、鈴木忠志さんが就任され大変話題になりました。演劇ダンスの創造と上演、世界各国の優れた舞台芸術作品の紹介、地域の文化団体が出演する野外劇場フェスティバルの開催、舞台芸術セミナー、日本全国でも初めての芸術センターです。四〇〇席の劇場は、入り口からロビー、客席とゆったりとして、明るく大きな窓ごしに見る山々の眺めはとてもぜいたくな空間です。レストラン、カフェは満員。静岡の新名所になっているのでしょう。

「春の芸術祭２００１」が四月から六月まで開かれ、演劇、ダンス、ガラコンサートなど一五作品、外国からは六作品の舞台です。リトアニアからシェイクスピア『マクベス』が上演されました。リトアニアの首都ヴィルニスにある劇団、メノ・フォルタスによるマクベスです。九八年に、民営非営利組織として創立され、国内はもとよりロシア、イタリアなど国際的な演劇祭で高く評価された劇団です。『マクベス』は、劇場の創立者でもあるエイムンタス・ネクロシュスの演出で九九年一月に初演。二回の休憩を入れて四時間、いままで観たマクベスとはまったく違う舞台です。時間の長さが少しも気にならず、日常から離れ非現実の世界をたのしむ、演劇の魅力をたっぷりと味わった四時間でした。

スコットランドの勇将マクベスは、将軍バンクォーとともにダンカン王の陣営へ戻る途中、三人の魔女に出会い、将来国王になるとの予言を受けます。この話を聞いたマクベス夫人は、夫の野望を奮い立たせ、夫妻は国王の暗殺を決行します。王位を手にしたマクベスですが、彼のこころには、王位を失墜の不安と恐怖がつきまとうのです。マクベスは、僚友バンクォーをはじめ、魔女が王位を脅かすと予言する者を次々に殺戮してしまいます。マクベス夫人は罪悪感と血の幻影にさいなまれ、自ら絶命。マクベス打倒で団結した領主たちは城に向けて進軍を開始。マクベスの命運もいよいよ尽きる時が近づきます。

演出家の説明に、「この舞台演出の核となるのは、〝闇〟であるといっても過言ではない」とあります。色は黒と白しかありません。農村に舞台を設定し、石と木が基本要素です。そして森です。マクベスとバンクォーが戦利品として、三メートルもある木の枝に赤い実のついた大きな幹を背負って帰ってくる幕開けにおどろきました。

さらに三人の魔女は、シェイクスピアからは想像もつかない美しい若い女性です。地獄の力としてではなく、悪戯の要素として捉えられています。黒い円型のスカートをなびかせて、舞台中を美しく、激しく、たのしく踊っているという感じでした。

本来の血なまぐさいばかりのマクベスではなく、舞台には華やかさやユーモアもあります。太い木材のブランコや天井から吊された何枚もの鏡。幕開きは鳥のすさまじい鳴き声でした。大きな斧を地面に力いっぱい打ちつける音は本物かと思わせるほどで、その斧を背中に打ちこまれた姿の亡霊が、いつも舞台を歩いています。

死んだマクベス夫人がひとりで怖がらずにすむようになぐさめようと、三人の魔女は夫人の傍らに夫人を包むように横たわります。それでいて、あの大きな斧でマクベスの首をすごい音とともに切り落とし、その首を四角い炉のようなもので焼き、真っ赤な首を取り出し、水の入った大きなお釜にいれるのです。ジュウというすごい音でした。そのあと全員が舞台に横たわり、一人ひとりの傍らにちいさな木片を立てます。森が戻ってきたのでしょう。

残虐なようでもあり、美しくやさしく、力強い舞台でもありました。観劇中、リトアニアという国の、長く侵略され続けた歴史に思いを馳せました。リトアニアには、いまの日本が失っている、抑圧への抵抗や怒りの力があるのでしょうか。そんな歴史の背景が、この演出ににじみ出ているのでしょうか。

人間の本質って何なのでしょう。愛情って何なのでしょう。人間はけだものにもなり得るのでしょうか。

演出家は書いています。「マクベスと夫人の愛情の絆がこの物語を魅力的なものにしていると捉えた」と。そして、「わたしは俳優たちに、『これは永遠の愛の物語だ』と説いてきました。マクベスは非常に危険な作品ですが、この断言が俳優に自信を与えたのです」と。どのように解釈をすれば良いのでしょう。

客席に子どもたちの姿はありませんでした。日本では演劇に「癒し」を求めがちです。でも、「残酷だ」のひとことで片づけ、歴史から目を背けさせてばかりでいいのでしょうか。リトアニアの歴史と、演劇の力を考えながら帰ってきました。

（『月刊 クーヨン』２００１年７月号）

ピーター・ブルック演出『ハムレットの悲劇』
――人間とは何か、わたしとは何か

「ハムレット」という名を知らないひとはいないでしょう。でも舞台をご覧になった方は多いかというと……。世界中で上演されているシェイクスピアのハムレット。最近では韓国、中国、ロシアのハムレットが斬新な舞台を観せてくれました。

イギリスにピーター・ブルックという、名高い演出家がいます。わたしたちにはたいへん興味深い演出家で、彼の新しいハムレットが観られるのをたのしみにしていました。はじめての来日公演は、一九七三年『真夏の夜の夢』。それから六本の舞台を観たでしょうか。そのつどブルックは新しい刺激を与えてくれました。そして、彼の著書『何もない空間』も、新しい演劇のあり方としてわたしたちのこころをとらえました。

原作W・シェイクスピア、脚色・演出ピーター・ブルック、国籍の違う八人による英語での公演。世田谷パブリックシアターでの『ハムレットの悲劇』は休憩なしの二時間二〇分の舞台です。

世田谷パブリックシアターは、新玉川線（現在は田園都市線）三軒茶屋駅の上に、客席八〇〇のパブリックシアターと、二〇〇席のシアタートラムを持つ、世田谷区立の劇場です。開館以来、夏には子どもへの舞台を上演しています。

黒で囲まれた舞台に、あざやかなオレンジ色のカーペットが敷かれているだけ。装置、小道具のすべては俳優が持って来て、持って帰ります。色の違う座布団、車のついた小さな台。状況に応じて、布

がカーペットの上に敷かれます。白髪のポローニアスが小さなカーペットを自分で広げて持てば、カーテンに隠れてハムレットの話を盗み聞きしているという設定になります。墓場のシーンは三枚の座布団を四角形に立て、竹の棒を持った墓掘り人が墓に見立てた座布団の陰で、墓からしゃれこうべを掘り出すのです。ハムレットの持つ剣は黒い細い棒でした。子どもたちが見たらさぞよろこんで、家でその通りごっこあそびをするのではないでしょうか。ハムレットの衣装は黒、オフィーリアは白、すべての人物があざやかなオレンジ色の中で見事に美しく浮き上がってゆきます。王になるクローディアスと殺された兄の亡霊、ポローニアスと墓掘り人というように、ひとりが二役を演じます。興味深い演出でした。

キャスティングも斬新。ハムレットはジャマイカの出身エイドリアン・レスター。目の大きい躍動的な現代の若者です。頭はあの特徴のある細かく編み込んだ髪形。オフィーリアはインド国籍のシャンタラ・シヴァリンガッパ。黒髪を長く三つ編みにした小柄な女性で、ダンサーでもあるとのこと。「西洋の現代娘が厳格な伝統が残る文化を理解するのは簡単ではない。厳しい伝統の中に育った彼女なら、自分のバックグラウンドと重ねて正確にオフィーリアを理解出来る」とブルック。

人間とは何か、わたしとは何かという問いかけを、演劇の根本的な問題としてブルックは観客に提示し続けているのでしょうか。とくに「悲劇のハムレット」は、優柔不断、メランコリー、線の細い悩めるハムレットというイメージが一般的だったのですが、エイドリアンが演じる、若くみずみずしい肉体のハムレットは、行動することで生きる道を選び取る若者の姿を、観客に強く印象づけました。生き生きと魅力のある素敵なハムレットです。“To be or not to be”の意味は、「生きる価値のある生とはどんなものか」だとブルックは言います。ひとは何故生きるのか、真の意味で生きるとは……。演劇の持つすばらしさを堪能した時間でした。音楽の土取利行は、ジャズの天才ドラマーと言われているひとです。客席から見て舞台の右側に位置して、たくさんの楽器を自分の周りに並べ、音楽というのか、音というのか、俳優の動きでいろいろな民族楽器を駆使して演奏をします。吹く、たたく、擦る、弾く……。表現することばがわたしには見つかりません。舞台にとって音とは、音楽とは……。ピーター・ブルックに招かれ、音楽監督として活躍している音楽家です。

ブルックとの対話の集いが、舞台初日の何日か前にありました。彼いわく「脚本・装置・衣装と舞台をつくる上でのすべてのことを、俳優とともに長い時間考えた末、いちばん大切なものは人間と人間の関係である」。なぜデンマーク王子のハムレットが黒人なのかという問いかけには、「いま考えていることは人種差別についてである。外側でなく人間の中身を表現すること、それが演劇です」。

余分なものをすべてそぎ落とし、『ハムレットの悲劇』の、いちばん大切な本質を見せてくれた舞台。ロシアでもカナダでもイギリスでも、シェイクスピアの舞台には大勢の子どもたちが客席にいました。この公演が、「〝人間とは、どう生きるのか〟という、根本的な本質をついた大人への舞台」ならば、日本の子どもへの舞台は、何をどう提示してゆけるのでしょう。

（『月刊クーヨン』２００１年９月号）

映画『魔王』が告発する「ヒトラー・ユーゲント」の狂気

——コルチャックを想いつつ

アフガニスタンの子どもたちが、テレビから、新聞から、大きな目でわたしたちをじっと見つめています。うつろな目で何かを訴えるように。舞台を見つめる子どもたちの、輝くばかりの顔に支えられて今日まで歩いてきたわたしにとって、アフガニスタンの子どもたちの目は、忘れることができません。

二〇〇〇年一一月につくった舞台『少年王 マチウシ』を思い出しました。原作者は、第二次世界大戦中、ナチス・ドイツが支配するワルシャワのユダヤ系ポーランド人ヤヌシュ・コルチャック。教育家で小児科医、そして作家でもあった人物です。

国連は一九八九年、子どもの権利条約を成立させました。その成立を執拗に要求し、子どもの固有の権利を主張し続け、条約案を自ら作成したのは、ポーランド。この国が子どもの権利に熱心である背景には、いまは「ポーランドの遺産」として認識されている、ヤヌシュ・コルチャックの功績があるのです。

コルチャックは、教育の原点を、「人間が人間に対してできることは何なのか」を、わたしたちに問いかけてきました。

「子どもを未熟と考える大人たちに。どの社会階層も未熟だ。だからどこにでも弱点がある。そしてどんな民族も、もちつもたれつの関係にある。なのにどの民族も、やはり未熟だ。だから大砲を捨てられない」

いま、コルチャックが生きていたなら、わたしたちに何と問いかけるのでしょうか。世界中の子どもたちの幸せを夢見た、子どもの王様。童話のなかの少年王マチウシのつぶらな目が、アフガニスタンの子どもたちのうつろな目と重なります。

そしてもうひとり忘れることができない主人公が、ミシェル・トゥルニエ原作、フォルカー・シュレンドルフ監督による、映画『魔王』の主人公、アベル・ティフォージュ。

アベルは、強い近視のための奇妙なメガネの奥の無垢な目で、わたしを見つめているのです。一九七〇年に書かれた原作の小説は、一六カ国に訳されているとのこと。不思議な小説です。原作タイトルは『人喰い鬼』。

精神が未熟で、社会からはみ出してしまった青年アベル。何のとりえもなく、あらゆることに子どものように興味をもち、ひとなつこい彼は、事件にあうたびに、「運命に翻弄される人生ほど、勇敢で意義深いものはない」と考えるようになっていきます。フランス軍の伝書鳩係だった彼はやがてドイツ軍の捕虜となり、ドイツ軍のために働くことに。

広い、美しい森を背景に大きなヘラ鹿と会う場面の美しさ。第二次世界大戦直前から、ナチス・ドイツの崩壊までを描いた戦争映画でありながら、童話を見ているような美しさ。子どもを愛したひとりの人間の生き方を通して、美しく、それだけに何と残酷な、哀切をこめた映画なのでしょう。

ナチ党の青少年組織、「ヒトラー・ユーゲント」とは、男の子を「将来の兵士」へ、女の子を「将来の母」へと、教育する機関でした。最年少は一二歳、上は一八歳までの子どもたちです。この子どもたちを未来のドイツ兵として集めてくるのが、アベルの仕事になりました。馬にまたがり、二匹のドーベルマン犬を連れ、さっそうと森を走るアベル。彼を子どもを盗む鬼と名づけたのです。ナチスはあらゆる手段で子どものこころをとらえ、「憎むべき敵」との戦闘へと駆り立てたのです。美しい森の美しいお城、ヒトラー・ユーゲントの子どもたちの、たのしげに映し出される生活。しかし連合軍の進攻ははじまります。「ソ連軍が迫っている。逃げよう」と言うアベルを、幼年学校の生徒たちは裏切り者と非難します。そしてソ連軍と戦い、四〇〇人全員が悲劇的な結末を迎えます。

アベルは燃えさかる城の中、以前から密かにかくまっていたユダヤ人の子どもを頭の上にかついで、火の中を逃れ、沼地の中を進むのです。子どもが大好きな奇妙な大男、アベルの生き方から、ドイツ第三帝国の、狂気と崩壊が見事に浮かび上がってきます。

コルチャックとともに、ガス室に消えたユダヤの子どもたち。ナチを信じ、疑うこともなく死んでいったドイツのヒトラー・ユーゲントの子どもたち。

あれから六〇年近くの時が経っています。それなのになぜ、人間は変わっていないのでしょう。輝ける二一世紀、アフガニスタンの子どもたち、いえ世界中の子どもたちが、幸せに暮らせるために、わたしたち大人一人ひとりの生き方が問われるのです。

ヤヌシュ・コルチャックはわたしたちに、こんな言葉を残しました。

「子どもたちは、人類の巨大な一部でありながら、大人たちに従属させられ、しばしば軽んじられ、抑圧され、自分の正当な要求を守る声を封じられ、無権利にされている」と。

（『月刊 クーヨン』2001年12月号）

マールイ・ドラマ劇場、ドージン演出『兄弟姉妹』
——衝撃、感動、ショック……

一九八四年モスクワで開催された世界青少年演劇祭に参加した時、レニングラード青少年劇場がすばらしい作品を創っているという事を伺い、何日か通い続けて七本の舞台を観る事が出来ました。首席演出家コロゴッスキイさんがレフ・ドージンと夫人のタチヤーナ・シェスタコーワの話をされたのです。自分の劇場から優れた演出家と俳優が育っていった事を実に嬉しそうに……。レニングラード・ドラマ劇場は第二次大戦末の一九四四年創立、一九八三年レフ・ドージンが首席演出家に就任、ペレストロイカ（改革）の出現に力をかした一人として精力的に活動を展開、劇団員五〇人、大半は八〇年代に入団してきたレニングラード演劇大学出身者です。

一九八九年八月一九日銀座セゾン劇場、前評判の高いレニングラード・マールイ・ドラマ劇場の待ちに待った初日です。一八年前の忘れる事の出来ない舞台、フョードル・アブラーモフ原作、レフ・ドージン脚本・演出『兄弟姉妹』。二時開演、二時間の休憩をとって第二部が始まります。終演が一〇時、八時間の舞台です。タイトルは独ソ戦争中にスターリンが必ず国民に呼びかけた演説の最初の言葉です。今でもあざやかに一つ一つの場面が脳裏に浮かびます。衝撃、感動、いえ、ショック、どんな言葉もあてはまりません。五〇人近い俳優総出演の舞台は、北の貧しい農村、コルホーズ。スターリンの圧政の下、苛酷な状況で生きてきた人達の話です。丸太で組んだ巨大な塀を舞台上に吊し、その塀を色々な形に動かす事によって農村の世界を描きます。男達は前線に出て行き、女達がすべてを担って生きてきたのです。

畑を守り、種を蒔き、子どもを一人も死なせなかったと歌いながら、一五人の女優が客席に向って本物の種を蒔く。その時です、客席から拍手がおきたのです。集団演技のすごさ、一人ひとりの俳優がどこにいても、すみからすみまで舞台で生きているという事のすごさ、そして美しさに。

軍服を着たお父さんの写真が舞台の正面にあります。青年らしくなった長男が木材の伐採から黒パンを持って帰ります。妹、弟達家族六人が横に一列に並んで腰をかけたところに、お母さんは真白なテーブルクロスを皆のひざにかけ、丁寧に長い黒パンを一切ずつ切ってゆくのです。本物のおいしそうな黒パンです。小さい弟が聞きます。「これは何《なに》」と。この一言で戦争とスターリン時代の彼等の生活が私の胸をえぐるのです。忘れる事の出来ない美しいシーンでした。そして静かに聞こえてくる音楽と共に。人間の生き方を問いかける真摯な態度、人間が生きるという事は何かと。ドージンを中心とした見事なアンサンブルによって深いメッセージを送ってくれました。

記者の質問に答えドージンは、言いました。「観客の要望を取り入れて舞台を創るのではなくて、創る者が観客の要望を創り出していかなければいけない。現代の世界で演劇が危機なのは、こうしたらお客に受けるのではないかという考えで創っているところが多すぎる。芸術家は本当にこれを創らなければいけないと思って創るという姿勢がなくなっているところに問題がある」と。

私の魂をゆさぶり動かし、楽日に再び出かけたあの舞台にもう一度会いたい。六十代になられたであろうドージンはどんな舞台を創っているのでしょう。

東京で昼も夜も上演されている舞台はどのくらいあるのでしょうか。小さなスペースでお友達同士が集まって創る舞台を観る度に、若い彼等は何を考え、行く先はどうなるのかなと思います。演劇の状況は少しも良くなっていないと言われて、それでも次から次へと舞台は創り出されてゆきます。一九八七年一一月と記されている尾崎宏次さんの文章――「画家が気にいらない自分の絵をやぶくような決意が、なぜ芝居の世界にはないのだろう。劇場がそちこちにふえてから芝居の安売りがつづき、このごろは演出という仕事までが空中分解しかかっている。車をまえに向けたまえ」(『劇場往還』一葉社)。

オペラシアターこんにゃく座公演『オペラ・クラブ・マクベス』。奇妙な題の奇妙なファンタジー。高瀬久男台本・演出、林光作曲。電飾にかざられたドアを開けて『マクベス』を観に行く男は、白いワイシャツにネクタイ(どういうわけかワイシャツがだらしなくズボンの上に出ているのです)。虚構と現実のはざまをさまよう男、哀れな現代人マクベスとシェイクスピアのマクベスの二人を重ねながら奇妙な芝居は進みます。今まで拝見した幾つかの『マクベス』とは全く違った舞台にすっかり引き込まれました。何とあわれな、何と哀しい『マクベス』でしょう。そして何と楽しい『マクベス』でしょう。でもこれはオペラです。

(『悲劇喜劇』2007年12月号)

エピローグ

子どもの芝居に不可欠な理想主義、気品、凛としたもの

林光さんと三浦みどりさん

おはようございます。四五年間お付き合いをしております伊藤巴子と申します。長い間、もうやめようか、もうやめようかと思いながら、ついに今日まで来てしまいました。久しぶりに平木美那子さんのお話を伺って何とも言えない気持ちでございます。

さっき歌っていただきました「みんなのゆびでじをかこう」という歌は、ほんとうは三番までちゃんと歌ってほしいのですね、詩がとっても良いから。林光さんがご自分で歌ったCDがあるのですが、どこの歌い手さんが歌ったのかと思うほど、光さんの声であの詩の意味がはっきり分かって、すばらしい作品です。私がアーサー・ビナードさんの文と、ベンシャーンさんの絵の『ここが家だ』という絵本を読ませていただきまして、それにその場で光さんが曲をつけて弾いて下さり、最後にあの歌をご自分でお歌いになるという思い出深い、林光さんとの大事な思い出の一曲でございます。光さんが生きていたらと思わない日はないくらい、大好きな大好きな光さんでした。

今日、ノーベル文学賞を受賞したスベトラーナ・アレクシエービッチさんのメッセージを載せた資

料を頂きました。実はこれを訳した三浦みどりさんという方は、私はお友だちでお家も何軒か先で、何冊かのチェルノブイリのご本を訳されると私に持ってきてくださり読ませて頂きました。でも売れなくて売れなくて七年間もかかってようやく売れるという一冊もありました。群像社というロシアのものを出している出版社ですが、最初にお願いしたいのはぜひ買って読んでみてください。『戦争は女の顔をしていない』という本はほんとうにぼやっとは読めない本でございます。三浦みどりさんはちょうど二年前に、この朗報を聞かずに亡くなられてしまって残念でなりません。

「大人と向き合う」「子どもと向き合う」

この長い「かわさき」とのおつきあいで私はいろいろなことを考え、私が俳優として、また芝居をつくる一人の人間として、もしも自分が成長したと自分で思うのなら、おやこ劇場とのおつきあいなしに私の人生はなかったと思っております。途中で何遍やめようと思ったかわかりません。大人の芝居の方がずっと楽だと思いました。そして「共に創る」とは何であろうか。「子どもと向きあう」という文章が書かれているものを読む度に、私は子どもと向きあうのではない、「大人と向きあって」運動をしたいといつも思っていました。子どもは向きあわなくてもちゃんと物事を考えていくのだと思っております。

この間、『すすむの話』を演らせていただきました。その時、横須賀おやこ劇場の梅村広明さんご夫妻――私たちと生の演奏でずっと一緒にやっているお二人なのですが――その息子さんの広翔くんは、天才少年と呼んでいるのですけれど、今小学二年生です。お父さまとお母さまがお家で一生懸命私たちのお芝居の稽古をしている時に、それをいつも聴いています。もっと小さい時から稽古場にお連れになって、私たちの稽古をハイハイしながら見ていたところから広翔くんの人生は始まっていると思います。その広翔くんからこの間、「あんなに一生懸命にお父さんとお母さんが稽古をしたのに、たった三つしかないんだよ。ほんとうにぼくは悲しくなっちゃうよ」というお電話をいただきました。胸がつまりました。ほんとうにその通りです。どこの劇団も大変な中にあって、それでも一ステージあれば返し稽古をしなければならないという、私たち創造団体の仕事です。それをちゃんと見ていて、広翔くんは「なんで三つなの、もっとやればいいのに」と言うのです。私は言葉がありませんでした。広翔くんのお父さまもお母さまも「まいっちゃいますね、子どもはそういうこと思うのですね」と。お父さまとお母さまが私たちに付けてくださる音楽をお家で熱心に練習するのをずっと聴いていて、彼はそう思ったのだと思います。

孤独になって考え判断し行動する

この一〇年間、私は「拡大の伊藤巴子」というぐらい「拡大、拡大」と申し上げてきたはずです。そしてそのうち「大人とどう向きあうか」という言葉に変わってきました。先ほども申し上げましたように、私は大人とどう向きあうかなんて考えたこともございません。子どもと向きあうということも考えていませんでした。でもいつでも文章に「大人とどう向きあうか」「子どもとどう向きあうか」という文章がどこかに載っているのです。どうやって向きあうのでしょうか。それは文章で書くことではなく、自分たちで考えることだという一番大切なことが、皆さまの胸の中にちっとも入っていないのだということを実感しました。

私は長い長い人生を送っていまして、もう終わりに近づいておりますが、人間は人生の過去に起きたこと、一人ひとりが孤独になって考えて、判断して、そして行動することがとても大切だと、私はそう思っております。

お母さまたちはおしゃべりをベラベラするのが大好きですよね、私も大好きですけれども、それだけではこの運動はできない。それと同時に、日本で初めて子ども劇場をお創りになった運営委員長の青木妙伊子さんがおっしゃったことを私はいつでも思い出します。「普通のお母さんではこの運動はできません」。普通のお母さんプラス何があったらこの運動がきちんと出来上がっていくのかということを、いつも青木さんがおっしゃっておりました。それは何なのでしょう。知性なのでしょうか。それとも勉強なのでしょうか。いろいろなことを考えながら、私は青木さんの言葉を思い出しています。そして孤独になりながら、それでも考えて判断して、その次に行動する、それがとても大切なことだということを、私はおやこ劇場運動に関わりながら思っておりました。

お母さまはただのお母さまであるということで楽しいのでしょうか。でも選ばれた人だと思いますから、普通のお母さんプラス何がこの運動に大切なのかということ。この大変な世の中にあって、私たちは次の時代に生きていく子どもたちを守る義務がありますし、その子どもたちに何を伝えていくのかということ。そのことを今こそ考えなければいけないと思って、私は芝居を何年続けるかわかりませんけれども創ろうと思っております。

一人ひとりが主役

哲学者にカントという方がいらっしゃいます。とってもきれいな絵がついたご本が出版されていま す。カントさんがおっしゃるには、さっき話に出ました「指示命令」ですか、「指示命令に従って動くような人間では絶対いけない」ということです。そしてもしも指示を仰がないと自分が動けないとしたら、それは理性を使えない人だ、それは大人にはなり得ない、子どもより幼い大人だとカントさんが書かれているのを読んで、ハッとしました。確かにその通りで、指示命令では何も動きません。そして良い未来はありません。それだったら子どもだけを相手にして、大人とはおつきあいをしたくないとさえ思っております。それぐらいこの運動は大切だということは、ここにいらっしゃいますみなさんは百も承知です。

しかしみなさん、子どものためにとよくおっしゃいますが、ご自分のためにやっていらっしゃると思ってください。ご自分のために考え、そして運動をし、理解し、判断し、そして大勢の方々のお知恵を借りて、この「かわさき」の運動が初めて動き出したわけです。ですからさっき一人ひとりが主役と平木さんがおっしゃいましたように、青木妙伊子さんが最初からおっしゃいましたように、一人ひとりが主役なんです。端役は一人もおりません。お母さんたち一人ひとりが主役である運動だと、福岡でおっしゃったのを私は忘れることができません。どうぞこのことをお忘れになりませんように。

二年生の広翔くんがひと月もお稽古をしたのに三回なんだよと言いましたが、『森は生きている』はかつてはここで二二ステージ演ったことがあるのです。夢のようです。それを今、私といっしょに芝居を創っている若い方たちが、私の持っていたチラシを見て「どうして二二ステージあったものが三ステージになってしまったの？」と質問をされました。答えることが私にはできませんでした。もう「拡大の伊藤巴子」というのはやめます。拡大をしなくてもサークルをつくって、サークルのなかでカントさんが言うように理性、知性そして次の時代を背負って立つ子どもたちのために、私たちは何をしなければいけないのかということを、私もごいっしょに真面目に一生懸命考えていきたいと思います。

すぐれた舞台芸術は子どもの身体に入っていく

私たち創る側だけでは、私たちの舞台は完成していきません。林光さんが一番最初に音楽をつくられたのは一六歳でした。そして二二歳で『森は生きている』の音楽を作曲されました。芝居を観にきている子どもたちが舞台があくのを待っている時に、その子どもたちが「もえろ もえろ あざやかに」と歌い出した時に、「あっ、ぼくの音楽はようやく子どもたちの胸に響いたんだな、こんなに嬉しいことはなかった」と書いております。

観客の胸の中に、そして観客の生き方の中に表れてこそ、作曲家の、演劇を演っている人たちの創ったものが届く。「今日の良かったわよね、ちょっと悲しかったわよね、とても子どもたち楽しんだわね」ということだけでは、私たちの創ったものは、あなたたちの身体の中に入り込んでいないと思っています。身体の中に入っているのは誰だと思いますか。子どもたちです。ほんとうに子どもは恐ろしいと思っています。それと同時に、これから苦しい世の中で生きていく、その時代を生き抜いていく子どもたちを大切にするために、これからごいっしょに考えていきたいと思います。

私は東京演劇アンサンブルの演出家でいらっしゃいました広渡常敏さんが大好きなのです。ほんとうに大好きなのです。人間も、そして演出も。でも私は養成所を卒業してアンサンブルには行きませんでした。広渡さんは演出家コースで、私は俳優のコースでしたが、ご一緒でした。広渡さんが書かれているものを読ませて頂いて終わりにしたいと思います。

「子どもの芝居をなぜやるのか？　子どものための、というがそれはどんなことなのか？　子どもの芝居にはぼくら芝居屋の理想主義があるのだと、これまでにぼくは言ってきたが、〝気品〟と言えばいいだろうか、凛としたものがなくてはならん。ストーリィーに負ぶさっておもしろおかしく、あるいは情熱や迫力で、子どもを集中させることなんかじゃない、凛！としたものだ。〝役〟を演じるだけじゃない、役者本人の子どもに対する理想主義がなくてはならんのだ。普通の人は子どもの芝居をやってはいかんのだ。勿論、子どもの芝居だけじゃない、おとなの芝居もやってはいかんのだ。おとなの芝居はストーリィーや意味・内容で見てくれるところもあるが、子ども、特に低学年・幼児の場合はそうはいかない。子どもの芝居について考えることは、芝居というものの、芝居する役者の、演出者、制作者の、最も大切な〝精神〟を考えることになる」

私は、何度読んでも凛とした俳優になりたい、凛とした人間として生きていきたいと思っております。今日一日、どうぞよろしくお願い致します。

（２０１５年10月18日「かわさきおやこ劇場」定期総会の発言より）

あとがき

一九五三年から、未來社、影書房、その後もいまだ現役編集者でいらっしゃる松本昌次さんと友達になったのは何時だったのでしょうか。

一九九四年、第三回「山本安英の会 記念基金」賞を、お茶の水にある「山の上ホテル」で戴いた時だったのでしょうか……。木下順二さん、尾崎宏次さん、宮岸泰治さん、菅井幸雄さんと、演劇界のえらい方々に囲まれての表彰式を忘れる事は出来ません。どんな賞より、私にとって一番大切な賞でした。その年『風浪』の旅公演が熊本県で一カ月。木下順二さんがつきそって下さいました。俳優達に大変気をお遣いになっていらっしゃった毎日を思い出します。尾崎、宮岸、菅井のお三方とは、中国に何回御一緒したでしょうか。

松本さんは、お目にかかると、私の演劇人生をまとめなさいと必ずおっしゃるのです。俳優の私の人生、何と恥ずかしい事であろうと思っております。とんでもない事を……。それなのにとうとう、大好きな尾崎宏次さんの最後の御本『劇場往還』をおつくりになった一葉社の和田悌二さん、大道万里子さんのお二人と……。何も判らない私は今でも恥ずかしいと思っておりますのに。

収めた文章は、次の三誌に発表させていただいたものです。早川書房の『悲劇喜劇』に書かせていただいたもの。落合恵子さんが青山に開かれたクレヨンハウスから刊行されている幼児教育の総合誌

『月刊 音楽広場』（後に『月刊クーヨン』）。その大きな立派な雑誌に、舞台とは、子どもにとってだけでなく大人・お母さんにとって何なのか、子どもの事をありとあらゆる方面から考えて、一〇年近く書いていたのでしょうか。そして、晩成書房の『演劇と教育』。先生方の組織、演劇教育連盟の月刊誌で、六八一号になる歴史があります。

まさか本などとあんなに思っておりましたのに……。長い私の演劇人生を、あらためてもっと考えなくてはと思っております。私の舞台を観てくださる大勢の方達に、何とお礼を申し上げたらよいのでしょう。

最後になりましたが、一葉社の和田悌二さん、大道万里子さん、そして松本昌次さんがいらっしゃらなかったら……感謝の気持ちで一杯です。ありがとうございました。

二〇一六年四月

伊藤巴子

伊藤巴子（いとう・ともこ）
1931年、東京生まれ。54年、俳優座演劇研究所附属養成所在籍中に俳優座劇場柿落とし公演『森は生きている』で初舞台。同年、同養成所卒業、劇団仲間入団。以後、『乞食と王子』で主演（57年から通算1580公演）、『森は生きている』で主演（58年から通算2000公演）の記録樹立。『かぐや姫』『華岡青洲の妻』『花いちもんめ』『婉という女』『人形の家』『風浪』『少年王 マチウシ』等数々の舞台に立ちつつ、中国をはじめ各国との演劇交流にも尽力。近年は、全国各地の児童青少年演劇活動も支援。日本児童青少年演劇劇団協議会代表幹事、日中演劇交流話劇人社理事長、湯浅芳子の会会長・理事長などを務める。山本安英賞、日本児童演劇協会賞、紀伊國屋演劇賞特別賞などを受賞。2015年には、日中演劇人の友好と相互理解を促進したことなどが評価され「文化庁長官表彰被表彰者」に選ばれる。

舞《ぶ》台《たい》歴《れき》程《てい》——凜《りん》として

2016年5月25日　初版第1刷発行
定価　2800円＋税

著　　者　伊藤巴子

発 行 者　和田悌二
発 行 所　株式会社　一葉社
〒114-0024　東京都北区西ケ原1-46-19-101
電話 03-3949-3492 ／ FAX 03-3949-3497
E-mail : ichiyosha@ybb.ne.jp
振替 00140-4-81176
装 丁 者　松谷　剛
印刷・製本所　シナノ書籍印刷株式会社

ISBN978-4-87196-059-5